suhrkamp taschenbuch 418

Jene Menschen sind zu beneiden, die sagen können: Mit meinem Tod ist alles vorbei. Den übrigen bleibt die Frage, ob es so ist. Die Frage nach unserem Leben stellt sich nur dem gewußten Tod. Nach dem Scheitern immanent-rationaler Aufklärung und transzendent-emotionaler Gläubigkeit stehen wir da – so klug als wie zuvor. Wenn wir heute erneut sehen, daß die Wissenschaft das »Rätsel Mensch« nicht lösen kann und daß wir nicht viel mehr wissen als dies: daß wir dieses Rätsel nicht lösen werden. Aber fragen, fragen müssen wir unser Leben lang nach dem, was »jenseits der Erkenntnis« liegt, aus der Einsicht, daß das Rätsel eben nicht die Gesellschaft ist, sondern – schrecklicherweise – der einzelne Mensch. Das Buch *Jenseits der Erkenntnis* bringt keine Lehre, es lehrt ein wenig, wie Menschen dieser Zeit mit Werten wie dem Heiligen und dem Wunder, der Transzendenz und der Metaphysik, einer neuen (aus der modernen Wissenschaft kommenden) Gnosis, schließlich dem unentrinnbaren Jagen nach dem Sinn bis hin zum Tod auszukommen suchen. Es ist insofern kein gutes Buch, weil es die Antwort auch nicht geben kann.

»Über die Autoren« siehe am Schluß des Bandes.

Jenseits der Erkenntnis

Fragen statt Antworten

Herausgegeben von Leonhard Reinisch

Suhrkamp

Dieses Buch geht auf eine Sendereihe des
Bayerischen Rundfunks zurück.

suhrkamp taschenbuch 418
Erste Auflage 1977

Druck: Nomos Verlagsgesellschaft, Baden-Baden
Printed in Germany
Umschlag nach Entwürfen
von Willy Fleckhaus und Rolf Staudt

Inhalt

Vorwort
Fragen statt Antworten

Noch vor zehn Jahren wäre ein Buch mit dem Titel *Jenseits der Erkenntnis* bei den meisten Intellektuellen auf Skepsis oder Hohn gestoßen. Damals schien man sich der Zukunft des Unglaubens als Sieg der Vernunft über die Religion sicher, feierte man das Ende der Metaphysik als die Zerstörung des Irrationalismus, bestimmte man Weg und Geschichte des Menschen in der biologischen Evolution, stand die Gesellschaft als der bestimmende Faktor des Menschen im Vordergrund – für die einen als revolutionärer Prozeß, für die anderen als die sich nur scheinbar wandelnde Struktur der Gattung. Heute scheinen sogar die inzwischen älter gewordenen Sieger von damals ernüchtert über jene *zweite Aufklärung* nachzudenken. Was man klar sagen kann, darüber kann man im Grunde schweigen, bekennen gegen Wittgensteins berühmtes Diktum viele, die vor der Überflüssigkeit des tautologisch Sagbaren ebenso erschrecken wie vor der absoluten Unaussagbarkeit der eigenen Existenz.

Daß heute Fragen in den Vordergrund drängen, die vor zehn Jahren als *unwissenschaftlich* ausgeschlossen wurden, enthält zugleich die Einsicht, daß in zehn Jahren wieder eine Generation die unbestreitbare *Unwissenschaftlichkeit* dieser Fragen zum Anlaß nimmt, sie zu überschweigen. Doch handelt es sich dabei um einen Prozeß der Verdrängung, dessen Folgen die Psychopathologie aufzeigt. Fragen ohne Antworten können lebenschaffender sein, als Antworten, nach denen niemand um seines Lebens willen fragt.

Vielleicht sind jene Menschen zu beneiden, die überzeugt bekennen: Der Sinn des Lebens ist das Leben selbst, mit meinem Tod ist mein Sinn erfüllt. Den vielen Zweifelnden aber bleibt die Frage, ob es so ist, ob dann Sinn auch ist.

Die Frage nach dem Lebenssinn stellt sich beiden Gruppen durch den gewußten Tod. Jahrtausende lang antworteten Mythos, Religion und Philosophie mit Seele, Auferstehung und Transzendenz. Rationalistische Aufklärung, Säkularisierung und moderne Wissenschaft entlarvten dies als Selbstbetrug und Nächstenbetrug. Seitdem stehen wir da, so klug als wie zuvor und ein wenig ärmer an falschen und echten Hoffnungen.

Die Wissenschaft im modernen Verstand kann das Rätsel Mensch nicht lösen. Wie sollte sie auch, da wir es sind, die neben unserem Glauben und Aberglauben auch die Wissenschaft treiben. Wir wissen dies und fragen trotzdem weiter. So in diesem Buch.

Ein Vorwort soll nicht nachträglich harmonisieren. Aber es darf den Aufbau erklären. Die Grundfragen jenseits der Erkenntnis liegen – wie der Begriff es sagt – im Numinosen. Mag *der Heilige* von vielen noch rational moralisch (und damit falsch) verstanden werden, so ist *das Heilige* jedem bloß rational moralischem Verstand entzogen. Das Wunder ist die aufzuhebende Provokation allen naturwissenschaftlichen Denkens und gilt als lediglich durch Gründe und Ursachen nicht genügend aufgeklärtes natürliches Geschehen. Stigmatisierung (als Sonderbeispiel des Wunders) ist – so gesehen – ein Grenzfall zwischen Psychopathologie und religiösem Schwindel.

Dieser erste Teil entzieht sich stärker den ausschließlich rationalen Argumentationen als der zweite, philosophische. Hier sind *Ende der Metaphysik* und *Verlust der Transzendenz* die negativen, eine *neue Gnosis* das positive Schlagwort einer Überprüfung unseres geistigen und psychischen Haushalts angesichts der Herrschaft naturwissenschaftlichen Denkens. Der letzte Abschnitt stellt die *Sinnfrage* dreimal ins Zentrum: erstens gegenüber einer die Gesellschaft als Hauptaufgabe des einzelnen setzenden Welt- und Lebensanschauung, zweitens als die Mitte philosophischen Fragens, drittens als Herausforderung durch den unabweisbaren Tod.

Dieses Buch bringt keine Lehre. Es lehrt bestenfalls ein wenig, wie nachdenkende Menschen dieser Zeit mit Worten und Werten wie dem Heiligen und Wunder, der Transzendenz und Metaphysik, einer neuen – aus der modernen Naturwissenschaft inspirierten – Gnosis, schließlich dem unentrinnbaren Jagen nach dem Sinn bis zum Tod auszukommen suchen. Es ist kein gutes Buch für jene, die Antworten erwarten. Es ist vielleicht ein anregendes Buch für die anderen, die im Fragen Kraft finden, das Leben besser zu bestehen.

Frankfurt, 13. Juni 1977 Leonhard Reinisch

Hans Jürgen Baden

Das Heilige und der Heilige

1.

Die Veränderungen, denen unsere Sprache unterliegt, erklären sich aus der Schrumpfung oder Ausdehnung der Wirklichkeit, welche sich unaufhörlich vollzieht. Im Verlauf dieser Mutation gewahren wir, wie bestimmte Worte absterben, verschwinden, weil sich die ihnen zugehörige Realität verflüchtigt hat. Eine Weile konservieren sich diese Worte noch, der sprachlichen Gewohnheit zuliebe – aber sie gleichen lediglich Attrappen oder Hülsen, hinter denen sich nichts Lebendiges birgt. Wo diese Worte noch verwendet werden, fehlt ihnen die Legitimation durch Erlebnis und Erfahrung.

Zu den Worten, welche ihre Bedeutung eingebüßt haben, gehören ohne Zweifel das »Heilige« und das entsprechende Substantiv: der Heilige. Man kann offenbar auf sie verzichten, weil die Dinge oder Personen abhanden kamen, die sie repräsentieren. So intensiv wir uns in der Welt orientieren, – wir gewahren nicht, was den Gebrauch dieser Vokabeln noch rechtfertigen könnte. Von wenigen wird das als Verlust empfunden, von der Mehrzahl der Zeitgenossen wortreich und zustimmend begrüßt. Man stilisiert flugs das Defizit zur Errungenschaft und ist um die Begründung keineswegs verlegen. Besonders begegnet uns in diesen Zusammenhängen eine Theorie, die inzwischen geradezu ideologischen Rang erhielt: die Theorie von einer ausschließlich profanen Welt, auf welche das Heilige (und natürlich auch: der Heilige) jedes Anrecht verwirkt hätten. »Profanität« bedeutet ja, dem lateinischen Begriff nach, den Ausschluß, die Ausklammerung des Heiligen; die Welt ist allein auf sich verwiesen, sie genießt ihre »Weltlichkeit«, ruht befriedigt, sicher, fraglos in sich selbst. Jeder Hinweis auf das Heilige, jede transzendente Erinnerung bleibt unstatthaft und erregt den Verdacht, es handele sich um Ausreden: als wolle man sich den Forderungen des Tages durch einige der verpönten Irrationalismen entziehen. Das Vorurteil vom ideologischen Überbau hat längst Schule gemacht; der Schatten dieses Vorurteils fällt sogleich auf das Heilige und den Heiligen, wo immer sie in Erscheinung treten.

Man feiert also die weltliche, die bis in den Grund profane Welt; im Kreise dieser Profanisten (wie ich sie kurzweg bezeichnen möchte) entdeckt man übrigens mit Erstaunen auch Theologen. Im Horizont dieses Profanismus sind das und der Heilige Reminiszenzen an eine längst verschollene Vergangenheit; sie besitzen nur historisch-museale Bedeutung, es handelt sich um religionsgeschichtliche Folklore. Keine von diesen (oder entsprechenden) Vokabeln läßt sich noch in die Gegenwart übertragen, weil ihre Substanz entwich und man sich sogleich dem Vorwurf der Heuchelei aussetzen würde, wenn man sie für bare Münze nähme.

Die Ohren gellen uns von den Argumenten jener profanen Schriftgelehrten, die davon überzeugen möchten, daß wir uns in einer durchaus weltlichen Welt aufhalten und daß es zur Würde der Humanität zählt, auf metaphysische Schliche und Tricks zu verzichten. Für die Vertreter der Diesseitigkeit, für die Pharisäer des Profanen, welche sich nicht mehr den Gesetzen Gottes, sondern dem Gesetz des Hiesigen bedingungslos unterwerfen, hat die Stunde des Heiligen längst geschlagen. Mit diesen Themen kann man sich nur memorierend befassen, – in jener Überlegenheit, die einer bestimmten Art von Aufklärung so trefflich zu Gesichte steht, sie geradezu physiognomisch geprägt hat.

Diese Vorbemerkungen erlauben uns den Schluß, daß die Frage nach dem Heiligen eine grundsätzliche ist. Ihre Beantwortung entscheidet über den Radius unserer Existenz, über unsere Erfahrung von Wirklichkeit. Von der Begegnung mit dem Heiligen hängt ab, ob unsere Person metaphysische Tiefe besitzt – oder ob wir jenen eindimensionalen Menschen darstellen, dessen Schicksal mit allen Handlungsabläufen allein auf die Fläche projiziert ist.

2.

Bemühen wir uns, das Heilige einzukreisen und zu charakterisieren: Sein Mittler ist entweder ein Ding oder eine Person, die uns in der geschichtlich-religiösen Vergangenheit als der Heilige entgegentritt.

Beschränken wir uns zunächst auf das Ding; welcher Eigenschaften bedarf es, um in den Geruch des Heiligen zu gelangen, hinfort als heilig anerkannt zu werden? Wir erinnern an ein berühmtes Beispiel: an den Dornbusch, der (im dritten Kapitel des zweiten Buches Mose) dem Hirten Moses in der Wüste erscheint. Der Busch, eben noch einer unter vielen, steht plötzlich in Brand, ohne zu veraschen. Es ist also kein landläufiges Feuer, das ihn überfiel, sondern ein andersartiger, numinoser Brand. Nun, da der Busch zum Medium des Heiligen wurde, bricht er aus der dem Hirten geläufigen Wüstenlandschaft aus: Er fordert vom Beobachter ein Äußerstes an Bereitschaft, Konzentration. Der Betrachter wird, im Wortsinne, vom Anblick des brennenden Busches getroffen, der Brand springt auf ihn über. Der Busch verlautbart eine Botschaft, die das Leben des Hirten Moses verändert. Der Busch vermittelt jenen außerordentlichen Vorgang, den wir als Offenbarung bezeichnen.

Der Busch verdankt seinen Rang als Mittler und Offenbarer keiner natürlichen Qualität: als sei er unter seinesgleichen durch mächtigen Wuchs, bizarre Form oder dergleichen aufgefallen. Vielmehr geschah es ihm, daß er einen unerhörten optischen und akustischen Eindruck auslöste, gleichzeitig zum Mittler einer Vision und einer Audition wurde.

Der Busch ist jetzt heilig – wie jedes Ding, das auf einmal (niemand weiß, aus welchem Grunde) zum Mittler einer Offenbarung gewürdigt wird. Kurz vorher, im 28. Kapitel der Genesis, steht der Bericht von dem Flüchtling Jakob, der sich vor seinen Brüdern in Sicherheit bringen muß und erschöpft in der Wüste schläft, den Kopf auf einen Stein gebettet. Auch in dieser trostlosen, gänzlich profanen Situation geschieht das Außerordentliche: Die Situation verwandelt sich mit Lidschlagschnelle. Eine Leiter von Licht wächst aus dem Boden, streift an den Himmel, seraphische Wesen schweben auf ihr hinab und empor: Plötzlich ist der karge Boden, das Niemandsland, auf dem der erschöpfte Mann ruht, verwandelt. Dies ist ein heiliges Erlebnis, von Jakob (ich zitiere nach dem Luther-Text) in die Worte gefaßt: »Gewiß ist der Herr an diesem Ort, und ich wußte es nicht . . . Wie heilig ist diese Stätte! Hier ist nicht anderes als Gottes Haus, und hier ist die Pforte des Himmels.«

Nicht nur in den biblischen Urkunden, sondern auch sonst in der Welt des Mythos sind derartige Erfahrungen häufig und werden immer wieder, erschrocken oder entzückt, registriert. Es bleibt das Kennzeichen der mythischen Wirklichkeit, da sie in jedem Augenblick offen ist für den Einbruch des Heiligen. Jeder Ort oder Gegenstand können zu Medien der Offenbarung werden.

Freilich muß hier sogleich auf einen entscheidenden Punkt hingewiesen werden, der den mythisch-religiösen Bereich vom magischen trennt. Die transzendente Berührung verwandelt nicht die Substanz des Berührten. Das Ding bleibt seiner Natur, seiner Zusammensetzung nach unverändert: Der Busch des Mose, nachdem die Lichterscheinung endete, war wieder Busch unter seinesgleichen. Auch wenn Mose den Wunsch gehabt hätte (wovon uns nichts überliefert wird), einen Zweig des Busches abzubrechen, um gleichsam einen dinglichen Garanten seiner Epiphanie zu besitzen: Es wäre nicht möglich gewesen, zwar hätte der abgebrochene Zweig die Offenbarung jederzeit assoziieren können, aber er wäre von ihr keinesfalls durchtränkt, also gleichsam durchlichtet, vergoldet. Das Heilige ist kein Stoff, der sich an einem beliebigen Ding niederschlägt, auf ihn wahrnehmbar wird wie eine glänzende Patina.

In diesem Zusammenhang muß die Relativität der Reliquie erwähnt werden. Die Reliquie (welcher Art auch immer) beschwört eine heilige Erfahrung, die der homo religiosus an einem Stück Wirklichkeit macht, – aber dieses Stück ist als solches nicht heilig, selbst wenn es sich um das Glied eines Apostels handelt. Überall dort, wo eine Reliquie die Gnade, den göttlichen Geist einschließt wie ein Schrein und als solche heilig erklärt wird, ist der Übertritt zum Magischen vollzogen. Das Heilige wird vermittels der Reliquie materialisiert, – man wird seiner habhaft wie eines Geldstücks oder eines Schmuckes, den man in der Tasche, am Körper trägt oder in einem Safe deponieren kann.

In Wahrheit läßt das Heilige solchen sicheren Umgang, wie er sich gelegentlich im Reliquienkult verrät, fragwürdig erscheinen. Die Reliquie intensiviert die heilige Erinnerung, aber sie beschließt sie nicht im gegenständlichen Sinne. Das Heilige kann nicht objektiviert werden, sondern der Mensch darf lediglich die Voraussetzung dafür schaffen, daß es sich ereignet. Wo immer man des Heiligen habhaft zu werden versucht (mit ihm manipuliert, wie heutzutage gern gesagt wird), da hat man es nicht mehr mit dem Göttlichen, sondern mit dessen Zerrbild und Karikatur zu tun. Der Abfall von Gott zu dem, was die Überlieferung als »Götzen« charakterisiert, ist vollzogen. Diesen Göttern aus zweiter Hand gelten im Grunde die Ironie der Aufklärer, das Gespött der Atheisten – aber nicht jenem wahren Gott, den Rudolf Otto als mysterium tremendum et fascinosum bezeichnet hat: als zugleich schauervolles und faszinierendes Geheimnis. Dies Geheimnis kann an jedem beliebigen Ding aufbrechen, in ihm herbergen – aber es kann sich nicht mit ihm mischen. Wo diese Vermischung verlangt wird, haben wir es mit der Reliquie im negativen Sinne zu tun.

Wann immer wir ein Ding oder einen Vorgang als heilig bezeichnen, muß solche Charakterisierung mit der größten Zurückhaltung geschehen, damit wir nicht unversehens in magische Vorstellungen zurückfallen. Das Heilige, das sich einem Ding zugesellt, ist gelegentlich von einer atmosphärischen Leichtigkeit, die es nahelegt, Bilder Rilkes (aus einem ganz anderen Zusammenhang) darauf anzuwenden: »Wie der Tau von dem Frühgras / hebt sich das unsre von uns, wie die Hitze von einem / heißen Gericht.« In diesem Fall ist das »Unsre« das Heilige, das wir uns zu eigen machten, in der Reliquie fest verwahrt wähnten. Die Reliquie, wenn wir sie dinglich mißverstehen, läßt das Heilige in dem Augenblick entweichen, sich auflösen, wo wir es mit allen fünf Sinnen an einem bestimmten Gegenstand fixierten.

Unser Einwand gilt auch jenen Reliquien, die uns heute überall in säkularisierter Form begegnen: als Maskottchen, Schmuckstücke, neuzeitliche Totems in unterschiedlichster Gestalt. Diese Pseudo-Reliquien sind Garanten des Glücks, und wo immer wir sie mit dem Finger streifen, mit der Lippe berühren, spüren wir den kontinuierlichen Strom der Gewißheit, der von ihnen ausgeht und sich in ihren metallenen, steinernen, wie immer stofflichen Behältern birgt.

Die Grenze zwischen der echten und der falschen, der Pseudo-Relique bleibt fließend. Das Kriterium sind hier nicht Dauer und Reichtum der Überlieferung, die ja niemals das magische Mißverständnis ausgeschlossen haben. Entscheidend bleibt, daß irgendein Ding den Impuls des Ungeheuren, dessen also, was uns unbedingt angeht (um es mit Paul Tillich zu sagen), einfängt und an uns weitergibt, ohne es fixieren zu wollen. So werden Dinge zur Membrane des Heiligen, und wenn wir verstummen und lauschen, vernehmen wir den göttlichen Ton wie das Rauschen in der Muschel.

Das Heilige verrät sich keinesfalls immer durch Dinge und Handlungen, die bereits von Haus aus sakralen Charakter besitzen; es verrät sich also weder durch heilige Zeichen und entsprechende Räume noch durch fromme Gebärden. Dies alles kann wie aufgesetzt, improvisiert erscheinen, ohne daß die mindeste Berührung durch das Absolute erfolgt. Gott ist an keinen sakralen Raum gebunden, um sich zu offenbaren: Er kann die äußerste Profanität: den Stall dem Tempel vorziehen, wie es in Bethlehem geschah. Die Betrachtung eines Blattes kann heilige Erschütterung auslösen, während der Anblick einer Ikone ohne jeden spirituellen Eindruck bleibt. Das Heilige ist in keiner Weise genötigt, sich dort zu lokalisieren, wo es die fromme Überlieferung befiehlt. Der Augenblick größter Unsicherheit wird dort erreicht, wo das Heilige alle überlieferten Formen, Bekundungen, Symbole verschmäht und sich völlig untraditioneller Mittel bedient, um in Erscheinung zu treten.

Dies bedeutet, daß die gesamte Wirklichkeit dem Heiligen offen steht; die Möglichkeiten der Manifestation sind für das Heilige niemals vorgezeichnet, sondern sie besitzen paradoxalen Charakter. Das Heilige täuscht immer wieder die fromme Erwartung, es müsse sich auf vorgezeichneten Bahnen offenbaren, und es tritt überraschend, jäh dort in Erscheinung, wo es niemand erwartet. Der Blitz ist nicht verpflichtet, sich von eigens dafür installierten Ableitern seinen Weg vorschreiben zu lassen; er kann in jeden beliebigen Baum, Mast, Schornstein einschlagen. Ähnlich verhält es sich mit dem Heiligen: Es muß sich nicht zwangsläufig auf den Altären niederlassen, in den gläsernen Rosetten einer Kathedrale erblühen, sich in sakralen Handlungen ereignen; vielmehr geschieht das Heilige dort, wo niemand darauf gefaßt ist – und bestätigt eben dadurch, was wir seinen paradoxalen Charakter nannten.

Auf solche Überraschungen muß die überlieferte Religion, in unserem Falle das Christentum, jederzeit gefaßt sein. Das Christentum – ich sage nichts Neues, sondern völlig Geläufiges – kann eintrocknen, verharschen, in geistlicher Routine erstarren; es erinnert an Museen, in denen sich gründliche religionskundliche und ästhetische Studien betreiben lassen – aber das eigentliche Erlebnis des Heiligen bleibt dem Besucher versagt.

Worin besteht dieses Erlebnis? Rudolf Otto hat es in seinem 1923 erschienenen Werk »Das Heilige« gültig umschrieben. Auch hier wieder der paradoxale Charakter, weil sich die beiden Elemente, welche das Heilige konstituieren, zunächst auszuschließen scheinen. Es sind das tremendum und das fascinosum, das Schreckliche und das Liebliche, das Schauererregende, Abstoßende und das Faszinierende, die sich in der Erfahrung des Heiligen verschlingen. Der Gläubige wird von einem Extrem zum anderen gerissen; er muß immer wieder die ungeheure Spannung ertragen, die sich dazwischen auftut. Wie groß bleibt die Versuchung, dieser Spannung zu entsagen und sich mit den Devotionalien zu bescheiden, die man befühlen, betasten kann und in der Tasche mit sich herumträgt!

Die Stunde des Heiligen – um mich der Formulierung eines zeitgenössischen Autors, Peter Handke, zu bedienen – ist die »Stunde der wahren Empfindung«. In seiner gleichnamigen Erzählung schildert Handke – in einem Text, der Gott betont ausschließt –, wie dieser Gott sich seltsamer Vehikel bedient, um wieder, jedenfalls mittelbar in Erscheinung zu treten: eines Kastanienblattes, eines Stückes von einem Taschenspiegel und einer Kinderzopfspange. Diese drei Dinge entdeckt die tragende Figur der Erzählung (wieweit ist sie mit dem Erzähler identisch?): ein Mann namens Keuschnig, Pressereferent der Österreichischen Botschaft in Paris, auf einem Spielplatz. Er befindet sich in einem Zustand völliger Verzweiflung, ausgebrannt, vernichtet, nur der Selbstmord scheint noch angemessen – als sein Blick auf diese Dinge fällt. Unter seinem Anschauen verwandeln sie sich, in ihnen fängt sich – wie in winzigen Spiegeln – der Widerschein des Absoluten. Die »lange Gleichgültigkeit« wird abgelöst von einer »süßen Teilnahme«. Banale Sachen sind zu »Wunderdingen« geworden, sie eröffnen die »Idee eines Geheimnisses«. Dieses Geheimnis bleibt der Wissenschaft unbegreiflich, ist auch ästhetisch nicht faßbar – aber es stärkt den Betrachter, erfüllt ihn mit Zuversicht. Er ist auf Reflexe des Heiligen gestoßen, und der Umgang damit wirkt nachhaltiger als der Umgang mit religiösem Gerät und entsprechendem Ritual.

Was hier an Zopfspange, Kastanienblatt und Spiegelscherbe exemplifiziert wird, kann sich mit jedem beliebigen Gegenstand wiederholen; keinem Ding ist verwehrt, Medium des Heiligen zu werden. Es bleibt das Privileg Gottes, unter die Haut der beiläufigsten Dinge zu schlüpfen, um einem Menschen zu begegnen, seine Schritte und Gedanken auf diesem Umweg in die Tiefe des Geheimnisses zu lenken. Auch wenn die Namen Gottes und des Heiligen verschwiegen werden: Solche subtilen Erfahrungen verweisen allemal auf den religiösen Hintergrund der Welt. Es handelt sich um die gleiche religiöse Diskretion, über die Rainer Maria Rilke verhältnismäßig kurz vor seinem Tode einer Freundin geschrieben hat: »Jetzt würdest Du mich ihn (Gott) kaum je nennen hören, es ist eine unbeschreibliche Diskretion zwischen uns, und wo einmal Nähe war und Durchdringung, da spannen sich neue Formen, so wie im Atom, das die neue Wissenschaft auch als ein Weltall im kleinen begreift. Das Faßliche entgeht, verwandelt sich, statt des Besitzes erlernt man den Bezug, und es entsteht eine Namenlosigkeit, die wieder bei Gott beginnen muß um vollkommen und ohne Ausrede zu sein.«

Solche Diskretion gegenüber dem Heiligen ist allein imstande, dessen magischen Mißbrauch zu verhindern und einen Abstand zu schaffen, der den Gläubigen daran hindert, mit dem Gotte wie mit seinesgleichen umzugehen. Die Diskretion wahrt den Charakter des Geheimnisses, sie schützt das Mysterium, indem sie es mit einer Wand von Unnahbarkeit umgibt. Das Heilige bedarf dieser Wand, um sich (ich drücke es menschlich aus) in der Stille zu erneuern; es entzieht sich der rationalen Bevormundung, auch der Spekulation. Das Heilige wird immer wieder aus dem Geheimnis geboren, es züngelt wie eine Flamme, fällt wie ein Stern – oft in dem Augenblick, wo man am wenigsten damit zu rechnen wagte.

Unter Anspannung aller Sinne, deren Fassungskraft dabei gesprengt wird, wartet der homo religiosus darauf, daß das Heilige sein Geheimnis lüftet. Dies geschieht vor allem in den Erfahrungen der Audition und Vision. Der Mensch, von der Offenbarung des Heiligen betroffen, hört wie niemals zuvor – ihm werden, wie es in den Orpheus-Sonetten heißt, »Tempel im Gehör geschaffen«. In diesem Gehör-Tempel fallen jetzt Geräusche ein, durch die sich die Ankunft des Heiligen ausweist, bis es schließlich, auf dem Höhepunkt, selbst Wort wird. Eine klassische Schilderung dieses Vorgangs findet sich im alttestamentlichen Ersten Königsbuch, sie wird dem Propheten Elia am Berge Horeb zuteil: »Und siehe, der Herr ging vorüber und ein großer, starker Wind, der die Berge zerriß und die Felsen zerbrach, vor dem Herrn her; der Herr aber war nicht im Winde. Nach dem Wind aber kam ein Erdbeben; aber der Herr war nicht im Erdbeben. Und nach dem Erdbeben kam ein Feuer, aber der Herr war nicht im Feuer. Und nach dem Feuer kam ein stilles, sanftes Sausen. Da das Elia hörte, verhüllte er sein Antlitz mit einem Mantel und ging heraus und trat in die Tür der Höhle. Und siehe da kam eine Stimme zu ihm und sprach: ›Was hast du hier zu tun, Elia?‹« (1. Kön. 19, 11-13). Hinter vielfältigen akustischen Manifestationen verbirgt sich das Heilige, bis schließlich die unmittelbare Anrede des Heiligen – das »Wort Gottes« – vernommen wird.

Die Vision, die Schau des Heiligen, kann sich an beiläufigen Dingen entzünden: wie etwa beim Propheten Jeremia an einem Gürtel oder einem Krug. Das sind keine heiligen, sondern ganz profane Geräte, welche aber, in einem bestimmten Zustande des Sinnierens und Grübelns, geheimnisvolle Visionen auslösen. Der Görlitzer Schuster Jakob Böhme, über die Schusterkugel gebeugt – die für sein tägliches Handwerk genauso unentbehrlich war wie Ahle, Pfriem und Leder –, erblickte in dieser gläsernen Kugel einen Spiegel des Alls, schließlich den Widerschein Gottes selbst.

So ist es jederzeit möglich, daß die Betrachtung eines landläufigen Bildes, einer unscheinbaren Handlung sich zur Vision auswächst und uns spirituelle Reichtümer ahnen läßt, auf die wir nicht im mindesten vorbereitet waren. Das Heilige liegt im Hinterhalt, es kann sich des unscheinbarsten Dinges bemächtigen, um sich zu realisieren und akustisch, zeichenhaft in Erscheinung zu treten.

3.

Es ist an der Zeit, mich gegen den Verdacht zu wehren, ich wollte die Überlieferung abwerten und für den Einbruch des Heiligen außerhalb der Tradition, ja im strikten Gegensatz zu ihr plädieren. In einer Zeit, welche die sogenannte Polarisierung eifernd, gehässig bis zur Selbstzerstörung betreibt, wird immer wieder behauptet, das Heilige könne in den Formen, unter den Hüllen der Überlieferung nicht mehr wahrgenommen werden. Man könne dem Heiligen nur dort begegnen, wo man zur radikalen Negation der Überlieferung entschlossen sei, sie gleichsam totalitär über Bord werfend.

Dieser voreilige Radikalismus hat dazu geführt, den überlieferten religiösen Äußerungen und Übungen mit grundsätzlichem Mißtrauen zu begegnen. Hier ist nicht der Ort, sich mit jener kontroversen Literatur zu befassen, die Anfang der sechziger Jahre förmlich aus dem Boden schoß und eine Art zweiter Aufklärung einleitete; freilich war diese kaum imstande, sich mit der Intelligenz, der eleganten Versatilität ihres Ahnherren Voltaire zu messen. Der aufklärerische Zug, angeführt von zornigen Greisen wie Otto Flake, Gustav Wyneken und Bertrand Russell, verlor sich wieder im Dschungel, er hat kaum religiöse Spuren hinterlassen. Gerhard Szczesny, der diese Art Literatur eine Zeitlang verlegte, hat gleichsam als Motto für seine Bemühungen und diejenigen seiner Autoren den Satz formuliert: »Die Behauptung, daß der westliche Mensch ein christlicher Mensch sei oder doch wiederum werden könne und müsse, ist eine Zwangsvorstellung, die jedes Selbstvertrauen und jede humanitäre Widerstandskraft zerstören muß, sobald sich herausstellt, daß die Unchristlichkeit ein nicht mehr behebbarer Zustand ist.«

Eine solche Formel spricht dem Menschen die religiöse Ahnung, den sensus numinis schlechthin ab – sie widerlegt den die abendländische Geistesgeschichte bestimmenden Satz Tertullians (aus dem zweiten vorchristlichen Jahrhundert), daß der Mensch eine anima naturaliter christiana in sich trage. Das Christliche, dem die Seele natürlich zuneigt, darf hier nicht als theologische Lehre verstanden werden, sondern es ist eine ursprüngliche Erfahrung des Heiligen, die sich immer von neuem in den überlieferten Formen, Worten und Riten darstellt. Zugleich wird damit zum Ausdruck gebracht, daß die christliche Religion, jedenfalls für den westlichen Menschen, die dem Erlebnis des Heiligen adäquaten Gefäße zur Verfügung stellt. Aber das Heilige – um erneut dieses Mißverständnis abzuweisen – ist an derartige Formen nicht gebunden, es sprengt alle traditionellen Grenzen. Das Licht der Offenbarung flammt auf freiem Felde auf, nicht der Fromme im Tempel vernimmt die Stimme Gottes, sondern sie überfällt den Hirten inmitten der Wüste, den nächtlichen Flüchtling, die Witwe, der es an Öl und Mehl für den kommenden Tag mangelt.

Wie verhält sich das Heilige zur Überlieferung? Es handelt sich keineswegs um ein exklusives Verhältnis; die Überlieferung, recht verstanden, ist ständig und überall offen für das Ereignis des Heiligen. Oft genügt ein kurzes Rencontre mit der Überlieferung, eine unscheinbare Berührung – und der Funke springt über und setzt sogleich die (eben noch unbeteiligte, in Gleichgültigkeit versunkene) Menschennatur in Brand. Das sind enthusiastische Augenblicke, die dieses Prädikat zu Recht tragen, denn der Betroffene wird plötzlich in Gott (en theos) hineinversetzt, die Flamme des Heiligen versengt ihn.

Hierfür gibt es eine klassische Illustration im sechsten Jesaja-Kapitel: Der Prophet begegnet dem Heiligen wie nie zuvor. Die Vision, die ihm zuteil wird, reißt ihn aus aller frommen Technik und Routine, die Schwellen beben, der Tempel füllt sich mit Rauch, der Beter erleidet – im Gefühl seiner Nichtigkeit – einen völligen Zusammenbruch. Er vernimmt den seraphischen Chor, einander zurufend: »Heilig, heilig, heilig ist der Herr Zebaoth; alle Lande sind seiner Ehre voll!«

Das tremendum, die schreckliche Seite des Heiligen ist übermächtig geworden – ähnlich wie in jener historischen Stunde vor Damaskus, als eine unsichtbare Hand den Saulus vom Pferde riß, ihn blind zu Boden schleuderte, so daß er zu sterben meinte.

Diese komplexe Erfahrung des Heiligen, tremendum und fascinosum, Schrecken und Seligkeit, Tod und göttlicher Rausch – sie wiederholt sich überall dort, wo wir den Saum des Heiligen berühren.

Aber der Mensch, der durch den Blitz des Heiligen zerschmettert wird, muß nicht sterben; am Grunde der Ohnmacht, der existentiellen Leere lockt das Fascinosum, winkt der Vater. Es erfolgt eine Berufung, die rational nicht erklärt werden kann; sie widerfuhr gleichermaßen dem Propheten und dem Apostel. Beide liefern sich dem Heiligen für immer aus: »Hier bin ich, sende mich«, stammelt der eine. »Herr, was willst Du, das ich tun soll?«, respondiert zitternd der andere. Jetzt beginnt ein neues Leben, verwurzelt in der Fülle des Auftrags, der beiden zuteil wurde. Wenn sich der Mensch dieser inneren Erfahrung geöffnet hat, wird er zum Gefäß einer Positivität, die sich nicht erschöpft. Er gerät in das magnetische Feld des göttlichen Erbarmens. Er empfindet, daß sich seine Existenz mit dieser Erfahrung wie mit Strom auflädt, – eine Erfahrung, die in der bekannten Wendung des Psalmisten umschrieben ist: »Gutes und Barmherzigkeit werden mir folgen mein Leben lang, und ich werde bleiben im Hause des Herrn immerdar.«

Wo befindet sich – wir kommen wieder auf die Bedeutung der Tradition für das Erlebnis des Heiligen zurück – dieses »Haus des Herrn«? Ist es der durch die Überlieferung sanktionierte fromme Raum im engeren Sinne mit seinen Feiern, Riten, Liturgien, mit seiner in einer langen Vergangenheit bewährten Ordnung? Muß man sich nur in die heiligen Urkunden versenken, um in ihnen mit Sicherheit die göttliche Präsenz aufzuspüren? Oder soll man sein Gegenteil, dieses Haus des Herrn der Welt, mit dem Kosmos in eins setzen und inmitten der Profanität die Kennzeichen und Spuren des Heiligen entdecken?

Unsere Fragen lassen sich nicht eindeutig beantworten. Mit Alternativen ist uns kaum geholfen. Beides ist möglich, mit beidem muß man rechnen. Es kann Gott gefallen, Wasser aus dem Felsen zu schlagen – aber er kann auch zu den bewährten Brunnen der Tradition führen, aus denen man seit Generationen schöpft. Der geistliche Weg des Menschen bleibt unberechenbar: Man weiß nicht (und kann es nicht wissen), ob Gott in der Wüste der Profanität wartet – oder ob er sich an jene Offenbarungsstätten gebunden weiß, welche seit Urzeiten legitimiert sind.

Der geläufige Einwand, daß die Überlieferung lediglich zur Routine verleite, zu bigotter Formalität erziehe und keine unmittelbare, authentische Erfahrung des Heiligen gestatte, ist verbreitet, aber gewiß unbegründet. Die Überlieferung zeigt sich in besonderer Weise für das Heilige transparent; in der Kirche, überhaupt in sakralen Räumen kommt man dem Heiligen näher als auf dem Bahnhof, in der Gastwirtschaft, in der Sporthalle (– obwohl auch das letztere, also die Offenbarung im völlig profanen Bereich, keinen Augenblick auszuschließen ist).

Auch die sakralen Gebäude unterscheiden sich für den Menschen, der entsprechende Sensibilität besitzt: Es gibt Kirchen, deren Inneres durch den Kultus wie verwandelt erscheint; das Heilige hat Fenster, Gebälk, Geräte gleich einer Patina überzogen. Im Gottesdienst partizipiert man an der Andacht, an den Gebeten der Väter; man gerät unversehens in einen geistlichen Rhythmus, der einem die Begegnung mit dem Heiligen mühelos und selbstverständlich gelingen läßt. Dagegen gibt es auch sakrale Räume (das hat mit dem Alter oder der Architektur des Gebäudes nichts zu schaffen), die das Erlebnis des Heiligen geradezu ausschließen. Uns ergreift nicht jene warme Bewegung, die der Raum eingesogen hat und auf seine Besucher ausstrahlt. Das Gebäude neutralisiert die fromme Bereitschaft, die innere Sammlung, die Fähigkeit zur Meditation. Der Besucher verliert sich an eine Fülle belangsloser Eindrücke, aber er ist außerstande, sich auf jenen mystischen Augenblick zu konzentrieren, da das Heilige vernehmbar wird. Die vom sakralen Raum erwartete und vielfach geleistete spirituelle Hilfe bleibt aus.

Ähnliches geschieht beim Gebet. Auch Beten kann zur frommen, oft unerträglichen Routine entarten, es kann abstoßend wirken und den Zugang zum Heiligen versperren. Es gibt eine verbreitete Animosität gegen den Beter, welche sich durch dessen Gebärde und die entsprechenden Worte fast augenblicklich auslöst. Darum wird dem Beter – von kritischen Beobachtern – empfohlen, auf jedes konventionelle Rüstzeug, auf fromme Formeln und Namen zu verzichten: denn das herkömmliche Gebet stände sich selbst im Wege, vereitele seinen Vollzug. In solchem Fall ist das Gebet als solches überhaupt nicht mehr kenntlich, und es steht zu befürchten, daß es seine Aufgabe verfehlt, die transzendente Instanz, an die es sich richtet, häufig nicht mehr erreicht. Dem freien, improvisierenden Gebet, das auf die herkömmliche Form verzichtet, kann immmer wieder der spontane Durchbruch zum Heiligen gelingen. Aber auch dort, wo sich das Gebet in überlieferter Form vollzieht, sind diese Formen durchaus geeignet, dem Heiligen als Gefäß zu dienen.

Das gilt, um ein Beispiel auszuwählen, für das klassische Gebet schlechthin: für das Vaterunser. Es läßt durchaus nichts von seinem Verschleiß, seiner unermüdlichen Abnutzung erkennen; bei jeder der sieben Bitten ergießt sich wieder der heilige Inhalt in die alten, vertrauten Gefäße. An Routine ist kein Gedanke, man macht mit diesem Gebet spirituelle Erfahrungen wie nie zuvor. Von ihnen hat Ernst Jünger einmal (in seinem christlichen Interim während des Zweiten Weltkrieges) gesprochen. Er berichtet von einem schrecklichen Traum, in dem ihm als einzige Waffe gegen die Angst das Gebet verblieb: »Wie gut, dachte ich, daß du wenigstens schon dein Gepäck verließest und so die Hände falten kannst. Sogleich begann ich, mich an das Gebet zu klammern, gleich einem, der über einem schauerlichen Abgrund sich an die letzte Wurzel hängt. Ich betete das Vaterunser eindringlich, ja mit Wildheit, und immer wieder, sowie es beendet war. Dabei war weder Trost, Verdienst, noch ein Gedanke, sondern nur ein wilder, letzter Instinkt, ein urtümliches Wissen, wie der Ertrinkende nach Luft ringt und der Verschmachtende nach Wasser, das Kind nach seiner Mutter schreit. Zuweilen nur, die Wellen der Linderung, dachte ich: ›O du herrliches Gebet, du ungeheurer Reichtum, keine Erfindung auf Erden kommt dir gleich.‹« Im selben

Zusammenhang weist Jünger auf die Bedeutung des Gebetes auch dort hin, wo es ständig wiederholt wird und einer gewissen Mechanik zum Opfer zu fallen droht. Dieser Mechanismus bedroht die gesamte religiöse Tradition und macht sie häufig zum Gespött ihrer Kritiker. Aber auch ein mechanischer Ritus kann gelegentlich Hilfe in den Wirbeln des Nichts verschaffen, man gewahrt das Gerüst der vertrauten Worte und klammert sich daran. Dazu Ernst Jünger: »Ich möchte sagen, daß durch das mechanische Gebet ein Vakuum, eine Lücke im kausalen Tagesablauf entsteht, die höheren Einfluß möglich macht. Daher ist der Entschluß in unseren Tagen, sich zunächst an ein Glaubensgesetz zu halten, gar nicht so sinnlos, wie man gemeinhin denkt. Er gibt vielmehr die angemessene Eröffnung der metaphysischen Partie. Gott muß ja gegenziehen.« Ich würde behutsamer formulieren: Gott *kann* gegenziehen, denn wir erleben wiederholt, daß die Eröffnung der metaphysischen Partie ins Leere hinein erfolgt, der Gegenzug bleibt aus.

Beides also, um es dringlich einzuprägen, ist möglich: Der fromme mechanische Ritus scheint die Erfahrung des Heiligen auszuschließen – und schafft doch zugleich die Voraussetzung, um es überraschend auf den Plan zu rufen. Das Gleichnis Jüngers von der metaphysischen Partie bewährt sich. Daneben jedoch besteht eine andere Möglichkeit: daß das Heilige die religiöse Überlieferung sprengt, geradezu boykottiert, sich Durchbrüche verschafft, die auf dem Felde landläufiger religiöser Erfahrung unbekannt waren. Im Feuer solcher Durchbrüche verbrennt die Überlieferung, der von Gott jählings Ergriffene sieht sich von den Traditionalisten erbittert befeindet. Der Skandal der Wahrheit, durch Saulus, Pascal, Kierkegaard repräsentiert, wiederholt sich in unzähligen einzelnen, deren Namen niemand kennt. Dieser Skandal zeigt an, welche paradoxen Verhältnisse der Einbruch des Heiligen von Fall zu Fall stiftet.

4.

In unsere Darstellung des Heiligen war seine Personifikation: *der* Heilige, von vornherein einbezogen. Der Heilige ist keine besondere Spezies Mensch, sondern jedermann trägt das Zeug zum Heiligen in sich. Wo immer der Mensch das Heilige verkörpert, dessen Einbruch nicht nur mit dem Geiste, sondern mit allen Sinnen registriert und eine entsprechende Wandlung erfährt: da ist der Überschritt zum Heiligen erfolgt.

Diese Auffassung wird durch das Neue Testament bestätigt. Paulus grüßt zum Schluß seiner Briefe häufig die Heiligen; er meint damit durchaus nicht jene Christen, die sich vor anderen durch einen unvergleichlichen Wandel auszeichnen, gleichsam einen Heiligenschein tragen und für die Hagiographie vorherbestimmt sind. Die Bezeichnung »der Heilige« gebührt vielmehr jedem, der das trinitarische Siegel trägt: dessen Glaube sich aus der schöpferischen Kraft Gottes, aus der mystischen Liebe Christi, aus der Wirklichkeit des Geistes unaufhörlich speist und erneuert.

Man sollte keine charakteristischen Merkmale aufhäufen und aus ihnen ein einheitliches Monument des Heiligen errichten: kein Heiliger gleicht dem anderen, weil sich das göttliche Licht im Prisma der unterschiedlichsten Personen bricht und die Physiognomien niemals verwischt. Auch die christlichen Tugenden zeichnen sich nicht durch jene Monotonie aus, wie sie uns aus frommen Bildern und Legenden geläufig ist. Dieser Heilige, dessen sich die fromme Tradition rühmt und dem sie ihre Bildsäulen errichtete, hat – sagen wir es freimütig – seine Anziehungskraft auf Christen wie auf Nichtchristen weithin eingebüßt. Freilich kennen wir Ausnahmen: alterslose Heilige, deren Anrufung uns sogleich ihre charismatische Luft einatmen läßt. Wenn die entsprechenden literarischen Mittel zur Verfügung stehen, fällt jeder historische Abstand zu diesen Figuren, die mystische Präsenz wird wieder hergestellt: Das demonstrieren in gleicher Weise das Franziskus-Buch Felix Timmermans' wie der Werfelsche Roman »Das Lied von Bernadette«, dem selbst die Mißbilligung Thomas Manns keinen Eintrag zu tun vermochte.

Aber sehr viele Heiligenbilder sind klischeehaft, grellfarbig wie die entsprechenden Legenden, so daß dem Begriff »Legende« seit langem der Geruch sentimentalischer nicht ernst zu nehmender Erfindung anhaftet. Mit ihren Exzessen an Selbstlosigkeit und Keuschheit wirken diese von der Überlieferung approbierten Heiligen wie fromme Puppen, die man nicht mehr ernst zu nehmen vermag – und deren Bilder man lächelnd, ironisch beiseite legt. Sie unterscheiden sich durchaus von den Heiligen der Paulinischen Briefe; wir lesen von deren geistlichem Glück, Seligkeit, charismatischem Mut – aber auch von ihren beständigen Querelen, ihrem Kleinglauben, ihrer sexuellen Anfälligkeit. Diese Heiligen des Apostels hören nicht auf, den Schatz in »irdenen Gefäßen« zu tragen, genau wie wir – aber sie gehen trotz ihrer Widersprüchlichkeit, ihrer ramponierten Tugend des eigentlichen Titels nicht mehr verlustig. Der Heilige ist keine moralische Marionette, dem die frommen Spruchbänder aus dem Munde flattern, sondern er bleibt der Mensch in seinem Widerspruch, eine paradoxale Erscheinung.

Worin unterscheidet sich der Heilige von denen, die anderen Sinnes sind und denen der Apostel seinen luziden Titel gewiß nicht zuerkennen würde? Jede Bestimmung des Unterschiedes erfordert Diskretion, ein fast spirituelles Fingerspitzengefühl, man erinnert sich, wieviel Unheil in der Kirchengeschichte überall dort entstand, wo man die Heiligen von den angeblich Unheiligen sonderte wie Böcke von den Schafen. Dessen befleißigten sich die eifernden Jünger und wurden von Jesus heftig getadelt; dies bleibt immer noch eine wesentliche Unterhaltung der verfeindeten christlichen Gruppen. Die sogenannten Kontroverstheologen entwickelten stets eine erstaunliche Fähigkeit, für sich jene Heiligkeit in Anspruch zu nehmen, die sie dem Kontrahenten absprachen; so entstand ein Streit um die Bestimmung des Heiligen, der nie ein Ende fand – und bei dem ununterbrochen die Vorzeichen vertauscht wurden.

Bei der Definition des Heiligen müssen wir uns davor hüten, jeweils eine einzelne Tugend herauszustellen und diese zu feiern. Wenn die Tugend das Prädikat des Außerordentlichen und Vollkommenen erhält, so geschieht solche Verabsolutierung zumeist auf Kosten anderer menschlicher Eigenschaften, die spürbar verkümmern. Die personale Balance wird gefährdet, der heiligen Einseitigkeit müssen Opfer gebracht werden, die sich sogleich rächen. Der Heilige zeichnet sich nicht durch überdimensionale Tugenden aus, mit denen er sich etikettiert – und die seine Umwelt gerührt, staunend, verehrungsvoll zur Kenntnis nimmt. Es ist vielmehr eine bestimmte Haltung, die den Heiligen prägt und die im Laufe der Zeit durch den Geist, durch die Gnade weiterentwickelt wird. Wenn sich abnorme Tugend mit einem bestimmten Menschen verbindet und diesem das Prädikat des Heiligen einträgt, so zerreißt sie die menschlichen Zusammenhänge, sie explodiert gleichsam und stellt vor Probleme, die unlösbar sind. Wir plädieren deswegen für die zurückhaltende, gedämpfte Tugend, an der sich der Mensch nicht übernimmt, niemals außer Atem gerät. Der Heilige sollte gewisse menschliche Maße respektieren und in seiner Person veranschaulichen, wozu freilich die eigene Kraft nicht ausreicht. Der Heilige ist auf die Assistenz des Geistes, den Beistand der Gnade angewiesen. Er entfaltet trotz großer Kraftanstrengung nicht sich selbst, sondern sieht sich immer wieder auf Gott als auf die eigentliche Realität verwiesen. Heiligkeit ist also nicht des Menschen eigene Tugend, eine Art goldenes Gewand, mit dem er aller Welt in die Augen sticht. Vielmehr bleibt sie eine transzendente Leihgabe, die der Betroffene mit Furcht und Zittern empfängt. In dem Maße, als er sich ihrer rühmt, droht er sie zugleich wieder zu verlieren. Der Mensch, der das Prädikat des Heiligen verdient, zeichnet sich durch Behutsamkeit, Rücksicht, durch eine besondere Sensitivität aus, die er den Absichten Gottes entgegenbringt.

Es ist ein Irrtum zu behaupten, daß sich der Heilige unter der Einwirkung der Gnade in seiner Substanz verändere, – daß gleichsam eine Wandlung des Fleisches in charismatischem Stoff stattfände. Das sind falsche Vorstellungen, welche durch die traditionellen Heiligenbilder, durch den Glauben des Volkes impliziert wurden. Der Heilige unterscheidet sich nicht vom normalen Menschen durch Transparenz, durch eine Art lichter Aura, auch geht er keineswegs der Schwerkraft verlustig. Die aetherische Gestalt des Heiligen, wie sie uns häufig begegnet, entspricht nicht jener Realität, auf die auch der Heilige Anspruch besitzt. Die Frömmigkeit neigt immer wieder dazu, den Heiligen zu entmaterialisieren, ihm seraphische Züge zu verleihen. Der Heilige relativierte Zeit und Raum, er hob die Gesetze des Irdischen auf. Aber da wir ihn nicht den Mühen, Anfechtungen, Irrtümern unserer Existenz unterworfen sehen, hat er seine Nähe und Brüderlichkeit verwirkt. Er schwebt frei im Raum wie ein engelisches Wesen, er kennt nicht das Elend des Irdischen, die Krankheit zum Tode, die Angst, die uns zeitlebens treibt. Er hat das alles hinter sich, die Viten berichten von seiner Bekehrung – und diese Berichte hinterlassen den irrigen Eindruck, als habe der also Bekehrte die alte Existenz für immer abgestreift. So steht vor unsern Augen ein kristallinisches Wesen, frei von Anfechtung, das drei Fuß über dem Boden schwebt und keinen Anteil an jenem Unglück hat, das uns den Atem abschnürt.

Wir brauchen ein neues Bild des Heiligen, das sich weithin von jenen Bildern unterscheidet, welche uns die fromme Tradition seit Jahrhunderten lieferte. Ich wage nicht, die Wirkungen (die Effektivität, wie man heute zu sagen pflegt) der Heiligen in der Vergangenheit in Frage zu stellen. Die religiöse Volkskunde gibt uns dafür eine Fülle überzeugender Aufschlüsse.

Indessen ist für die Gegenwart entscheidend die participation mystique, welche sich zwischen dem Heiligen und uns herstellt. Der Heilige ist unseresgleichen, er trägt unseren Leib, kennt unser Elend, – trotzdem bleibt er ein anderer. Auf diese Bestimmung der Andersartigkeit kommt es an, sie allein macht den Heiligen für uns exemplarisch, erschließt uns – durch ihn – eine neue, eschatologische Zukunft.

Wenn ich abschließend einige Merkmale dieser Andersartigkeit aufzähle, versuche ich zu beschreiben, was sich im Grunde der Beschreibung entzieht. Der Heilige ist kein Mensch besonderer Qualität. Er gehört zu denen, die der große Apostel in seinen Briefen zu grüßen pflegte, zählt aber auch zu jener »Gemeinde der Heiligen«, der wir uns sonntäglich im Bekenntnis des Glaubens eingliedern.

Der Mensch überschreitet die Schwelle zum Heiligen, er wird ein Heiliger, wenn er den ewigen Ruf hört, der alles entscheidet. Durch diesen Ruf wird er von einer letzten Wirklichkeit eingeholt, angerührt; er vernimmt seinen Namen (wie es uns in den Berufungsgeschichten beider Testamente immer wieder berichtet wird) und ist damit von der Transzendenz gezeichnet. Dieser Ruf, wenn auch geschwächt, oft wie verschüttet, bleibt in ihm lebendig.

Der transzendente Ruf leitet eine innere Entwicklung ein, die durch keine Rückschläge und Zweifel völlig zunichte gemacht werden kann. Ein neuer inwendiger Mensch kristallisiert sich heraus, welcher – mittelbar – den äußeren Menschen verändert und bis in seine Entschlüsse, seine Physiognomie hinein prägt. Über diese sogenannte Heiligung liefern sich die Dogmatiker subtile Gefechte, indem sie ständig andere Positionsbestimmungen gegenüber der Rechtfertigung versuchen. Aber es ist schwierig, in diesem Sinne die Heiligung theologisch-systematisch zu orten; der Vorgang bleibt seltsam schillernd, schwebend, entzieht sich dem systematischen Zugriff.

Der Heilige trägt den Schatz in irdenen Gefäßen, um noch einmal den Apostel Paulus als Kronzeugen für die Schwierigkeit christlicher Existenz zu zitieren. Aber eine große Zäsur ist durch diesen Ruf geschehen, die nicht wieder retuschiert werden kann, sie bleibt erhalten wie die Narbe einer schweren Operation.

Der Heilige lebt jenseits dieser Zäsur, und die göttlichen Verheißungen gewinnen für ihn eine geheimnisvolle Wirklichkeit. Er ist der Mensch, der weiß, was Gott mit ihm will, der zumindest ahnt, was Gott mit ihm vorhat – und niemand kennt das Entzükken, wenn sich in seiner Person die eigene und die ewige Fülle begegnen, durchdringen.

Der Heilige in der Gegenwart ist ein Mensch dieses transzendenten Entzückens. Ihm bleiben jene Wunder versagt, welche die gläubigen Väter wahrnahmen und priesen, er hüllt sich nicht mehr in visionäre Gewänder. Aber er ist entschlossen, für seine Person die lukanische Verheißung anzunehmen und zu realisieren, inmitten einer Welt, die sich ihrer Gleichgültigkeit am Ewigen brüstet: »Das Königtum Gottes kommt nicht in sichtbarem Aufzug noch wird man sagen: Siehe hier! oder: Siehe dort! Denn siehe, das Königtum Gottes ist mitten unter euch.«

Joseph Ratzinger
Wissenschaft – Glaube – Wunder

Wo von Wundern die Rede ist, machen längst nicht mehr bloß Atheisten und Freigeister bedenkliche Gesichter; auch bei den Verteidigern des Christentums steigen Unbehagen und Ablehnung auf. Hans Küng z. B. betont in seinem Buch »Christ sein« bei der Auslegung der Auferstehung Jesu als selbstverständliche Voraussetzung, daß »alle supranaturalistischen, Naturgesetze aufhebenden Eingriffe« abzulehnen seien[1]. Alles, was hier geschehe, trage sich selbstverständlich unter strenger Wahrung der Naturgesetze zu. Auch Rudolf Pesch hat seinen großangelegten neuen Kommentar zum Markus-Evangelium auf der ganz selbstverständlich genommenen Voraussetzung aufgebaut, daß es Wunder nicht gebe[2]. Im Grunde hat sich damit nun doch der Gedankengang weithin durchgesetzt, den vor jetzt bald 40 Jahren Rudolf Bultmann zuerst vorgetragen hatte: Die neutestamentlichen Aussagen seien in einem mythischen Weltbild angesiedelt, das nicht mehr das unsere sein könne, die wir in einer naturwissenschaftlich-technischen Welt leben. Gerade wer die eigentliche Botschaft des Neuen Testaments festhalten wolle, müsse sich darum mühen, Weltbild und Glaube voneinander zu lösen. »Ein blindes Akzeptieren der neutestamentlichen Mythologie wäre Willkür«, so sagt er. »Solche Forderung als Glaubensforderung erheben, würde bedeuten, den Glauben zum Werk erniedrigen.« Ein solcher Mensch, so meint Bultmann, würde für seinen Glauben, seine Religion, ein Weltbild bejahen, das er sonst in seinem Leben verneint[3].

Nun kann man dem Grundgedanken Bultmanns durchaus zustimmen: In die Aussagen der Bibel wirkt ein Weltbild herein, das nicht zum Eigentlichen ihrer Botschaft gehört, sondern zu den unbefragten Selbstverständlichkeiten, in denen sich die damalige Zeit bewegte. Der Soziologe Peter L. Berger bemerkt dazu, jedes Weltbild habe seine Plausibilitätsstrukturen und Stützmechanismen[4]. Aber sobald man sich das klarmacht, wird auch sichtbar, wie schwer es ist, den richtigen Grundgedanken Bultmanns einigermaßen fehlerfrei durchzuführen. Denn es zeigt sich ja nun, daß auch unser Weltbild nicht sozusagen die pure Wiedergabe der Wahrheit selber ist, sondern seinerseits seine blinden Stellen hat, wo ihm das für jedermann Plausible den Weg zum Wahren versperrt. Anders ausgedrückt: So einfach und richtig das allgemeine Prinzip ist, so schwer ist es, im einzelnen die Grenzen richtig zu ziehen. Deshalb hat Berger, der als Soziologe etwas davon versteht, das Selbstverständliche zu hinterfragen, seinen beißenden Spott über die simple Modernisierung ausgegossen, die er bei den Theologen in letzter Zeit am Werke sieht. Er schreibt darüber: »Den Autoren des Neuen Testaments wird ein falsches, in ihrer Zeit gegründetes Bewußtsein angekreidet. Der moderne Gelehrte dagegen scheint das Bewußtsein seiner, *unserer* Zeit ungeprüft als ungeteilten Segen hinzunehmen. Mit anderen Worten: Intellektuell werden Elektriker oder Radiohörer über den Apostel Paulus gestellt. Das ist zwar an sich schon ziemlich eigenartig. Wichtiger erscheint jedoch, daß es in der Perspektive der Wissenssoziologie höchst einseitig und simpel ist. Was dem ersten Jahrhundert billig ist, sollte dem 20. schließlich recht sein.«[5]

Versuchen wir, das Ergebnis dieser Überlegung einigermaßen leidenschaftslos zu formulieren, so können wir sagen: Wenn die Kritik des neutestamentlichen Bewußtseins wichtig ist, so darf dabei die Aufgabe einer Kritik unseres eigenen Bewußtseins nicht vergessen werden. Sonst kann es leicht geschehen, daß die gängigsten Vorurteile dogmatisiert und zu einer Scheinwissenschaft erhoben werden, die nicht Erkenntnis bewirkt, sondern sie hindert. Dies müßte bedeuten, daß auch die Frage nach dem Wunder nicht zu eilfertig als längst erledigt beiseite gelassen werden darf. Es wird zweckmäßig sein, wenn wir bei unseren Überlegungen in drei Schritten vorgehen. Zunächst ist zu fragen, was eigentlich die Bibel und die Lehre der Kirche überhaupt unter einem Wunder verstehen, welche Behauptungen also hier aufgestellt oder auch nicht aufgestellt werden. Dann werden wir genauer untersuchen müssen, wie eigentlich die Schwierigkeiten aussehen, die das moderne Weltbild der Idee des Wunders entgegenstellt. Schließlich werden wir zu fragen haben, ob sich zwischen den Aussagen der Bibel und dem Weltbild der Wissenschaft eine sinnvolle Vermittlung herstellen läßt.

Was die Bibel anlangt, so wollen wir uns auf die Aussagen der vier Evangelisten beschränken, um nicht in uferlose Diskussionen eintreten zu müssen, und auch hier kann es natürlich nicht um Detailfragen gehen, sondern nur darum, die Grundrichtung des dort Gesagten zu erkennen. Wenn man versucht, das anfallende

Material zu ordnen, wird man zunächst den Eindruck gewinnen, daß sich zwei fast gegensätzlich erscheindende Tendenzen auffinden lassen. Die eine besteht darin, daß Jesus ganz selbstverständlich in allen Evangelien als Wundertäter erscheint, dessen Machttaten die Menschen aufrütteln und vor die Frage stellen, wer denn dieser ist, dem selbst die Kräfte der Natur gehorchen. So werden für die Evangelisten die Wunder zu einem entscheidenden Ausweis für die Sendung Jesu. Sie beglaubigen ihn und machen Widerstand schuldhaft, denn wer sieht, was sich zuträgt, der muß auch erkennen, daß hier kein ungedeckter Anspruch vorliegt, sondern ein Handeln, das nur aus Gottes eigener Macht kommen kann. So belegt Jesus in der Geschichte von der Heilung des Gelähmten sein Recht zur Sündenvergebung durch das Wort: »Ich sage dir, steh' auf, nimm dein Bett und geh' nach Hause« (Mk. 2, 10). Die sichtbare Machttat hat den Sinn, den Umstehenden die Gewißheit zu geben, daß Jesus im Auftrag Gottes handelt und spricht. Damit wird hier schon in einem ersten Anlauf Bedeutung wie Grenze des Wunders deutlich: Es hat eine ganz praktische Zeugnisfunktion und wird mit dem Gewicht eines Zeugnisses in die Waagschale geworfen; es ist andererseits doch nicht das Eigentliche, worauf es Jesus ankommt, sondern wird sozusagen nur als ein Hilfsmittel herangezogen, um auf das hinzuführen, worum es Jesus geht: auf die Vergebung der Sünden, die sein wahres Anliegen ist. Ähnliches findet man bei dem Streit um seine Teufelsaustreibungen in der Form, wie Matthäus und Lukas ihn wiedergeben. In einer scharfsinnigen Argumentation zeigt Jesus, daß der Vorwurf Unsinn ist, er treibe durch Beelzebub, den Dämonenfürsten, die Geister aus; dann aber geht er zum Gegenangriff über: »Wenn ich aber im Finger Gottes die Dämonen austreibe, dann ist wahrhaft das Reich Gottes zu euch gekommen« (Lk. 11, 20). Auch hier wird das Tun Jesu zum Beweis dafür, daß da eine Kraft ist, die von Menschen allein nicht kommen kann, sondern nur Gott selber eignet. Am stärksten entwickelt ist dieser Gedanke im Johannesevangelium. Dort wird immer wieder an die überzeugende Kraft der Werke appelliert, die Jesus tut: »Die Werke, die ich vollbringe, die legen Zeugnis von mir ab« (10, 25). »Wenn ihr mir nicht glaubt, dann glaubt doch den Werken« (10, 38) – die Stellen ließen sich leicht vermehren.

Aber es gibt auch, neben diesem Insistieren auf der Beweiskraft der Wunder, eine merkwürdige Aversion den Wundern gegenüber, die sich gleichfalls durch alle vier Evangelien verfolgen läßt. Sie kommt am eindrücklichsten zum Vorschein in zwei Streitgesprächen, die uns Lukas aufbewahrt hat. Es geht darum, daß die Zeitgenossen Jesu immer entschiedener von ihm ein Zeichen verlangen. Nun könnte man gerade nach dem vorhin Bedachten meinen, Jesus sei doch überreichlich auf diese Forderung eingegangen und habe der Zeichen mehr als genug getan. Aber Jesus selbst, die Volksmassen, die Pharisäer und die christliche Überlieferung waren da anderer Ansicht. Nach Markus reagiert Jesus auf diese Forderung schlicht mit dem abweisenden Wort: »Amen, ich sage euch, dieser Generation wird niemals ein Zeichen gegeben werden« (8, 12). Bei Lukas erscheint diese Absage gemildert und doch auch wieder präzisiert, verdeutlicht, jedenfalls nicht aufgehoben. Dort heißt es: »Diese Generation ist böse. Sie fordert ein Zeichen, aber es wird ihr kein anderes gegeben als das Zeichen des Jona. Denn wie Jona für die Einwohner von Ninive ein Zeichen war, so wird auch der Menschensohn für diese Generation ein Zeichen sein« (11, 29 f.). Hier ist nicht, wie dann bei Matthäus, von einem Vergleich des Todes und der Auferstehung Jesu mit dem Gefressen- und Ausgespienwerden des Jona durch den Haifisch die Rede. Es wird vielmehr Jona in Ninive mit Jesus in seiner Generation verglichen: Für Ninive gab es kein anderes Zeichen als diesen Mann und sein Wort; das gleiche wird auch jetzt sein: Das Zeichen Jesu ist Jesus selbst, er in seinem Wort. Er selbst beglaubigt sein Wort, sein Wort beglaubigt ihn. Der Ruf selbst spricht für sich selber. Wenn Matthäus dann von Jona her Tod und Auferstehung ins Spiel bringt, muß es auf diesem Hintergrund gesehen werden: Das Zeichen, das der Welt gegeben wird, ist Jesus in seinem ganzen Geschick. Es liegt nicht in einem von ihm abtrennbaren Mirakel, sondern in seiner Person, die im Leiden ihre höchste Bezeugung findet; die Auferstehung kann nur dann gesehen und zum Zeugnis werden, wenn man das Zeugnis des Leidens zu sehen und zu verstehen gelernt hat.

Das gleiche kommt noch einmal mit großer Eindringlichkeit in einem Text vor, der nur bei Lukas überliefert ist: in der Geschichte vom reichen Prasser und vom armen Lazarus. Hier wird in der literarischen Form eines Disputs zwischen Abraham und dem verstorbenen Reichen das Streitgespräch um die Wunder noch einmal sehr nachdrücklich geführt. Man kann vermuten, daß es hier längst nicht mehr bloß Überlieferung des Streits Jesu mit seiner Generation, sondern auch ein sehr eingehendes Streitgespräch mit Christen und Heiden in der Welt des Evangelisten darstellt, übrigens auch ein Streitgespräch mit uns über das, was wir von Gott verlangen, damit wir ihm glauben könnten. Der reiche Mann bittet aus der Hölle herauf den Abraham, er möge den Lazarus in die Welt zurück zu seinen fünf Brüdern schicken, damit er sie warnen könne vor dem gräßlichen Schicksal, das ihm widerfahren ist. Abraham schlägt die Bitte ab mit den Worten: »Sie haben Mose und die Propheten, auf die sollen sie hören.« Aber der Reiche gibt nicht nach: »Das genügt nicht, Vater Abraham; wenn jedoch einer von den Toten zu ihnen käme, dann werden sie umkehren.« Das ist doch genau unsere Forderung an Gott: Die Schrift und die Kirche, die sind wir gewohnt; ihre Wunder sind uns nicht zwingend genug. Es müßte einer von den Toten wiederkommen, dann wollten wir glauben. Ernest Renan, einer der großen französischen Rationalisten des 19. Jahrhunderts, hat diese Forderung (ohne den Zusammenhang mit der Lazarusgeschichte zu bemerken) minuziös ausgearbeitet. Wenn wir glauben sollten, so meint er, dann müßte ein Wundertäter bereit sein, eine Totenerweckung mehrmals vor einer Kommission aus Physiologen, Physikern, Chemikern und Spezialisten historischer Kritik unter genau von ihnen festzulegenden Bedingungen zu wiederholen[6]. Nun, die Antwort Abrahams lautet: »Wenn sie auf Mose und die Propheten nicht hören, werden sie sich auch nicht überzeugen lassen, wenn einer von den Toten aufersteht« (16, 31). Für unseren Zusammenhang besagt dies: Das Wort muß für sich selber sprechen. Wo der Mensch ihm nicht traut, da helfen auch die absonderlichsten Wunder nicht. Sie würden gerade nicht die geistige Schicht im Menschen ansprechen, um die es hier geht und die hier geweckt werden muß.

Nun entsteht aber doch die Frage, wie die beiden scheinbar gegensätzlichen Aussagereihen der Evangelien, die Ablehnung der Wunder und der Verweis auf das Wunder, sich zueinander verhalten. Eines ist klar: Die Wunder Jesu führen nicht zum Wissen, sondern zum Glauben. Sie wollen den Menschen gerade aus der Ebene der Selbstsicherheit herausrufen, in der er sich zum Richter der Dinge macht und alles, was es gibt, als Objekt behandelt. Sie wollen jene andere Möglichkeit in ihm wachrufen, die den Haltungen des Vertrauens, der Liebe zugeordnet ist: Hier geht der Mensch aus sich heraus, hier untersucht er nicht mehr Objekte, sondern antwortet auf Personen. Die Art der Sicherheit, die er hier gewinnen kann, ist vom Wesen her anders als die Sicherheit, die man im Laboratorium sucht. Wenn jemand die Liebe eines Partners so analysieren wollte, wie man Materialproben im Laboratorium zerlegt, dann würde er sie eben damit zerstören. Der Liebe kann er nur gewiß werden von Zeichen her, die er dechiffriert, indem er sich selbst auf den Anspruch der Liebe einläßt. Die Wunder Jesu, so können wir jetzt sagen, sind dieser Ebene der Zeichen zuzuordnen, in denen die Person sich darstellt und glaubwürdig macht ohne beweisen zu wollen, was nicht dem Beweis, sondern dem Verstehen und dem Vertrauen zugeordnet ist. Das bedeutet dann, daß die Wunder der Bibel keine isoliert in sich stehenden Absonderlichkeiten sind, sondern nur unterstützend, bezeichnend im Zusammenhang der Person und ihres Wortes auftreten. Das eigentlich Überzeugende ist die Person in ihrem ganzen Wesen und Geschick sowie die Lehre in ihrer sinnvollen Ganzheit, die für sich selber spricht. Die Wunder können nur eine Funktion haben als Zeichen, die auf diese Person und auf den für sich selbst sprechenden Zusammenhang des Ganzen der biblischen Worte hinführen. Das hat dann auch zur Folge, daß die Wunder der Bibel nicht den von Renan formulierten Laboratoriumsbedingungen entsprechen *wollen*. Der belgische Theologe Louis Monden hat dazu mit Recht bemerkt: »Ein sich unter solchen Umständen vollziehendes Wundergeschehen wäre eine Kapitulation Gottes vor der Arglist und dem aufgeblasenen Hochmut seiner Geschöpfe. Gottes Erwiderung auf eine derartige Zumutung wird uns durch das Psalmwort beschrieben: »Deus irridebit eos« – ein Schweigen Gottes, das hier auf Erden das Echo eines spöttischen Lachens der Ewigkeit über so viel grotesken Eigenwahn ist, indessen der Allmächtige in majestätischer Willkür seiner barmherzigen Liebe fortfährt, den Segen seiner Wunder über die Hungernden und die Demütigen auszugießen.«[7] Die Wunder der Bibel rufen das Vertrauen, nicht den neutralen Analytiker. Deswegen wird über das Auftreten Jesu in Nazareth berichtet: »Und er konnte dort keine Wunder tun; nur einigen Kranken legte er die Hände auf und heilte sie. Und er wunderte sich über ihren Unglauben« (Mk. 6, 5 f.). Vor der Kommission Renans geschieht kein Wunder – es wäre eine Verhöhnung Gottes und des Menschen zugleich.

Der Rückzug in bloße Erbaulichkeit und Frömmelei, der sich

jetzt anzukündigen scheint, wird uns versperrt durch die kirchliche Tradition, die zwar nirgendwo eine strenge Definition des Wunders fixiert hat, aber doch recht einhellig betont, es gebe da Fakten, die sich in der Erfahrungswelt zutragen, jedoch das Vermögen aller natürlichen Ursachen übersteigen und so beschaffen sind, daß sie das Eingreifen des Schöpfers selbst voraussetzen. Von einer Durchbrechung der Naturgesetze ist in diesem Zusammenhang erst spät und keineswegs allgemein gesprochen worden; schließlich ist der Begriff der Naturgesetze in der Neuzeit geprägt worden und in seinem Verständnis nur während der alleinigen Herrschaft der sogenannten klassischen Physik einigermaßen eindeutig gewesen. Sicher wollte man aber sagen, daß es hier Geschehnisse gibt, die nicht bloß dem Bereich des Subjektiven zugehören, sondern so objektiv auf die Natur auftreffen, daß hier das Eingreifen einer oberhalb der normalen Kausalkette liegenden Macht erkennbar wird. Bevor wir den Disput mit der Naturwissenschaft aufnehmen, der sich hier förmlich aufdrängt, müssen wir noch festhalten, daß auch die kirchliche Überlieferung mit solchen Behauptungen keineswegs einem grobschlächtigen Naturalismus das Wort reden wollte. Sicher geht es ihr darum, daß der Schöpfer von seiner Welt nicht abgedankt ist, sondern sie so geschaffen hat, daß er, ohne seinem eigenen Werk zu widersprechen, sich in diesem zur Geltung bringen kann. Aber dabei ist keineswegs ausschließlich und nicht einmal primär an sogenannte Naturwunder gedacht. Als das eigentliche Wunder, das sozusagen den wunderbaren Anfang in Jesus Christus allen Zeiten vergegenwärtigt, sieht die Tradition den Heiligen an. Der Heiligsprechungsprozeß verlangt als grundlegenden Maßstab, der Heilige müsse ein moralisches Wunder sein. Damit ist nun gerade nicht gemeint, daß der Heilige ein Moralheld sein solle, der abenteuerliche asketische Leistungen vollbringt. Es geht fast um das Gegenteil davon: Hier soll nicht menschliche Leistung sichtbar werden, sondern ein Mensch, durch den hindurch Gott gehandelt hat. Der Heilige ist nicht der Held, der uns zu entsprechenden Heldentaten herausfordert, sondern der auf Gott hin transparente Mensch, der uns glauben lehrt an die Erbarmung Gottes, die sich des Menschen annimmt. Die physischen Wunder, die im Heiligsprechungsprozeß vorkommen, sind dann nur zugeordnete Zeichen, die auf das eigentliche Wunder hinweisen: auf die von Gott kommende und Menschenkraft übersteigende Güte dieses Menschen.

Das Erste Vatikanische Konzil hat in der Auseinandersetzung mit dem Rationalismus des 19. Jahrhunderts diese Zusammenhänge systematisiert. Es besteht einerseits mit großem Nachdruck auf außerordentlichen Zeichen für die Rechtmäßigkeit des Glaubens. Damit wehrt es sich einmal gegen den Deismus, der den Schöpfer zugunsten der Naturgesetze abdanken läßt; es wehrt sich aber zugleich gegen den Rückzug der Religion ins bloß Subjektive, den ja inzwischen auch Heisenberg an der Generation seines Lehrers Max Planck kritisiert hat: Eine Religion, die nur noch subjektive Gesinnung wäre, würde nichts mehr über die Wirklichkeit aussagen, keine Gemeinschaft mehr ermöglichen und damit auch für das menschliche Leben nichts mehr beitragen[8]. Aber das Konzil von 1870 war sich doch auch bewußt, daß Wunder, die völlig in der Vergangenheit liegen und unverbundene Einzelgeschehnisse bleiben, letztlich nichts zu sagen haben. Das Wort des liberalen Religionshistorikers Wilhelm Bousset ist nun einmal zu einem großen Teil richtig: »Nicht selbst erlebte Wunder sind eigentlich keine Wunder mehr. Nicht mehr stützen die Wunder den Glauben, sondern dieser muß jene stützen.«[9] Deswegen folgte das Konzil einem Gedankengang des belgischen Kardinals Dechamps und erklärte, in der Kirche mit ihrer Heiligkeit, Einheit und Stabilität stehe dem Christenmenschen immerfort das gegenwärtige Wunder Gottes vor Augen, das alle einzelnen Wunder zusammenfaßt und in sich enthält[10]. Ein solcher Satz mag dem Menschen von heute ein ironisches oder ein melancholisches Lächeln abnötigen; für uns wichtig ist hier allein die Struktur der Aussage: Es geht nicht um isolierte, mehr oder weniger abstruse Geschichten, und der Christ muß nicht zuvor abergläubisch sein, um dann ein Christ werden zu können. Für ihn ist der lebendige Zusammenhang des Glaubens und seiner Geschichte, besonders aber die Gestalt derjenigen, in deren Nachfolge Christi rein gelebt wurde, das Zeichen, das ihn auf die Spur bringt und zu dem Ja ermutigt, das nie Wissen wird, sondern immer Glaube bleibt, aber gerade so eine Gewißheit eigener Art ist. In diesem umfassenden und entscheidenden Zeichen findet er dann immer wieder die besonderen Hinweise, die einerseits vom Ganzen getragen werden und andererseits doch auch dieses wieder bestätigen und ihn stützen, wo er müde wird.

Damit können wir jetzt den ersten Überlegungsgang abschließen, den wir uns vorgenommen hatten. Es ist sichtbar geworden, welchen Anspruch Bibel und kirchliche Lehre erheben und welchen nicht. Das Wunder als einzelnes Ereignis ist sekundär, so hat sich gezeigt; das Primäre ist die innere Logik des Ganzen und die Einladung, die von ihr ausgeht. Darauf weist vor allen Dingen Hans Urs von Balthasar immer wieder hin, wenn er die christliche Glaubenswirklichkeit und den Zugang zu ihr mit dem Kunstwerk vergleicht, das seine Notwendigkeit und Richtigkeit in sich selber trägt und nicht durch Berechnung, sondern durch die Wahrnehmung des Ganzen und seiner Gestalt sich öffnet[11]. Auf der anderen Seite aber würde der völlige und prinzipielle Ausschluß des Wunders, wie ihn nun auch moderne Theologen voraussetzen, doch etwas an der Struktur des Glaubens, ja, am Gottesbegriff zerstören, was unverzichtbar ist: Ein Gott, der seine Welt so gegen sich selbst abgeschlossen hat, daß er in ihr nicht mehr handeln kann, ist kein Gott mehr. Eine Welt, die einen objektiven Eingriff Gottes ausschließt, lebt nur noch von sich selbst und für sich selbst; in ihr kann Religion keine belangvolle Größe mehr sein, weil sie von nichts handelt, was auf die Wirklichkeit Einfluß hat. Das Wunder ist das Zeichen dafür, daß Gott handeln kann, und in diesem Sinn hat es, eingebettet ins Ganze, nun doch eine unersetzliche Bedeutung[12].

Aber dagegen scheint ja das moderne Weltbild zu stehen, womit wir jetzt von selbst bei dem zweiten Schritt unserer Überlegungen angelangt sind. Was sind denn nun eigentlich genau die Schwierigkeiten, mit denen wir es hier zu tun haben? Man kann von zwei Hauptproblemen sprechen. Das erste ist eine Frage der Erkenntnismöglichkeit, die der große Führer der liberalen Theologie, Adolf von Harnack, zu Beginn unseres Jahrhunderts sehr einsichtig formuliert hat, wenn er schreibt: ». . . der Naturzusammenhang ist unverbrüchlich; aber die Kräfte, die in ihm tätig sind und mit anderen Kräften in Wechselwirkung stehen, kennen wir längst noch nicht alle. Wir kennen noch nicht einmal die materiellen Kräfte lückenlos und den Spielraum ihrer Wirkungen; wir wissen aber noch viel weniger von den psychischen Kräften. Wir sehen, daß ein fester Wille und ein überzeugter Glaube einwirken auch auf das leibliche Leben und Erscheinungen hervorrufen, die uns wie Wunder anmuten. Wer hat hier bisher den Bereich des Möglichen und Wirklichen sicher abgemessen? Niemand. Wer kann sagen, wie weit die Einwirkungen der Seele auf die

Seele und der Seele auf den Körper reichen? Niemand. Wer darf noch behaupten, daß all das, was auf diesem Gebiete an Auffallendem zutage tritt, nur auf Täuschung und Irrtum beruht? Gewiß, es geschehen keine Wunder, aber des Wunderbaren und Unerklärlichen gibt es genug.«[13] Von solchen Überlegungen her hatten schon lange zuvor Philosophen wie Hume und Kant gesagt, die Möglichkeit von Wundern sei nicht schlechthin auszuschließen, aber niemand könne sie als solche eindeutig feststellen, weil wir die Möglichkeiten der natürlichen Kausalität nur unvollständig kennen. Eine Ausnahme könne aber nur konstatieren, wer die Regeln überblickt[14]. Diese vorsichtig-skeptische Position hat zweifellos sehr viel für sich. Sie maßt sich kein abschließendes Wissen über die Möglichkeiten von Mensch und Natur an, aber eben weil sie sich so vernünftig bescheidet, schließt sie auch die Diagnose aus, daß hier Gott am Werk sei. Sie läßt das *für uns* Wunderbare zu, aber darin ein Wunder *an sich* zu sehen, dazu scheint unsere Übersicht nicht ausreichend zu sein. Nun soll man das Positive nicht verkennen, das mit einer solchen Auffassung gegeben ist: Das Wissen um die Unabgeschlossenheit unserer Erkenntnis, die sich nicht vorschnell zum Richter über das Mögliche und Unmögliche aufwerfen darf, ist jene Haltung, die für die Wissenschaft wie für den Glauben gleich grundlegend ist. Wissenschaftliche Erkenntnis entsteht nur, wo der Mensch nicht fertig zu sein glaubt, sondern sich immer neu von der Größe der Wirklichkeit überraschen und weiterführen läßt. Glaube ist nur möglich, wo der Mensch nicht von sich aus dekretiert, was sein darf, sondern wiederum die Offenheit auf das Ganze und Größere hin hat.

Bedeutend ist aber dann auch, daß hier die Seele, der Geist, als eine wirkliche Ursache begriffen wird, auch wenn wir sie nicht in derselben Weise zu messen vermögen, wie dies bei den physikalischen Größen der Fall ist. Wenn damit Ernst gemacht wird, lassen sich viele gängige Schwierigkeiten im Grenzbereich von Naturwissenschaft und Philosophie überwinden: Freier Wille z. B. bedeutet ja nicht, wie man immer wieder annimmt, ursachloses Geschehen, sondern er bedeutet, daß auch der Geist eine Ursache ist. Ebenso besagt Wunder im richtigen theologischen Verstand nicht die Aufhebung der Kausalität, sondern die Ausweitung der darin wirkenden Ursachen: Es bedeutet wieder genau dies, daß auch das Psychische und das Geistige die Kraft der Ursache hat; so wie das Physikalische auf das Psychische und auf den Geist einwirken kann, so gilt es auch umgekehrt. Von da aus läßt sich dann aber das vorhin entwickelte erkenntnistheoretische Problem auf seine richtige Größenordnung zurückführen: Was wir unmittelbar feststellen können, ist gewiß nur dies, daß in einem bestimmten Vorgang Geist und Wille als Ursache wirksam geworden sind in einer Weise, die weit über die statistische Wahrscheinlichkeit des Normalen hinausgeht und das durchschnittliche Verhältnis von Materie und Geist sichtbar verschiebt. Es läßt sich also sagen, daß in einer Person oder in einem bestimmten religiösen Kontext, wie etwa in Lourdes, der Geist auf eine besondere Weise Macht hat, offenbar in besonderer Konzentration und Stärke wirksam ist. Wenn nun solche geistige Macht nicht ziellos am Werk, sondern eingebettet ist in den Zusammenhang eines geistigen Anspruchs und auch ihrerseits Menschen über das äußere Geschehen hinaus in diesen Anspruch hineinführt, dann wird sichtbar, welche Art von geistiger Kraft in solchem Denken und Glauben wirkt[15]. Was wir vorhin gefunden hatten, daß die Bibel das Wunder nur im Sinnzusammenhang von Jesu ganzer Botschaft gelten läßt, das erweist sich nun nicht als fromme Ausflucht, sondern als zur Sache und ihrer Erkennbarkeit selbst gehörig. Der kontinuierliche Zusammenhang weist auf die Quelle der Kraft selber hin; er läßt erkennen, wo Geist zur Kraft wird und von woher er es wird. Es wird dabei natürlich der Verweischarakter eines Geschehens um so stärker sein, je mehr die Grenzen des natürlich Möglichen überschritten werden.

Dies aber ist nun die Frage: Können die Regeln überschritten werden? Immerhin hatte Harnack in seinem so verständigen Votum ausdrücklich die Bemerkung vorangeschickt: Der Naturzusammenhang ist unverbrüchlich, und am Schluß hatte er noch einmal gesagt: Gewiß, es geschehen keine Wunder. Woher kommt diese Gewißheit? Wieweit ist sie unumstößlich? Nun, zunächst ist einfach die Ausgangsposition des wissenschaftlichen Denkens ganz anders geartet als eine Einstellung, die Wunder zulassen will. Die Wissenschaft sucht das Erklärbare und sie sucht eben deshalb auch das Wiederholbare, das Überprüfbare. Ihr Ausgangspunkt ist die grundsätzliche Durchschaubarkeit der Dinge der Natur und damit auch ihre Regelmäßigkeit, auf die wir dann bauen können und die es uns gestattet, das Begriffene selbst nachzuvollziehen. Die Wissenschaft geht so konsequent in die Praxis der Auswertung des Verstandenen über. Der Glaube vertraut sich dem Unerkennbaren an, das einmalig ist und das unsere Kräfte niemals herbeizuführen vermögen. Er zielt folglich auf eine ganz andere Ebene der Wirklichkeit und schlägt eine andere Richtung des Verhaltens ein.

Nun entsteht aber hier endgültig die Frage, ob dies nicht Produkt eines veralteten Weltbildes ist. Die Naturwissenschaft setzt die geschlossene Kausalität der Natur voraus, in der für Eingriffe von außen kein Raum ist. Darin liegt ihr grundlegender Unterschied zum alten Weltbild, den man abkürzend vielleicht so schildern könnte: Die Kausalität im Sinn der Naturwissenschaft ist mechanisch, d. h. ein Beziehungsgefüge von Kräften, die man in quantitativen Begriffen beschreiben kann. Antike und Mittelalter haben zwar auch die Welt als Ursachenzusammenhang angesehen, aber ihre Kausalität bezeichnete das, was ich intelligible Ursachen nennen würde: Die Tatsache, daß allenthalben in der Natur intelligente Wirkungen feststellbar sind, glaubte man nur dadurch erklären zu können, daß man auch intelligente Verursacher dafür unterstellte. So meinte man z. B., daß die Gestirnbewegungen von Engeln oder von ganzen Engelchören ausgeführt würden. Bei einer solchen Struktur intelligibler Kausalität sind natürlich jederzeit Ausnahmen möglich: Wenn eine höhere Intelligenz einer niederen befiehlt, innezuhalten, oder ihr für eine bestimmte Zeit das Feld zu überlassen, dann geschieht eben das »Wunder«. Es ist deswegen jederzeit als sinnvolles Geschehen möglich, weil mit der Voraussetzung der Intelligenzen auch das Moment des Willens in die Struktur mit eingebaut ist und das Verhältnis von Über- und Unterordnung so im gegebenen Fall ohne weiteres zur Wirkung kommen kann. Der Prozeß des Aufbaus des modernen Denkens ist demgegenüber mit Recht als der Prozeß der Mechanisierung des Weltbildes beschrieben worden, der an die Stelle hierarchisch geordneter Intelligenzen ein festes Gefüge von Kräften setzt, die sich alle in quantitativen Größen ausdrücken lassen und im ganzen Kosmos gleichmäßig gelten. Hier kann der Gedanke eines göttlichen Eingriffs nur als unlogischer Fremdkörper, als Überbleibsel einer überholten Weltanschauung erscheinen[16].

An der mechanischen Struktur der Kausalität hat auch die Überschreitung der klassischen Physik, die durch die Entdeckungen Plancks, Einsteins, Heisenbergs in Gang kam, nichts Grundsätzliches geändert. Auch die moderne Physik denkt letztlich quantiativ und mechanisch, nicht hierarchisch und voluntaristisch. Insofern wäre es absurd, in ihr Wissen um die Grenzen unserer Erkenntnis etwa die alten Vorstellungen wieder hineinschieben zu wollen. Manche Versuche, Heisenbergs Unbestimmtheitsrelation philosophisch und theologisch auszuwerten, gingen wohl ein wenig in diese Richtung. Diese Unbestimmtheitsrelation bedeutet ja, grob gesagt, daß der Genauigkeit unserer Messungen objektive Grenzen gesetzt sind, die nicht nur in der Unzulänglichkeit unserer Erkenntnis, sondern in den Eigentümlichkeiten der Materie selbst begründet sind. Dementsprechend werden die Naturgesetze im subatomaren Bereich als statistische Größen betrachtet, d. h. sie drücken ein durchschnittliches Verhalten aus, das aber Abweichungen zuläßt, die im großen praktisch keine Rolle spielen, so daß man hier von den Gesetzen als Gesetzen ausgehen kann und muß[17]. Nun wäre es, wie gesagt, sicher eine unzulässige Vermischung zweier methodischer Ebenen, wenn man schlicht sagen wollte, in der hier entdeckten Indeterminationsspanne lasse sich ja ein Einwirken Gottes unterbringen. Wichtig sind die neueren Erkenntnisse nicht in dieser Form, die Gott zu einem physikalischen Faktor herabziehen würde; wichtig sind sie vielmehr, weil sie die Art unserer naturwissenschaftlichen Erkenntnis richtig umschreiben und damit auch ihre Grenzen besser erkennen lassen. Es wird sichtbar, daß die mathematisch operierende Naturwissenschaft eine ganz bestimmte Art der Auffassung der Natur ist, aber nicht die Natur als solche vollständig ausschöpft und sozusagen photographisch wiedergibt. Die Naturgesetze sind die Form, in der *wir* eine Vielzahl von Beobachtungen zusammenfassen und auf ein Schema bringen, das einen weitgehend zuverlässigen Umgang mit den Kräften der Natur gestattet. Sie sind eine Form *unseres* Erkennens, das aber doch nicht schlicht die Sache selber ist.

Damit kommen wir an einen Punkt, der für uns sehr wichtig ist. Der französische Naturforscher Laplace hatte vor fast 200 Jahren folgende Vorstellung entwickelt: Wenn es einen Dämon gäbe, der alle Naturgesetze kennen würde und in irgendeinem Augenblick der Welt den Zustand aller ihrer Teile überblickte, so könnte er alles, was in der Welt je geschieht, von da aus vollständig berechnen und vorhersagen. Diese Vision von Laplace ist die wohl anschaulichste Formulierung einer lückenlos von der mechanischen Kausalität beherrschten Welt. Nach der heutigen Naturwissenschaft ist die Vorstellung von Laplace sinnlos, weil die

Welt anders konstruiert ist. Am eindrücklichsten hat dies wohl in jüngster Zeit ein so dezidiert atheistischer Naturforscher wie Jacques Monod ausgedrückt, der feststellt, daß ein Durchrechnen der Welt im Sinne von Laplace zunächst wegen des statistischen Charakters der Naturgesetze niemals möglich sei; daß aber vor allem keine Berechnung es gestattet hätte, die Biosphäre – den Bereich des Lebendigen – vorherzusagen, denn – so schreibt Monod – die Biosphäre »enthält keine prognostizierbare Klasse von Objekten oder Erscheinungen, sie stellt ein besonderes Ereignis dar, das gewiß mit den fundamentalen Prinzipien vereinbar, aus ihnen aber nicht *ableitbar* ist. . . . Der Theorie zur Folge *muß* dieses Objekt nicht, aber es *darf* existieren[18]«. Monod hat sehr eingehend gezeigt, wie die Biosphäre die Naturgesetze gleichzeitig auf die unerhörteste Art durchbricht und sie auf die raffinierteste Art einhält: Das Protein unternimmt fortwährend Aktionen, die sich den chemischen Zwängen entziehen und von der bloß chemischen Ebene her sozusagen Wunder, Durchbrechungen des dort Berechenbaren sind. In Wirklichkeit benützt es bei seinen Aktionen genau die chemischen Gesetze und macht sie einem neuen Zusammenhang, eben dem Systemgefüge des Lebendigen dienstbar. Monod zeigt, daß der Mensch eine ganz ähnlich unerwartete und unableitbare Erscheinung im Gefüge der Natur ist wie vorher das Leben: Die Entstehung des Zentralnervensystems ist wie die Bildung des Lebens ein höchst unwahrscheinliches und, wie er sagt, einmaliges Ereignis. »Unsere Losnummer kam beim Glücksspiel heraus«, so formuliert er[19].

Diese Erkenntnisse führen uns nun an den entscheidenden Punkt. Sie legen die Einsicht frei, daß die Natur ein logisches Gebilde ist, das eben deshalb für logisches Verstehen in mathematischen Symbolen und für logische Anwendung in mathematisch formulierter Technik offensteht. Aber die Anlage ihrer Gesetze ist so, daß sie für das Auftreten höherer Ebenen geöffnet sind, die nicht aus ihnen abgeleitet werden können, aber von ihren Möglichkeiten einen nicht vorherzusehenden, neuen und überraschenden Gebrauch machen. Die Unbestimmtheit im Mikro-Bereich bedeutet also nicht, daß Gott dort nun in Konkurrenz mit den Elementarteilchen als Ursache eingeschaltet, mechanische und intelligible Kausalität vermischt werden – das wäre das Zerrbild einer Synthese. Aber sie bedeutet, daß in der Natur eine Offenheit nach oben besteht, die das Eingehen in höhere Ordnungen möglich macht. Nichts zwingt uns dazu, diese Stufung der Offenheiten beim Menschen abzuschließen. In der Freiheit des Geistes, der seinem Wesen nach über sich selber hinausweist, findet sie vielmehr eine ganz neue Gestalt. Von da aus können wir sagen: Das Wunder, d. h. ein Geschehen über die eigenen Kräfte der Natur hinaus, ist dann auch und gerade vom heutigen Weltbild her ein sinnvoller Gedanke, wenn es sich nicht um zusammenhanglose, irrationale Einbrüche eines fremden Prinzips in den mechanischen Naturzusammenhang handelt, sondern um Anzeichen für das Auftreten einer höheren Ordnung, die das fragmentarische Gefüge der Welt in den Zusammenhang einer sinnhaften Ganzheit aufnimmt. Gerade darum aber geht es beim christlichen Wunder und alles, was wir über die Notwendigkeit eines Zusammenhangs mit dem Ganzen der Ordnung des Glaubens und über das Auftreten des Wunders eben in diesem Zusammenhang gesagt haben, gewinnt hier seinen Sinn. Verständlich wird sowohl die Abweisung der Zeichenforderung wie die Art ihrer Erfüllung.

Einstein hat einmal sehr treffend den Ansatz der Naturwissenschaft charakterisiert, wenn er erklärt: Die Theorie bestimmt, was beobachtet werden kann. Das bedeutet: Die Beobachtungen fallen dem Wissenschaftler nicht einfach aus der Natur heraus zu, sondern er erhält Antwort nur soweit und in dem Umfang, wie er fragt. Die Theorie bestimmt, was beobachtet werden kann: Es wäre fatal, wenn die Theologie ihrer höchsten Aufgabe untreu würde, das Denken des Menschen weit offen zu halten und statt dessen durch voreilige Beflissenheit dem vermeintlich Wissenschaftlichen gegenüber den Raum unserer Beobachtung einengen würde. Sie sollte *die* Theorie sein, die uns kritisch macht gegen jede Art von Aberglauben, auch gegen den wissenschaftlichen; sie sollte uns helfen, die Struktur des Geheimnisses von der Struktur unserer Träume zu unterscheiden und uns in der Offenheit für den Größeren erhalten, der uns sucht, um uns zu sich und darin zu uns selber zu führen.

1 H. Küng, Christ sein, München 1974, 365.
2 R. Pesch, Das Markusevangelium I, Freiburg 1976; vgl. ders., Jesu ureigene Taten? Ein Beitrag zur Wunderfrage, Freiburg 1970.
3 R. Bultmann, Neues Testament und Mythologie, in: H. W. Bartsch, Kerygma und Mythos I, Hamburg 1948, 15-48 (Ersterscheinen des Aufsatzes 1941).
4 P. L. Berger, Auf den Spuren der Engel, Frankfurt 1972, 57 ff.
5 Ebd., 66.
6 E. Renan, Vie de Jesus, Paris 1863, LI-LIII; zitiert bei L. Monden, Theologie des Wunders, Freiburg 1961, 62 f.
7 Ebd., 63.
8 Vgl. W. Heisenberg, Der Teil und das Ganze. Gespräche im Umkreis der Atomphysik, München 1969, 117 f.
9 W. Bousset, Das Wesen der Religion, Halle 1920, 209; zitiert in: A. Lang, Fundamentaltheologie I. Die Sendung Christi, München 1967[4], 121.
10 Zu Dechamps die noch ungedruckte Regensburger Dissertation von B. Hidber, Glaube – Natur – Übernatur. Studien zur Methode der Vorsehung von Kardinal Dechamps, 1977; vgl. auch G. Ciafocca, La »via empirica« nella ecclesiologia apologetica del Concilio Vaticano I a noi, Roma 1963. Vgl. zum Ganzen des bisher Bedachten bes. auch G. Söhngen, Wunderzeichen und Glaube, in: ders., Die Einheit in der Theologie, München 1952, 265-285.
11 Zusammenfassend z. B.: Glaubhaft ist nur Liebe, Einsiedeln 1963.
12 Das wird schön herausgearbeitet bei B. Weissmahr, Gottes Wirken in der Welt. Ein Diskussionsbeitrag zur Frage der Evolution und des Wunders, Frankfurt 1973; die Problemstellung wird bereits im Vorwort S. IX deutlich umschrieben: »Das Fehlen einer überzeugenden Wundererklärung ist um so verhängnisvoller, als es sich hier um eine für die ganze Theologie entscheidende Frage handelt. Wenn es nämlich keine wirklichen Wunder geben kann, so ist auch die Idee des frei in der Welt handelnden, sich als Person offenbarenden Gottes nur eine Fiktion, dann ist aber auch Theologie als Reflexion auf Offenbarung gegenstandslos.«
13 A. von Harnack, Das Wesen des Christentums, hg. von R. Bultmann, Stuttgart 1950, 17.
14 Vgl. A. Lang, a.a.O., s. Anm. 9, 119 ff.
15 Vgl. dazu L. Monden, a.a.O., s. Anm. 6, bes. den 2. Teil des Buches.
16 Vgl. H. Dolch, Kausalität im Verständnis des Theologen und der Begründer neuzeitlicher Physik, Freiburg 1954; A. C. Crombie, Von Augustinus bis Galilei. Die Emanzipation der Naturwissenschaft, Köln–Berlin 1959; E. J. Dijksterhuis, Die Mechanisierung des Weltbildes, Berlin 1956.

17 W. Heisenberg, Das Naturbild der heutigen Physik, Hamburg 1955.
18 J. Monod, Zufall und Notwendigkeit. Philosophische Fragen der modernen Biologie, München 1973, 57.
19 Ebd., 179.

Hans Schaefer
Naturwissenschaft und Wunder

1. Meine eigene Geschichte

Ein Naturwissenschaftler hat es selten mit Wundern zu tun. Sie liegen ja auch meist weit zurück in der Geschichte, geschahen z. B., soweit sie den Christen interessieren, eben zur Lebenszeit Christi vor fast 2000 Jahren. Was über Wunder später berichtet wurde, hat sich zwar keinesfalls im Sinne moderner Naturbetrachtung klären lassen, aber es gab und gibt doch viele Zeugnisse, welche das Legendenhafte, offenbar Unzuverlässige vieler Wunderberichte darlegen, so daß der Schluß nicht fernliegt, es möge sich mit den anderen Erzählungen scheinbar wunderbarer Ereignisse ganz ähnlich verhalten haben. Man dürfe annehmen, es handele sich insbesondere im Mittelalter um aufgebauschte, wenn nicht gar betrügerische Darstellungen an sich natürlicher Begebenheiten. Dem Physiologen fällt auf, daß unter diesen Wundern sich in ziemlicher Häufung solche finden, die uns aus der modernen Psychophysiologie durchaus bekannt sind. Wie oft wird nicht z. B. von sogenannten Levitationen berichtet, also Ereignissen, bei denen der Körper des so Begnadeten schwerelos im Raum schwebt. Levitationen, Erlebnisse des Schwebens, sind aber weit verbreitete Erfahrungen eines jeden normalen Träumers, der sich im Traum in die Schwerelosigkeit erhoben wähnt. Solche Zustände sind so allgemein, daß sich die Physiologie sogar veranlaßt sah, ihre wahrscheinliche Erklärung darzulegen: Es mag sich um Änderungen der Nervenbotschaften aus unseren Muskeln handeln. Sigmund Freud hat sich ausführlich über solche Träume geäußert.

Insbesondere aber hat die moderne Wissenschaft eine Beeinflußbarkeit des Leibes durch seelische Prozesse geoffenbart, welche uns noch vor Jahren als phantastisch und gänzlich unglaubwürdig erschienen wäre. Wir wissen nicht in allen Fällen, wie die Maschinerie des Leibes dabei funktioniert. Daß es aber dabei mit »rechten Dingen« zugeht, daß also Wunder dabei *nicht* auftreten, das scheint gewiß.

Es ist nun keinesfalls so, daß Wunder sich nur in entlegenen Zeitaltern, in grauer Vorzeit gleichsam, gesehen aus dem »goldenen Zeitalter der Erleuchtung«, ereignet haben. Auch in unserer Zeit wird viel von wundersamen Ereignissen berichtet, welche manchem kurzsichtigen Theologen Wasser auf seine Mühlen zu gießen scheinen. Ich möchte nicht die vielen Berichte analysieren, welche mir zu Ohren oder vor Augen gekommen sind. Eine sachverständige Prüfung der Tatsachen wäre mir nicht möglich, denn sie ist, wie ich darlegen werde, in der Tat äußerst kompliziert. Es sind zwei Gruppen von Wunderberichten, die in meiner Lebenszeit entstanden sind, und mit denen ich befaßt war: die Ereignisse um Therese Neumann in Konnersreuth und die Wunderheilungen von Lourdes. Auf diese beiden Gebiete möchte ich mich beschränken.

Zuvor aber meine eigene sehr bescheidene Rolle im Fall Konnersreuth. Wie auch in dem sehr kritischen und äußerst gründlichen Buche von Josef Hanauer, Konnersreuth als Testfall, zu lesen steht, habe ich es im Jahre 1951 dem bischöflichen Ordinariat Regensburg angeboten, Therese unter denkbar fairen Bedingungen im Physiologischen Institut Heidelberg einer Beobachtung ihres Stoffwechsels, insbesondere also ihrer Nahrungslosigkeit, zu unterziehen. Diese Untersuchung, die zweifellos Licht mindestens in die Behauptung gebracht hätte, Therese lebe ohne jegliche Speise, wurde vom Ordinariat befürwortet, aber, wie alle früheren Angebote ähnlicher Art auch, vom Vater der Therese, und, wie wir heute wissen, unter dem strengen Rat des Ortspfarrers abgelehnt.

Nun möchte ich nicht verschweigen, daß über 10 Jahre später dieser Fall auf einer Tagung der Paulus-Gesellschaft diskutiert wurde. Ein Naturwissenschaftler, Prof. Möhres, hat zu meinem Angebot folgendes gemeint:

»Versuchen wir uns doch einmal konkret vorzustellen, was das für diese Frau (Therese) seelisch hätte bedeuten müssen, wenn sie als »akademisch anerkanntes Wunder« hätte weiterleben müssen . . . Kann es nicht im Auftrag Gottes an eben diesen Menschen liegen, sich um den Preis der lebenslänglichen Verkennung gegen diese akademische Approbation zu wehren?«

Man sieht, daß Prof. Möhres von der Möglichkeit ausgeht, in Konnersreuth sei ein Wunder geschehen. Ich gestehe nachträglich, daß ich von der Überzeugung ausging, ein Wunder dieser Art sei wenig wahrscheinlich. Doch hatte ich in meinem Brief an den Regensburger Bischof betont, daß, *wenn* ein Wunder geschehen sei, dies Wunder von Gott doch offenbar um seiner Zeugnismöglichkeit willen bewirkt sein müsse. Zeugnis aber würde ein Wunder nur dann geben, wenn es offenbar werde. Diese Offenbarung der Wundersamkeit in Konnersreuth wollte ich herbeizuführen helfen.

Mit diesen beiden Einstellungen zweier Wissenschaftler haben wir das Problem des Wunders im Grunde dargelegt. Man kann daran glauben – dann bedarf es des wissenschaftlichen Beweises nicht, ja der »Wunderträger« (wenn ich so formulieren darf) ist seelisch kaum imstande, die Offenbarung seines persönlichen Wunders zu ertragen. Der Wissenschaftler aber geht mit einem Vorurteil an die Untersuchung. Verfällt er nicht leicht in Christian Morgensterns schöne Formulierung, messerscharf zu schließen, daß nicht sein kann, was nicht sein darf? Ist also das Wunder, selbst wenn es heute geschähe, einer wissenschaftlichen Untersuchung überhaupt zugänglich?

2. Begriffsbestimmung

Nun rede ich schon so lange über Wunder, ohne gesagt zu haben, was *ich* darunter verstehe. Das tat der Theologe zwar auch, aber es gehört gleichsam zum Berufsethos des Naturforschers, genau zu sagen, wovon er spricht. Es gibt nun, soviel ich sehe, drei Gruppen von Ereignissen, welche wir gemeinhin als Wunder zu bezeichnen pflegen, obwohl sie miteinander, wenn überhaupt etwas, so nur wenig gemeinsam haben.

Die erste Gruppe betrifft Ereignisse, welche in der modernen Theologie fast alle anderen Formen des »Wunders« zu verdrängen scheinen. Der Theologe betrachtet das Wunder – und sicher zu Recht, soweit ein Naturforscher dazu Stellung nehmen kann – als ein dem Menschen gegebenes Zeichen. So drückte es auch Jesus selbst seinen Zuhörern gegenüber aus. Dies Zeichen soll ihnen von der Größe Gottes, seiner Existenz und von der Glaubwürdigkeit seiner Zeugen berichten. Es wäre genug, wenn z. B. Therese von Konnersreuth ein solches Zeichen gäbe. Das hat wohl auch ihr Pfarrer und geistlicher Betreuer gemeint, nachdem die Verehrung der Therese, aus durchaus plausiblen Gründen, begonnen hatte. Dies Zeichen sollte verstärkt und nicht wieder durch Zweifler oder gar durch Enthüllungen der sogenannten

»wirklichen Verhältnisse« zerstört werden.

Die zweite Gruppe sogenannter Wunder betrifft Ereignisse, welche nun gänzlich unabhängig davon sind, ob sie eine Bedeutung als Zeichen religiöser, geistlicher Kräfte haben oder nicht. Sie scheinen für den einfach empfindenden, nicht nach Gelehrtenart grübelnden Menschen unerklärbar, obwohl es sich doch um Ereignisse handelt, welche dem Bereich des täglich und von *jedermann* Erfahrbaren entstammen. Viele scheinbar wunderbare Heilungen oder Begebenheiten von großer Seltenheit gehören hierhin, und in weniger aufgeklärten Zeitläufen hätte ein sog. Kugelblitz (der übrigens selbst heute noch umstritten ist) hierhin gehört, geschweige denn die Heilung von schwerer Krankheit unter ungewöhnlichen, vor allem zeitlich sonst nie erhörten Umständen. Wir werden gleich mehr davon hören.

Die dritte Gruppe von Ereignissen läßt sich freilich nur theoretisch bestimmen, da es bis zur Stunde fraglich ist, ob es solche Ereignisse tatsächlich gibt: Es sind solche (angebliche oder wirkliche) Vorkommnisse, welche in unversöhnlichem Widerspruch zu sicher geltenden Naturgesetzen stehen.

Diese drei Gruppen von scheinbaren oder wirklichen »Wundern« haben, ich wiederhole es, nichts als den Begriff miteinander gemeinsam. Zur dritten Gruppe müssen wir freilich einige weitere Bemerkungen machen. Denn gäbe es Ereignisse dieser Art, so würden sie fraglos zu denjenigen Dingen gehören, die der Naturwissenschaftler, wenigstens zu Beginn der Diskussion und im Prinzip, als wunderbar anerkennen könnte. Es fragt sich jedoch zweierlei: nicht nur, ob es solche Ereignisse tatsächlich gibt, sondern auch, ob und woran der Wissenschaftler, gäbe es sie wirklich, solche Ereignisse als im Widerspruch zu den Naturgesetzen stehend erkennen könnte.

Die Antwort auf die zweite Frage ist nun freilich theoretisch sehr kompliziert und eignet sich wenig für eine Darstellung, die auch von Nicht-Fachleuten verstanden werden soll. Ich muß mich also, um verständlich zu bleiben, einer vereinfachenden und dadurch beinahe falschen Darstellung bedienen. Was wäre ein Ereignis, das den Naturgesetzen widerspräche? Wenn dieses Ereignis beobachtet würde, und zwar mit unbezweifelbar richtigen und verläßlichen Methoden, so wäre die vom Wissenschaftler zunächst zu ziehende Schlußfolgerung die, daß er seine Naturgesetze zu eng formuliert hat und daß er ihr gedankliches Gebäude erweitern müßte. Denn diese Naturgesetze sind niemals etwas anderes, und können nichts anderes sein, als eine Modellvorstellung, mit der beobachtete Ereignisse deutbar gemacht werden. Lassen Sie mich das am Beispiel der Therese von Konnersreuth erklären.

Es wurde von Therese behauptet, sie führe ein normales Leben, bei normaler Bewegung und Körperarbeit, ohne entsprechende Nahrung zu sich zu nehmen. Die Nahrungsaufnahme wird bekanntlich in Kalorien gemessen. Eine Frau wie Therese von Konnersreuth wird einen täglichen Kalorienumsatz in Körperruhe von rund 1500 Kalorien besessen haben, wenn sie einen normalen Stoffwechsel gehabt hätte. Diese Wärmeenergie steckt in rund 180 g Fett. Um dies Gewicht müßte Therese täglich leichter geworden sein, wenn alles »mit rechten Dingen« (also ohne Wunder) zugehen würde und sie wirklich ohne Nahrung gelebt hätte. Dieses Gewicht von 180 g ist ein unterer Grenzwert, der durch jede Körperarbeit, schon durch reine Bewegung, Stehen oder Gehen, erhöht sein würde. Eine Gewichtabnahme von 200 g pro Tag wäre sicher unter normalen Lebensbedingungen zu erwarten. In der Tat wird von Therese berichtet, sie sei bei längerem Hunger, der kontrolliert wurde, leichter geworden, und zwar um einige Kilogramm. In 2 Wochen Hunger müßten 2,8 kg Gewichtsverlust eingetreten sein. Wenn ohne Nahrungsaufnahme das Gewicht aber konstant geblieben wäre, so gäbe es nur 4 Möglichkeiten der Erklärung: entweder hätte Therese die Energiegewinnung nach Art der Atomzertrümmerung in ihrem Körper beherrscht, was nach unseren bisherigen Kenntnissen unmöglich scheint, oder es läge ein Wunder vor. Die dritte Möglichkeit ist natürlich die, daß von irgendeiner Seite, die bei dem Ereignis beteiligt war, ein Betrug begangen wurde. Eine vierte Möglichkeit wäre, daß unsere Naturgesetze unvollständig sind.

Diese vier Alternativen können freilich nur deshalb so formuliert werden, weil wir keine andere Form der Energiegewinnung kennen als die der Atomenergie. Der Gewichtsverlust bei der Atomzertrümmerung ist minimal und wäre unmeßbar. Natürlich wäre die Behauptung eines Außenseiters nicht widerlegbar, der behaupten wollte, es gebe eben noch andere Vorgänge der Energiegewinnung ohne nennenswerten Gewichtsverlust, die wir nur noch nicht kennen. Mit dieser Annahme wird dann freilich unsere Beobachtung an Therese in die zweite Klasse der Ereignisse versetzt: Sie würde nunmehr ein Ereignis betreffen, das der normale Mensch mit gesundem Menschenverstand als unmöglich bezeichnen würde.

Dies hinwiederum gibt zu folgenden skeptischen Bemerkungen Anlaß: Der Mensch, der ein solches, unmöglich zu erklärendes Ereignis zu beobachten hätte, wäre ja ein Gelehrter, dessen vertiefte Naturkenntnis es als sehr unwahrscheinlich erscheinen ließe, daß er sich von einer seltenen Erscheinung, die er nicht kennt, so täuschen ließe. Die Stigmatisation der Therese, d. h. die Wundmale an Händen und Füßen, wären ein derartiges Ereignis, das dem in solchen Fragen unerfahrenen Menschen den frommen Schauder abnötigen würde, einem echten Wunder beizuwohnen. So reagierten denn auch die Einwohner von Konnersreuth und zahlreiche Besucher, welche die Stigmatisation in Augenschein nahmen. Wir werden aber gleich darlegen, daß eine Stigmatisation, also eine Hautverletzung, die »von selbst« entsteht, eine erklärbare Angelegenheit ist, deren Mechanismus wir zwar nicht genau kennen, die aber in Hypnose oder Suggestion ohne alle wundersamen Zutaten imitierbar ist.

Soviel ich die Dinge beurteilen kann, gibt es nun in der Tat ein und nur ein Naturgesetz, dessen Durchbrechung jedem Naturforscher schlechthin undenkbar erscheint, weil es nicht nur eines der bestgeprüften Naturgesetze ist, sondern seine Verletzung alle derzeitigen Annahmen über das Wesen der Natur und ihrer Stoffe als ungültig erscheinen ließe, ohne daß man irgendeine Möglichkeit sähe, diese Gesetzesübertretung zu erklären. Dieses Naturgesetz wird derzeit meist als der »Erhaltungssatz« gekennzeichnet. Er besagt, daß nichts in der Welt aus nichts entsteht oder in nichts verschwindet. Vielmehr können bestimmte Dinge wie Masse und Energie (z. B. Wärme), kinetische Wucht, chemische Energie, elektrische Energie, zwar ineinander verwandelt werden, aber auf eine genau berechenbare Weise. Wenn Menschen primitiver Kulturen Feuer machen wollten, so erzeugten sie durch mechanische Arbeit Reibungswärme. Arbeit wird in Wärme verwandelt, und zwar so, daß das eine sich in ganz bestimmte Mengen des anderen umformt.

Nun wäre aber die nahrungslose Existenz der Therese eben dies: eine Erzeugung von Wärme (Körperwärme) oder Bewegungsenergie aus dem Nichts, weil dasjenige fehlt, die Nahrung nämlich, aus dem sonst Wärme und Arbeitsenergie entsteht.

Lassen Sie mich diese Situation noch an einem anderen Beispiel erläutern, das ebenfalls angeblich beobachtet wurde. In dem Orte wundertätiger Heilungen, in Lourdes, soll sich folgendes zugetragen haben, dessen Bericht ich in dem offiziellen Bulletin des Bureau des Constatations von Lourdes gelesen habe. Bei einem Kranken heilte unter dem seelischen Erlebnis der Atmosphäre von Lourdes ein Knochendefekt fast momentan. Das Calcium, was zur Knochenbildung nötig war, betrug an Masse weit mehr als alles Calcium, das im Blute des Patienten verfügbar war. Sollte dieser Bericht so stimmen, wie ich ihn im Gedächtnis habe, so wäre ein Stoff, Calcium, aus nicht auffindbaren Quellen entstanden, hätte sich also aus dem Nichts gebildet. Da der Befund mit Röntgenstrahlen kontrolliert worden war, wäre an seiner Existenz vielleicht kein Zweifel möglich, wohl aber an seiner Theorie. Denn jeder Mensch hat sehr große Mengen Calcium in seinem Skelett gestapelt. Der Wunderbericht geht von der Annahme aus, dies Calcium sei fest gebunden und daher nicht verfügbar. Wir wissen inzwischen, daß dies Calcium der Knochen weit mobiler ist als man das jahrzehntelang annahm, so daß sich für dieses scheinbare Wunder eine Erklärung anböte, bei der nur vorausgesetzt wird, daß Dinge sehr rasch geschehen, die sonst Wochen zu ihrem Ablauf benötigen. Der Nobelpreisträger Alexis Carrel hat selber, wie er berichtet, gesehen, wie ein großes krebsartiges Geschwür an der Hand eines Arbeiters vor seinen Augen zu einer kleinen Narbe zusammenschrumpfte. Die Zeitraffung ist hier das eigentlich Unerklärlich-Wunderbare. Das Abheilen von Geschwüren in längeren Zeiträumen ist banal.

3. Die Identität von Wissen und Glauben

Wir sollten aus dem, was bislang gesagt wurde, den Schluß ziehen, daß die Feststellung von einem Ereignis, welches den Naturgesetzen widerspricht, höchst problematisch wäre, selbst wenn es ein solches Ereignis gäbe. Ja, schlimmer noch, es wird schwer bestimmbar, was wir tatsächlich meinen, wenn wir von einem wunderartigen Ereignis sprechen. Eine Tatsache, die im Widerspruch zu Naturgesetzen stünde, würde sich als solche niemals klar definieren lassen. Was wohl zu sagen wäre und offenbar für zahlreiche, wohl dokumentierte Ereignisse auch gesagt werden kann, das ist, daß es Ereignisse gibt, die wir höchst selten an einem anderen Menschen und immer nur im Zusammenhang mit einer tiefgreifenden seelischen Erschütterung dieses Menschen wahrnehmen. Oder, um es methodisch klarer zu formulieren: Wunder geschehen, soweit ihre Existenz behauptet wird und soweit über sie berichtet wurde, offenbar meist am Leibe des Menschen. (Ich nehme einige biblische Wunder aus!) In Konnersreuth ebenso wie in Lourdes sind es medizinisch analysierbare Phänomene, die man als Wunder ansieht. Und bei ihnen ist es die Art der Beurteilung an Hand der Lebenserfahrung, was unserem Urteil den Charakter des Übernatürlichen vorspiegelt.

Wir wollen nun zwei Überlegungen hierzu machen, die sich wie folgt formulieren lassen: Wissen und Glauben sind im menschlichen Geiste so eng verbunden, daß beide nie voneinander trennbar sind; und Wunder sind ein extremer Grenzfall von Ereignissen, die auf andere Weise langsamer, weniger umfassend, aber ständig geschehen. Beides hat miteinander zu tun. Wenn also eine große Geschwulst vor den Augen eines weltbekannten Gelehrten rasch zusammenschrumpft, so erscheint uns zunächst die Tatsache, daß so Unerhörtes wirklich geschah, durch die Würde des Zeugen unbezweifelbar belegt. Wir glauben dem Zeugen, der das Zeugnis ablegt. Wo solches Zeugnis, etwa bei historisch weit entlegenen Wunderberichten, nicht mehr prüfbar ist, tritt in der Regel ein Vorurteil, eine mit tiefen Emotionen besetzte Überzeugung, an die Stelle der Glaubwürdigkeit des Zeugnisses. Steht das wundersame Ereignis nämlich in einem Zusammenhang, der mit den tiefsten Tiefen unseres Seelenlebens, mit unseren geheimen Wünschen und Ängsten zu tun hat, so glauben wir oft an die Wahrheit dessen, was berichtet wurde, aus einem ganz anderen Grund als dem einer logisch vorgehenden Vernunft. Wir erahnen in den Berichten den Heilszusammenhang, nehmen die heilsgeschichtliche Bedeutung solcher Berichte wahr.

Nun möge man dem eingefleischten Naturforscher vergeben, daß er ein so mit Gefühlen und altehrwürdigen Vorstellungen besetztes Thema so nüchtern angeht und das Experiment sprechen läßt. Ich beziehe mich dabei zunächst auf einen Bericht, den ich zufällig in meiner Sammlung vorfinde. Ein Kliniker, Hans Rehder, berichtete in einer Zeitschrift des Jahres 1955 von einer Begebenheit, die ihn mit Recht sehr tief beeindruckt hatte. In der Klinik dieses Arztes lagen drei schwerkranke Patienten, von denen ich das Schicksal einer Frau herausgreife und schildere. Es handelte sich um eine Hamburgerin, welche schon über 2 Monate in der Klinik lag, an einem nicht mehr operierbaren, weit fortgeschrittenen Gebärmutterkrebs leidend, mit einer Ausbreitung des Krebses auf das ganze Bauchfell. Die Beine waren durch Stauungen unförmig geschwollen. Sie war zudem blutarm geworden, ertrug das alles freilich, da schmerzfrei, mit Tapferkeit. Es geschah nun, daß ein sog. »geistiger Heiler« um diese Zeit in München Kurse gab, die der Klinikchef besuchte, um sich zu orientieren. Der Heiler machte dem Kliniker den Vorschlag, die drei schwerkranken Patienten durch »Fernsendungen« zu heilen, mit denen er morgens von 9 bis 9.15 Uhr geistige Kräfte von München nach Hamburg schicken wollte. Die Patientin wußte hiervon freilich nichts. Die »Sendungen« des geistigen Heilers blieben, obgleich mehrfach wiederholt, ohne jeden sichtbaren Erfolg.

Angesichts der trostlosen Lage seiner Patientin entschloß sich nun Dr. Rehder zu einem ungewöhnlichen Verfahren. Er weihte seine Patientin in die Möglichkeit einer »geistigen Heilung« ein und sagte, es werde eine Fernsendung des Heilers morgens zur angegebenen Zeit erfolgen. Da die Fernsendung aus nichts anderem bestand als aus der Zusage des Heilers, um die angegebene Stunde seine geistige Kraft nach Norden auf die drahtlos-formlose und gänzlich unkontrollierbare Reise zu schicken, ist es verständlich, daß Dr. Rehder zwar den angeblichen Termin des Heilers und seiner Sendung seiner Patientin mitteilte, den Heiler aber selbst nicht benachrichtigte, also ganz aus dem Spiel ließ, so daß dieser auch nichts von der Weiterführung des Versuches ahnen konnte. Die Patientin freilich glaubte zu wissen, daß eine Fernsendung zum Zweck ihrer Heilung erfolge. Die Folgen waren erstaunlich. Die Patientin verlor nach einigen Tagen ihre Wassersucht, bekam wieder Appetit, ihre Anämie besserte sich merklich, ihr Aussehen war bald das einer gesunden Frau. Sie starb freilich dennoch an ihrem Krebsleiden, 3½ Monate später. An anderen (nicht mit tödlicher Krankheit befallenen) Patienten hat Dr. Rehder wenige Male, soweit es der mir vorliegende Bericht ausweist, dies Schein-Verfahren einer Schein-Sendung wiederholt, darunter bei einem schwer gestörten Patienten mit bleibendem Erfolg einer Dauerheilung. Diese Geschichte beweist offenbar zweierlei: daß es in unserem Beispiel nicht auf die Einwirkung eines »Heilers« ankam, sondern nur auf den Glauben daran, daß eine solche Heileinwirkung stattfindet. Denn weder wußte der Heiler von dem Experiment Dr. Rehders, noch fand es zu Zeiten statt, wo der Heiler sonst zu behandeln pflegte, noch gab Dr. Rehder vor, er selber habe heilende Kräfte. Was wirksam sein konnte, war allein der Glaube an die Fernwirkung einer mystischen Maßnahme. Die Geschichte beweist ferner, daß dieser Wirkung Grenzen gesetzt sind, die gut mit den Forderungen nach den naturwissenschaftlichen Grenzen des Noch-Nicht-Wunderbaren übereinstimmen. Denn offenbar war in den Begebenheiten, welche ich geschildert habe, das Naturgesetz von der Erhaltung von Masse und Energie nicht verletzt worden. Man kann aber am Leibe des Menschen offenbar viel mehr in Bewegung setzen, als unsere Schul-Medizin sich damals träumen ließ.

Man müßte nun eine Art von Bestandsaufnahme des angeblich Wunderbaren machen, von dem uns in der Literatur berichtet worden ist, um die Schwierigkeiten unserer Problematik anzudeuten. Erinnern wir uns an die 3 Klassen wunderbarer Ereignisse, die wir eingangs definiert haben: Zeichen, die auf ein nicht mehr Natürliches, auf Übernatur oder Gott hinweisen; unerhörte, extrem seltene Ereignisse von unerklärbarer Art und Ereignisse, die in Widerspruch zu den Naturgesetzen stehen. Von diesen 3 Klassen ist die erste, das Zeichen, mit einem Ereignis einer der beiden anderen Klassen notwendigerweise identisch, denn ein Zeugnis geben offenbar nur solche Ereignisse ab, die unerklärbar sind oder in Widerspruch zu den Naturgesetzen stehen. Verzichten wir zunächst auf die Analyse der letzteren, d. h. nehmen wir an, es sei von solchen Ereignissen nichts Verläßliches berichtet worden, das den Naturgesetzen widerspreche, z. B. dem Satz von der Erhaltung, wie es die Nahrungslosigkeit der Therese Neumann getan hätte, die aber offenbar nicht gesichert ist. Dann bliebe uns nur das Unerklärliche als Problem zurück, das darum unerklärlich ist, weil wir es unter den gewöhnlichen Umständen des täglichen Lebens nicht antreffen. Welche Formen solch unerklärlicher Ereignisse kennen wir nun?

Ich zweifle daran, daß ich eine vollständige Aufzeichnung geben kann. Aber die meisten der berichteten Ereignisse sind solche medizinischer Art, auch unter den Wunderberichten des Neuen Testamentes: Krankheit heilt unter Umständen, die bislang unerhört sind. Es sind zweitens Ereignisse am Leibe von Menschen, die sich als solche nicht unter gewöhnlichen Umständen vorfinden, sich insbesondere nicht willkürlich jederzeit hervorrufen lassen. Sehen wir von so spektakulären Dingen wie Levitationen ab, über die meines Wissens keine verläßlichen objektiven Berichte vorliegen, so sind es insbesondere zwei verschiedene Formen leib-seelischer Ereignisse, von denen man staunend erfährt: der Fähigkeit von Menschen, mit ihrer Muskelarbeit oder sonstwie Ungewöhnliches zu bewegen, und der Fähigkeit, mit und ohne Benutzung der Sinne, auf unerklärliche Weise also, über reale Vorgänge etwas zu erfahren. Zur ersten Gruppe gehört die Telekinese: das Bewegen von Körpern, ohne sie anzufassen und ohne andere kraftübertragende Mechanismen zu benutzen, ferner die Materialisation, d. h. die Hervorbringung von Masse aus dem Nichts; zu der zweiten gehören Prophetie, Hellsehen, Gedankenlesen.

Nun ist es bezeichnend für die Diskussion um die Existenz des Wunders, daß Vorgänge wie Telepathie, Hellsehen, Telekinese als Parapsychologie Gegenstand eines rationalen Forschungsprogramms geworden sind. Die Gelehrten, die sich dieser Forschung widmen, würden niemals den Begriff des Wunders auf diese Erscheinungen als zutreffend empfinden. So verlockend es wäre, jetzt auch über Parapsychologie zu sprechen, so muß ich es mir versagen, denn die Erörterung würde am Thema vorbeigehen. Es scheinen also nur noch die Wunderheilungen übrigzubleiben, mit denen wir uns im Rahmen unseres Themas beschäftigen dürfen, wollen wir nicht auch auf jene sog. physikalischen Wunder zurückgreifen, von denen uns das Neue Testament berichtet: die wunderbare Brotvermehrung, die Verwandlung von Wasser. Die Totenerweckung des Lazarus aber, oder gar die Auferstehung Jesu von den Toten und die Jungfrauengeburt Jesu sind bereits biologische Ereignisse, die man den Wunderheilungen eher an die Seite stellen kann als den nicht-medizinischen Wundern, die sich an der Materie ereignet haben sollen.

Nun widerspräche die Verwandlung von Wasser in Wein sicherlich schon dem Erhaltungssatz, denn es wäre chemische Energie vonnöten, diese Wandlung hervorzubringen, eine Energie, die offenbar nicht zur Verfügung stand. Dasselbe wäre von der Brotvermehrung und vom Wandern über das Wasser zu sagen, denn die Erdanziehungskraft z. B. hätte von einer Kraft aufgehoben werden müssen, welche sonst nur Muskeln entwickeln, die auf der

Wasseroberfläche aber nicht angreifen könnten. Es ist in der Tat auch so, daß der moderne Naturforscher, sobald er auf physikalische Wunder dieser Art angesprochen wird, nicht etwa das Wunder als Möglichkeit bedenkt, sondern den Bericht über solch wundersame Ereignisse als Fälschung, Täuschung oder mindestens Irrtum abtut und damit aus der Welt zu schaffen hofft.

In der modernen theologischen Diskussion ist dementsprechend die Neigung vorherrschend, solche Wunderberichte als etwas abzuqualifizieren, was nicht Tatsachen berichtet, sondern ein Zeugnis ablegen soll. Es entsteht also in der Betrachtung nicht des scheinbaren Wunderereignisses, sondern des *Berichtes* darüber die neue, wissenschaftskonforme Lösung: man bezweifelt die Brauchbarkeit des Berichtes, um das zu dokumentieren, was man heute eine wirkliche Begebenheit nennt.

Der *Bericht* wird also mythologisiert, um den von ihm geschilderten *Vorgang* zu entmythologisieren. Das hat der Theologe Bultmann getan, und auf seinen Spuren wandelt auch mancher katholische Theologe, von Philosophen, wie Jaspers, ganz zu schweigen. Da das 1. Vatikanische Konzil bestimmt hatte, man könne Wunder als solche sicher erkennen, war diese Form des Argumentes eine faire Lösung, die gleichsam niemandem weh tat.

Natürlich bin auch ich ein Kind meiner Zeit und glaube nicht an die Möglichkeit solch physikalischer Wunder. Ich halte ebenfalls die Berichte für nicht geeignet, sie im Sinnen eines moderneren Wissenschaftsverständnisses zu deuten. *Denn ich weiß,* daß derartige Dinge unmöglich sind. Woher freilich weiß ich das? Aus der täglichen Erfahrung einerseits, welche mir niemals Gelegenheit gab, derart Wunderbares selbst zu beobachten; aus der Gewißheit, daß man physikalische Wunder grundsätzlich nicht im Rahmen einer modernen Wissenschaft erklären kann, und endlich aus der Einsicht darin, daß es plausible Gründe gibt, die uns erklären, wie solche Wunderberichte in die Welt kommen. Hinsichtlich der Jungfrauengeburt hat z. B. von Campenhausen darauf verwiesen, daß die Lehre von der Jungfräulichkeit Mariens im ersten Urchristentum offenbar unbekannt war. Dies *Wissen* darum, daß Wunder in bestimmten Formen nicht akzeptiert werden können, ist nun tatsächlich selbst ein Glaube, und ein Glaube, der diesen Namen verdient, ist vom Wissen ebenfalls nicht zu unterscheiden, da man nur glaubt, was man zu wissen meint, und allzuleicht vergißt, daß alles Wissen, auch um Naturvorgänge, auch nur ein Glauben ist, der Glaube nämlich an die Gültigkeit eines bestimmten Weltmodells, einer Theorie, einer Hypothese, die uns in der Regel aus vielen Gründen einsichtig und gesichert erscheint. Im Grunde müßte eine einzige Erfahrung, die diesem Weltmodell widerspricht, mein Wissen um dies Modell erschüttern und in Unglauben verwandeln. Gibt es also nicht doch Tatsachen, welche unser derzeit gültiges Weltmodell einer gesetzmäßig ablaufenden Welt aus den Angeln heben?

4. Das Übernatürliche ist die Geisteskraft des Menschen, welche das Alltägliche überschreitet

Ich bitte nochmals um Nachsicht, daß ich mich nicht in eine kritische Erörterung über einige physikalische Wunder einlasse, die im Neuen Testament berichtet sind oder gar aus neuerer Zeit stammen sollen. Ich kennen keine Dokumentation, die kritisch genug wäre, solche Vorkommnisse aus neuerer Zeit wissenschaftlich zu analysieren. Die biblischen Wunderberichte sind jedoch mit einiger Skepsis zu betrachten, da solche Berichte auch außerhalb des Neuen Testamentes, wie man lesen kann, offenbar nicht selten sind und dem Zeitgeist zu entsprechen schienen. Wer die Literatur über moderne Parapsychologie und insbesondere über Poltergeister kennt, der weiß auch, wie oft hinter scheinbar paranormalen Phänomenen Irrtum und nicht selten offener Betrug steckten. Eine der bedeutendsten Persönlichkeiten der Parapsychologie aus dem Anfang dieses Jahrhunderts, der Baron Schrenck-Notzing, ist immer wieder von geschickten Bürgern getäuscht worden, und es waren bei einigen seiner Séancen selbst ordentliche Professoren der Physik anwesend, die das Dargebotene für unerklärlich, also mit den Mitteln der Naturwissenschaft für nicht erklärbar hielten. Dennoch wurden solche »Medien«, die z. B. Plasma geistig zu produzieren vorgaben, später entlarvt. Einer von ihnen passierte die sorgfältige körperliche Untersuchung vor der Sitzung mit dem Trick, daß er in Schmalz getränkte Gaze im After in den Sitzungsraum brachte, was natürlich diesen Stoff unentdeckt ließ. Er konnte dies Material in der Sitzung dazu benutzen, angeblich ein Plasma aus Geist zu produzieren. Die Physiker, die solches erlebten, aber den Trick nicht erkannten, waren leider nicht im Handwerk der Taschenspieler ausgebildet, und was solch ein moderner Zauberkünstler vermag, das lehrt uns heutzutage jede erstklassige Schaustellung dieser Art. Es ist sinnlos, eine solche Kritik des scheinbar Wunderbaren zu versuchen, und nachdem weder die Parapsychologen noch die Zauberkünstler den Anspruch erheben, daß diese Phänomene im Widerspruch zu den Naturgesetzen stehen, sollten wir ihre Deutung auf sich beruhen lassen. Sie mag uns eines Tages überraschen, aber sie wird vermutlich natürlich sein.

Was uns für unsere Analyse bleibt, sind also die Geschehnisse am Menschenleib, und insbesondere am kranken Menschen. Wir wollen unsere fernere Betrachtung nun auf diese Klasse von scheinbar wundersamen Erscheinungen beschränken.

Lassen Sie mich mit einer abgelegenen Betrachtung beginnen. Nehmen wir einen anderen Fall von Wunderheilung, die sich in Lourdes zugetragen hat und wohl dokumentiert ist. Ich zitiere frei aus einer sehr kritisch zusammengestellten Fallsammlung des Arztes Dr. Franz Schleyer. Eine 54-jährige Frau erscheint im Jahre 1900 in Lourdes, nachdem sie seit 4 Jahren an ständigen Blutungen (das Neue Testament würde sagen: am Blutfluß) des Uterus litt. Kräfteverlust, vorübergehende Besserung, doch schließlich ein Jahr vor der Lourdes-Reise, starke Verschlechterung. Die Frau wird bettlägerig. Ein Arzt stellt die Diagnose: Uteruskrebs, freilich ohne eine histologische Untersuchung, welche die Diagnose abgesichert hätte. Der Befund der Uterusgewebe wird beschrieben: sie seien vergrößert, hart, höckerig, mit Gewebsverletzungen. Der Leib ist aufgetrieben, allgemeiner Kräfteverfall (sog. Kachexie). Am 18. August reist diese Frau nach Lourdes. Sie hat Schmerzen, einen starken blutig-eitrigen Ausfluß aus der Scheide. Beim ersten Heilbad spürt sie heftige Schmerzen in der ganzen erkrankten Körperregion, 2 Tage danach fühlt sie sich geheilt, beginnt mit Appetit zu essen, hat keinen Blutfluß mehr, der Leibesumfang, der vor der Heilung 125 cm betrug, ist auf 65 cm abgesunken. Die lokale ärztliche Prüfung ergab, daß alle Veränderungen, welche auf Krebs schließen ließen, verschwunden waren. Bei gutem Allgemeinzustand stellt am 1. September, also etwa 11 Tage nach dem heilenden Bad, ein Facharzt für Frauenheilkunde Schmerzfreiheit fest, findet keine Blutungen mehr, wohl noch Verhärtung und geschwürige Veränderungen der Schleimhaut des Uterushalses, doch auch diese Befunde sind bei einer späteren Untersuchung verschwunden.

Dr. Schleyer bemerkt mit Recht, daß die Diagnose »Karzinom« nicht gesichert war. Doch selbst wenn es ein Krebs gewesen wäre: wir kennen zwar seltene, aber wohlbezeugte Spontanheilungen. Auch mein chirurgischer Lehrer hat uns einen solchen Fall vorgestellt. Die Theorie einer solchen sicher sehr seltenen Krebsheilung ist uns heute nicht mehr ganz so verschlossen wie vor 20 oder gar 70 Jahren. An diesem Fall kann dennoch die Frage erläutert werden, an welchen Kriterien wir das Wunderbare des Ereignisses erkennen könnten, wenn es vorhanden wäre.

Der Theologe drückt sich hinsichtlich dieses von uns befragten Sachverhaltes in seiner Sprache so aus, daß der übernatürliche Charakter eines Ereignisses erkennbar werde, und das 1. Vatikanische Konzil ging sogar so weit, den Gläubigen der Katholischen Kirche vorzuschreiben, sie müßten daran glauben, daß ein solches Erkennen übernatürlicher Ereignisse grundsätzlich möglich sei. Wie immer, wenn Theologen (oder besser: Männer der Kirche) sich ohne sachliche Beratung durch einschlägige Wissenschaftler zu verbindlichen Lehräußerungen verleiten lassen, zeigt sich, wie fehlbar diese Institutionen sind (was übrigens der Unfehlbarkeit des Lehramtes der Kirche nicht widerspricht!). Denn der Erkenntnisprozeß, der das »Übernatürliche« erkennt, steht und fällt mit der Definition, was man als übernatürlich ansieht. Wenn diese Definition getroffen wäre, könnte man sich über den Prozeß der Feststellung übernatürlicher Ereignisse unterhalten. Ein bekanntes Lexikon des katholischen Lebens meint hierzu, unsere Naturkenntnis genüge, um in bestimmten Fällen mit Sicherheit zu sagen, was »die Natur nicht vermag«. Ein wesentliches Abweichen vom gleichbleibenden Durchschnittswert verlange bereits eine außernatürliche Erklärung. Solche theologischen Äußerungen sind nun freilich mit Sicherheit als irrig zu erkennen, da dann jedes Erdbeben, weil keinem Durchschnitt gehorchend, ein Wunder wäre. Nun wollen wir uns aber auf physikalische Wunder ohnehin nicht beziehen. Das Wunder am Leibe eines Menschen wäre dann damit erkennbar, daß man seine Ungewöhnlichkeit feststellt, d. h. feststellt, daß unter den Erfahrungen des durchschnittlichen Alltags solche leiblichen Veränderungen nicht beobachtet werden. Wenn wir aber diese Feststellungsmethode als eine solche nehmen, die den kirchlichen Vorschriften nach Erkennbarkeit wunderbarer Ereignisse genügt, so ist in der Tat vieles wunderbar, das zwar selten, aber sicher ganz außerhalb des religiösen Raumes geschieht. Die wundersamen Heilungen, von denen ich eben berichtet habe, wären echte Wunder. Gegen diese Feststellung würde sich der Theologe wehren. Er nimmt in der Tat ein Wunder nur an, wenn solche Ereignisse als Zeichen der Allmacht Gottes oder der Erhabenheit und Heiligkeit der Kirche geschähen, wie es ein konservativer Dogmatiker der Neuzeit, Scheeben, ausdrückt. Wir könnten diese Forderung auf unsere Beispiele dahin anwenden, daß die in der Klinik von Dr. Rehder erfolgten Heilungen profane Ereignisse, die Heilungen in Lourdes aber wunderbare Ereignisse gewesen wären. Da beide Ereignisse aber medizinisch völlig gleichartige Kennzeichen tragen, heißt das dann, daß ein Wunder das ist, was man auf Grund seiner Zusammenhänge mit Kirche oder Religion dafür hält oder dazu erklärt.

Ich bitte um Verständnis dafür, daß ich das Wunder bislang so stark unter kirchlich-dogmatischen Gesichtspunkten analysiert habe. Tatsächlich ist ja auch der Begriff des Wunders nur durch die christliche Theologie so sehr ins Bewußtsein des Abendlandes gerückt worden. Zwar wird aus vorchristlichen und nichtchristlichen Kulturen auch über Ereignisse berichtet, die man nur als Wunder klassifizieren könnte, und auch damals als etwas Ungewöhnliches und Bemerkenswertes ansah. Sie nehmen aber dort nicht nur einen bescheidenen Raum ein, sie sind vor allem ohne Bedeutung für das Lebens- und Stilgefühl der in diesen Kulturen lebenden Menschen. Sie werden nicht theoretisch aufgearbeitet. Was unsere derzeitige Kulturwelt als Wunder bestaunt, ist freilich eine völlig säkularisierte, d. h. verweltlichte Erscheinungsform absonderlicher Ereignisse, wie sie z. B. der eben besprochenen Parapsychologie als Gegenstand zugewiesen werden. Für unsere Analyse, welche zwischen Religion und Wissenschaft zu vermitteln sucht, wird das Wunderbare der Ereignisse dadurch charakterisiert, daß am Leibe des Menschen Dinge geschehen, welche zu ihrer Auslösung stärkster seelischer Erregung bedürfen. Das religiöse Moment kommt dadurch in unsere Betrachtung, daß solche starke seelische Erregungen, die wir Emotionen nennen, am ehesten durch religiöse Grundeinstellungen, Hoffnungen, Verheißungen ausgelöst werden.

Die Seltenheit solcher Ereignisse, ohne die wohl niemand auf die Idee käme, sie in die Nähe des Wunderbaren zu rücken, ist also dadurch auch naturwissenschaftlich höchst einfach begründbar, daß solche Emotionen nur unter sehr seltenen, unwahrscheinlichen Bedingungen entstehen können, Bedingungen, welche in der Regel durch das Zusammentreffen zweier Umstände gegeben werden: durch das Vorhandensein einer extremen persönlichen Not (z. B. einer schweren Krankheit angesichts des Todes) und einer überwältigenden, an Gewißheit grenzenden Hoffnung. Glaube, Hoffnung und Not sind die Geburtshelfer der Wunder.

Hierzu sagt nun die moderne Naturwissenschaft einiges Überraschendes. Sie sagt zunächst, daß das seltene Ereignis nur ein unwahrscheinliches, keineswegs aber ein unnatürliches Ereignis ist oder gar ein übernatürliches Ereignis sein muß. Eine totale Sonnenfinsternis wäre solch ein seltenes Phänomen. Die Naturwissenschaft sagt ferner, daß unsere Kenntnis von den Grenzen natürlicher Vorkommnisse, von dem, »was die Natur nicht vermag« (wie es der Dogmatiker ausdrückt), um so unsicherer sind, je komplizierter die Vorgänge sind, die beobachtet werden. Denn das Urteil darüber, daß etwas die Naturkräfte *übersteigt*, also über-natürlich ist, setzt ein Modell des zu beobachtenden Naturvorgangs voraus, das wir schon beim Wetter, zu unserem Bedauern, nur unvollkommen besitzen, das uns aber beim menschlichen Körper oft, bei seelischen Wirkungen auf den Körper sogar meistens fehlt oder mindestens bis vor kurzem gefehlt hat.

Dies ist vor allem die Situation bei menschlicher Krankheit. Was wir wissen, ist im Grunde nur, daß wir die Grenzen des Möglichen nicht kennen. Jeder Arzt ist gelegentlich erstaunt, wie sich Krankheit bessern kann. Dem Arzt fehlt meist die Fähigkeit, die Antriebskraft von Glaube und Hoffnung zu wecken. Der sog. Kurpfuscher ist da oft besser daran. Was eine große Hoffnung in großer Not vermag, das wird nicht etwa von der Theorie der Medizin entschieden, welche sich niemals mit diesem Problem auseinandergesetzt hat. Das wird vielmehr von den sog. Wunderheilungen entschieden, in denen diese Grenze erahnbar, wenn auch nicht sicher erkennbar wird.

Der Laie wird nun den Fachmann fragen, wie solche mindestens ans Wunderbare grenzenden Vorkommnisse erklärt werden können. Hier muß der Fachmann ein Geständnis ablegen: es ist uns bislang noch nicht geglückt, einen Einblick in alle Mechanismen der Leib-Seele-Beziehungen zu tun. Was wir wissen ist dennoch mehr, als manche Vertreter von Geisteswissenschaft und Theologie vermuten.

Zunächst sind uns allgemeine Mechanismen bekannt, welche den ganzen Körper fast gleichmäßig beeinflussen, wenn es auch unsicher ist, wieweit ihr Einfluß im einzelnen Falle reicht. Unter diesen Mechanismen spielt ein nervöses System eine besonders hervorragende Rolle: das sog. sympathische Nervensystem. Das Wirkungsbild dieses Nervensystems besteht im wesentlichen darin, daß das Herz zu kräftigerer Tätigkeit angetrieben und das Gesamtsystem der Blutgefäße verengt wird, wodurch der Blutdruck steigt, die Niere besser arbeitet und eine Entwässerung des Körpers erklärbar wird. Freilich wirken starke Gemütsbewegungen (Emotionen) nicht nur über Nerven, sondern auch über die Summe aller Hormone. Diese hormonalen Prozesse werden an einer zentralen Kommandostelle ausgelöst, dem Hypothalamus, von wo Wirkungsflüsse über eine Hormondrüse mit Kommandogewalt, die Hypophyse, auf alle anderen Hormondrüsen wirken. Hierdurch kann der ganze Stoffwechsel angetrieben werden.

Diese Wirkungen sind allgemeiner Natur, d. h. diese Mechanismen erklären nicht, warum es zu lokalisierten Veränderungen einzelner Organe kommt. Bestehen diese lokalen Veränderungen in Entzündungen, so wissen wir, daß chemische Gegenkräfte gegen Entzündungserreger durch Hormone freigesetzt werden können, welche z. B. Bakterien abtöten, die aber dennoch den ganzen Körper durchsetzen, nur am kranken Organ erst eine scheinbar nur lokale Wirkung entfalten. Man kann Tiere durch eine Streß-Situation derart zu Tode bringen, daß sie an Infektionen zugrunde gehen, welche von Bakterien ausgelöst werden, die ohne Streß als harmlose Einwohner in der Haut oder im Darm zu Hause sind. Sind solche Infekte eingetreten, so läßt sich verstehen, daß eine Änderung der Streß-Situation die Abwehrkräfte wieder mobilisiert. Streß ist z. B. Angst, ein Gegenstück zum

Streß sollte die Hoffnung sein. Angst würde den Infekt auslösen, Hoffnung ihn wieder beseitigen.

Doch hier schon verläßt uns alle Sicherheit. Über die Angst und ihre Folgen wissen wir einiges, z. B., daß die Angst Herzinfarkte begünstigt. Über die leiblichen Folgen der Hoffnung wissen wir so gut wie nichts.

Die Dinge werden noch unerklärlicher, wenn wir danach fragen, wie lokalisierte Veränderungen entstehen. Stigmatisierte Personen, wie z. B. Therese von Konnersreuth, tragen zu Zeiten die Wundmale Christi an Händen und Füßen. Solche Stigmatisierungen sind oftmals beschrieben worden. Sie pflegen übrigens an Stellen aufzutreten, an denen sich die Wundmale Christi mit hoher Wahrscheinlichkeit nicht befunden haben können. Bei der Annagelung ans Kreuz wurden im Altertum die Nägel mit hoher Wahrscheinlichkeit durch die Handwurzel getrieben. Man hat aber im Mittelalter die Wundmale immer in den Handteller verlegt, und zahllose religiöse Maler haben sie so dargestellt. Gleich wie diese falsche Meinung entstanden sein mag: die Stigmatisierten ließen ihre Stigmata dort entstehen, wo sie selber (irrigerweise) glaubten, daß Christi Wundmale gesessen haben sollten. Die Stigmatisation ist das Resultat einer bestimmten (und objektiv wahrscheinlich falschen) Vorstellung.

Wie es zu Stigmatisierungen kommt, ist jedoch ebenso unklar wie andere Wirkungen, die sich auf bestimmte Organe des Leibes beschränken. Ist ein Organ von Krankheit befallen, so mag man gelegentlich annehmen, daß ein allgemeiner Vorgang, der Krankheit ausgelöst hat, durch eine allgemein angreifende Gegenmaßnahme, z. B. allgemein wirksame Stoffe im Blut, wieder beseitigt wird. Es gibt aber sicher lokalwirksame Vorgänge, wie die Heilung eines kranken Uterus oder eben die Erzeugung von Wundmalen nur an wenigen und sinnvoll zu nennenden Stellen. Hierzu gibt es nun ein seltsames Experiment, das mehrfach vor kritischen Wissenschaftlern erfolgreich durchgeführt wurde. Berührt man bei einer beliebigen Person, die man in Hypnose versetzt hat, die Haut an einem beliebigen Ort mit einem harmlosen, kühlen Gegenstand, etwa einem Bleistift, gibt aber in der Hypnose die Suggestion, es handle sich bei dem Bleistift um ein rotglühendes Eisenstück, so entsteht an der Berührungsstelle mindestens eine Rötung und bei geeigneten Personen eine Brandblase. Es sind also Blutgefäße und insbesondere die feinen

Haargefäße der Haut auf komplizierte Weise durch seelische Einflüsse (nämlich eine Suggestion) verändert worden. Dies Experiment ist zwar in seinem Mechanismus nicht geklärt worden, dennoch sagt es uns, daß schon die Vorstellung einer Schädigung die mit dem vorgestellten (eingebildeten) Ereignis normalerweise auftretenden Schäden hervorruft. Dies ist ein Vorgang, dem sicher nichts Wunderbares, erst recht nichts Religiöses anhaftet.

Es sind also offenbar intensive Vorstellungen von leiblichen Vorgängen, welche scheinbare Wunder wie Stigmatisierungen erklären. Auch hierbei sind Emotionen, z. B. die Angst vor der Verbrennung, unerläßlich. Die Gemütsbewegungen, welche religiöse Vorstellungen auslösen, sind offenbar deshalb so wirksam, weil in ihnen Glaube, Hoffnung, Spannung und Ergebenheit in die wundertätige Kraft zu einer Einheit zusammenfließen, deren Mechanismus uns zwar unbekannt ist, deren Wirkungskraft aber in jedem Versuch, der diese seelischen Elemente aktiviert, auch außerhalb jedes religiösen Rahmens demonstriert werden kann.

Das eigentliche Wunder, das hierbei geschieht, ist also nicht, daß Naturgesetze übersprungen werden. Das würde wohl geschehen, wenn ein Toter (so Christus) zum Leben erweckt wird, falls der Tod sicher bezeugt ist. Ob solche Zeugnisse vorliegen, vermag ich nicht zu beurteilen. Der Religionshistoriker von Campenhausen hat sich auch hierzu kritisch geäußert und die Frage offengelassen, sofern sie im modernen Sinne nach naturwissenschaftlich meßbaren Wirklichkeiten z. B. »Leere des Grabes« gestellt würde. Die Wunderheilungen aber entschleiern sich als die Folge bestimmter, extremer, emotionsgeladener Umweltsituationen, die nur deshalb ungewöhnlich sind, weil es extrem selten gelingt, Menschen in solche Emotionen zu versetzen.

Dies Ergebnis läßt sich auch so formulieren, daß der Mensch, als einziges Lebewesen, durch die Kraft seiner Vorstellung dem Unerklärlichen deshalb zugänglich ist, weil dies Unerklärliche zugleich für ihn eine große Hoffnung bedeutet. Beides ist eng verwoben: Wo wir die Welt erklären können, verschwindet Hoffnung in Gewißheit und also, in der Not der Krankheit, in die Gewißheit und also, in der Not der Krankheit, in die Gewißheit der Trostlosigkeit. Das Unerkennbare, das Mystische enthebt uns des Wissens um die Folgen der Not und läßt dadurch die Hoffnung wieder entstehen.

So mündet unsere Betrachtung in die Bejahung jener theologischen Positionen, daß Gott in solchen Wundern ein Zeichen setzt: er lehrt uns, die Hoffnung zu haben, die aus seinem Mysterium fließt. Daß solches möglich ist, das ist das Wunder der menschlichen Natur.

Das Zeichen freilich, das in solchen Wundern aufscheint, besagt nicht mehr und nicht weniger, als daß der Glaube an Gott, seine Allmacht und seine Menschenliebe, den Geist des Menschen am ehesten so tiefgreifend verwandelt, daß das Wunder an seinem Leib geschieht. Das aber heißt, daß die Natur des Menschen auf solchen Glauben hin angelegt ist und beide zu wohltätiger Wirkung miteinander verschmelzen können. Der Mensch ist ein Wesen, das in seiner Glaubensfähigkeit die Wirklichkeit nicht nur erträgt, sondern auch durch seinen Glauben verwandelt.

Hans Ohly
Stigmatisierung – Wunder oder Betrug

Ists auch der Sohn nur Peter Bernadones,
Kein Kleinmut schiebt vors Herz ihm einen Riegel:
Er lächelt der Verachtung und des Hohnes.

Die Stirn ist königsstolzen Sinnes Spiegel,
Als er den harten Eid schwört Innozenzen,
der ihm verleiht das erste Ordenssiegel.

Als mehr des Volks ihm zulief aus den Grenzen –
Zu dessen Ruhm man Hymnen sollt erheben
Im Himmel, wo die Freuden ewig lenzen –

Hat Gott es dem Honorius eingegeben,
Daß mit dem zweiten Diadem er lohne
Des Erzmandriten heilges Bestreben.

Und als er – dürstend nach der Märtyrkrone –
Mit seinen Brüdern sprach von Christi Lehren
Und Wandel vor des mächt'gen Sultans Throne,

Doch unreif noch das Volk fand zum Bekehren,
Nahm er, um müßig nicht zu sein, sich wieder
Italiens Frucht an, ihr Gedeihn zu mehren.

Drauf hat ihm Christus, wo Alvern schaut nieder
Ins Land, das letzte Siegel aufgedrückt,
Und noch zwei Jahre trugens seine Glieder.

Diese Verse lesen wir im 11. Paradies-Gesang der »Divina Commedia« von Dante, und der Mann, der hier gepriesen wird, ist der heilige Franz von Assisi.

»Das letzte Siegel«, das Christus ihm aufgedrückt hat, – »und noch zwei Jahre trugens seine Glieder«, das sind die Wundmale Christi, die Stigmata, die Franziskus an seinem Leibe trug und zu deren Ehren in der Liturgie des 17. September, des Festes der Wundmale des heiligen Franziskus, gebetet wird:

»Als die Welt zu erkalten begann, hast du, um unsere Herzen mit dem Feuer deiner Liebe zu entflammen, am Leibe des heiligen Franziskus die heiligen Wundmale deines Leidens erneuert.«

Der heilige Bonaventura, den man den »zweiten Stifter des Franziskanerordens« genannt hat, schrieb über das wunderbare Ereignis am Berge Alverna, das, wie gesagt, auch Dante besungen hat, die folgenden Worte:

»Als Franziskus so durch die seraphische Glut seiner Wünsche zu Gott erhoben und durch die Bewegungen eines zarten und liebreichen Mitleidens in den verwandelt wurde, der durch das Übermaß seiner Liebe für uns gekreuzigt werden wollte, sah er, wie ein Seraphim mit sechs glänzenden und feurigen Flügeln vom Himmel zu ihm herabstieg. Dieser Seraphim kam in sehr schnellem Fluge herab in des Heiligen Nähe, und da erschien zwischen seinen Flügeln die Gestalt eines gekreuzigten Mannes mit ausgestreckten Händen und Füßen, die an ein Kreuz geheftet waren. Als Franziskus dies sah, war er außerordentlich überrascht; eine Freude, die mit Trauer und Schmerz vermischt war, strömte in seine Seele. Die Gegenwart Jesu Christi, der sich ihm auf so wunderbare und vertraute Weise unter der Gestalt des Seraphims zeigte, verursachte ihm unendliche Wonne. Aber bei dem schmerzlichen Anblick seiner Kreuzigung fühlte er sich wie von einem Schmerz durchbohrt, der ihm wie ein Schwert durch die Seele drang. Er erstaunte zutiefst, daß die Schwachheit der Leiden unter der Gestalt eines Seraphims erschien, wohl wissend, daß sich dies nicht mit seiner Unsterblichkeit vertrage, und – er konnte die Erscheinung nicht begreifen. Bis Gott ihn innerlich wie einen Freund belehrte, daß er sich ihm vor Augen stelle, um ihn erkennen zu lassen, daß er nicht durch ein Martyrium des Fleisches, sondern durch die Entflammung seiner Seele in die vollkommene Ähnlichkeit mit Christus, dem Gekreuzigten, verwandelt werden solle. Die entschwindende Vision ließ in seiner Seele eine seraphische Glut zurück und prägte seinem Körper ein Abbild der Wundmale ein, als wenn sein Fleisch gerade wie weiches und vom Feuer geschmolzenes Wachs die Einprägung von Siegelzeichen erhalten hätte. Denn sofort begannen die Zeichen von Nägeln an seinen Händen und Füßen sichtbar hervorzutreten, und zwar genauso, wie er sie an dem ihm erschienen Bilde des gekreuzigten Gottmenschen gesehen hatte. Seine Hände und Füße waren in der Mitte von Nägeln durchbohrt; die runden schwarzen Nagelköpfe waren auf dem Rücken der Hände und Füße zu sehen; während die ziemlich langen Spitzen auf der andern Seite zum Vorschein kamen und umgebogen waren und das übrige Fleisch, aus dem sie heraustraten, überragten. Auch hatte er an seiner rechten Seite ein rote Wunde, als wäre er von einer Lanze durchbohrt, und oft floß Blut daraus hervor, das sein Unterkleid und alles, was er auf den Lenden trug, durchtränkte.«

In dem sogenannten Fioretti di Santo Francesco, den »Blümlein des heiligen Franz«, wird die Legende erzählt, daß auch die Natur an diesem Wunder teilnahm:

Hirten am Berge Alverna bezeugten, »daß auch der ganze Berg von leuchtender Flamme zu brennen schien, und sie glänzte und erhellte rings alle Berge und Täler, als stünde die Sonne über dem Lande.« Und der Bericht erzählt weiter:

»Desgleichen erhoben sich bei diesem Scheine, der durch die Fenster in die Herbergen des Landes strahlte, etliche Maultiertreiber, die nach der Romagna zogen, dieweilen sie glaubten, die Sonne sei aufgegangen, und sattelten und beluden ihre Saumtiere. Und wie sie dahinzogen, gewahrten sie das Schwinden jenes Lichtes und den Aufgang der natürlichen Sonne.

Einer seiner bedeutenden Schüler aber, der Franziskaner Thomas von Celano, berichtet über die Stigmatisierung seines Lehrers:

»Die Nägel waren von schwarzer Farbe und wie von Eisen und so mit dem Fleisch verwachsen, daß, wenn sie auf einer beliebigen Seite gedrückt wurden, sie sogleich wie zusammenhängend und fest an der entgegengesetzten Seite heraustraten. Die rote Wunde der Seite aber, die durch Zusammenziehung des Fleisches auf eine kreisrunde Form gebracht wurde, schien eine schöne Rose zu sein.«

Der schon erwähnte Thomas von Celano meint, den Tag dieser Stigmatisierung des Franziskus ziemlich genau datieren zu können: zwischen dem 15. August und dem 29. September 1224.

Der katholische Theologe Johannes Maria Höcht, der viel über das Problem der Stigmatisation geschrieben hat, berichtet in seinem zweibändigen Werk über die »Träger der Wundmale Christi«:

»Bezeichnend ist, daß Franziskus sich seit dem Tage der Einprägung nicht mehr die Hände wusch und daß er nicht mehr zu gehen vermochte, weshalb er sich eines Lasttieres bediente. Hände und Füße trug er von nun an verhüllt. Vertrauteren Brüdern, wie Bonaventura, (schilderte er) mit großer Furcht den Hergang der Vision.«

Und von Bruder Rufin, der einer der Glücklichen war, der die Wundmale des Heiligen sehen durfte, berichtet Thomas von Celano ein sehr bezeichnendes Geschehnis, das gleichfalls für die Existenz der Stigmata vor dem Tode des Heiligen zeugt:

»Als er (Rufin) den Franz wusch, glitt seine Hand aus, dabei berührte er die Seitenwunde des Heiligen, was diesen nicht wenig schmerzte, so daß Franz die Hand Rufin's von sich stieß mit dem Ausruf: Der Herr schone deiner . . .!«

Beim Tode des Franziskus trat dann das lang verhüllte Geheimnis offen zutage. Mehr als fünfzig Brüder, die Heilige Klara und alle Mitschwestern sowie eine bedeutende Anzahl anderer Personen haben an seiner sterblichen Hülle die Tatsächlichkeit der Stigmata festgestellt. Die Wunden bluteten noch. Das mit seinem Blut betropfte Tuch wird noch heute im Kloster von Assisi aufbewahrt.

Johannes Höcht zitiert dann das Rundschreiben des Bruders Elias über des Franziskus Stigmatisierung, in dem es heißt:

»Und nun verkündige ich euch eine große Freude und ein ganz neuartiges Wunder. Solange die Welt steht, ist ein solches Zeichen unerhört, außer beim Sohne Gottes, der ja Christus ist, Gott. Nicht lange vor seinem Tode zeigte sich unser Bruder und Vater als Gekreuzigter mit fünf Wunden am Körper, welches wahrhaft Stigmata Christi sind: denn seine Hände und Füße hatten so etwas wie Nagellöcher, welche auf beiden Seiten beigebracht waren, Narben zurückließen und dunkle Nagelfarbe aufwiesen. Seine Seite aber zeigte sich durchbohrt von einer Lanze und sonderte oft Blut ab.«

»Und nun verkündige ich euch große Freude«, so schreibt Bruder Rufin, und das erinnert an das Evangelium, die Frohbotschaft, welche, nach dem Bericht des Lukas, die Engel über dem Stall von Bethlehem verkündigten: »Siehe, ich verkündige euch große Freude, die allem Volk widerfahren wird!«

Und dann ist von einem »ganz neuartigen Wunder« die Rede, und tatsächlich: seit den Zeiten des Neuen Testamentes hat sich so etwas nie ereignet, Franz von Assisi ist der erste Stigmatisierte der christlichen Kirchengeschichte, wenn man von der Bemerkung Paulus im Brief an die Galater einmal absieht.

Zunächst wird im Johannes-Evangelium jene berühmte Geschichte erzählt, da der auferstandene Christus seine Stigmata dem Thomas zeigt, der an die Auferstehung nicht glauben will, es sei denn, daß er in Christi Händen die Nagelmale sieht und seine Finger in die Wunden der Hände und an der Seite legen kann. Und dann heißt es im 20. Kapitel des Johannesevangeliums weiter:

»Und über acht Tage waren . . . seine Jünger drinnen und Thomas mit ihnen. Kommt Jesus, da die Türen verschlossen waren, und tritt mitten ein und spricht: Friede sei mit euch!

Darnach spricht er zu Thomas: Reiche deinen Finger her und siehe meine Hände, und reiche deine Hand her und lege sie in meine Seite, und sei nicht ungläubig, sondern gläubig! Thomas antwortete und sprach: Mein Herr und mein Gott!

Spricht Jesus zu ihm: Dieweil du mich gesehen hast, Thomas, so glaubest du. Selig sind die, die nicht sehen und doch glauben.«

Man wird nicht gut verschweigen und übersehen können, daß die Legende von dem auferstandenen Christus, der den Thomas in seine Stigmata fassen läßt, auf daß er kraft dieses fühlbaren Be-

weises nicht länger ungläubig, sondern gläubig sei – daß diese Legende also eine auffallende Parallele in der Odyssee hat. Denn auch Odysseus ist ein Stigmatisierter, und nach Ithaka endlich heimgekehrt, gibt er sich seinen beiden treuesten Knechten, dem Wächter der Rinder Philoitios und dem »göttlichen Sauhirten« Eumaios, zu erkennen, indem er auf seine Stigmata, seine Wundmale zeigt:
So lesen wir bei Homer:

»Nun, ich selber bin hier
Nach vielen Todesgefahren
Bin ich im zwanzigsten Jahr
Zur Heimat wiedergekehrt
Aber daß ihr mir glaubt
Und mich für Odysseus erkennet
Kommt und betrachtet hier
Ein entscheidendes Zeichen
Die Narbe, die ein Eber mir einst
Mit weißem Zahne gehauen
Als ich auf dem Parnaß
Mit den Söhnen Autolikos' jagte
Also sprach er und zog
Von der großen Narbe die Lumpen
Aber da jene sie sahn
Und alles deutlich erkannten
Weinten sie, schlangen die Händ'
Um den edlen Helden Odysseus
Hießen ihn froh willkommen
Und küßten ihm Schultern und Antlitz
Auch Odysseus küßte
Den Hirten Antlitz und Hände.«

Ob nun diese erstaunliche Parallele zufällig ist oder nicht: in beiden Fällen dienen die Stigmata dazu, den Unglauben in Glauben zu verwandeln oder aber einen unsicheren Glauben zu stärken und zu kräftigen.

Und nun zum Apostel Paulus: im 6. Kapitel des Briefes an die Galater setzt er sich mit der Frage auseinander, ob ein Christ zuvor dem jüdischen Gesetz der Beschneidung sich unterwerfen müsse.

Paulus schreibt:
»Seht, mit wie vielen Worten habe ich euch geschrieben mit eigener Hand. Alle, die Ansehen genießen wollen, drängen euch die Beschneidung auf, damit sie ja keine Nachteile haben, wenn sie vom Kreuz Christi

reden. Aber diese Leute, die sich beschneiden lassen, halten das Gesetz selber nicht. Sie wollen eure Beschneidung nur erreichen, um sich damit rühmen zu können. Mir aber liegt es ferne, mich zu rühmen, ich rühme nur das Kreuz unseres Herrn Jesus Christus. An diesem Kreuz ist für mich die ganze Welt gestorben und bin ich für sie gestorben. Darum ist es weder wichtig, ob man Jude ist oder ob man Nicht-Jude ist. Allein darauf kommt es an, daß man eine neue Kreatur ist. Wer sich nach dieser Regel richtet, zu dem komme der Friede Gottes und seine Barmherzigkeit – auch zu Gottes Volk Israel. Künftig soll mir niemand mehr Mühe machen. Ich trage die Malzeichen des Herrn Jesus an meinem Leibe. Die Gnade des Herrn sei mit eurem Geist, liebe Brüder. Amen.«

Es ist nun außerordentlich schwer zu beurteilen, ob der Apostel tatsächlich ein Stigmatisierter gewesen ist, wie beispielsweise Franziskus. Der spanische Karmelitermönch und mittelalterliche Mystiker Johann vom Kreuz, Zeitgenosse der hochberühmten Therese von Avila, neigt dazu, die Stigmatisierung des Paulus wörtlich zu verstehen. Moderne wissenschaftliche Forschung hingegen neigt eher dazu, die Stigmata des Paulus als Verletzungen, als Wunden bzw. Narben zu deuten, die dieser sich bei Verfolgungen zugezogen habe, durch Stockschläge zum Beispiel. Der Begriff ›Stigma‹ sei im Neuen Testament noch allgemeiner verstanden worden als später. Freilich hat dann Paulus seine Verwundungen insofern als Malzeichen Christi in dem Sinne verstanden, daß er seine Wunden um Christi willen davongetragen habe.

Andere Forscher bringen die Stigmata des Paulus mit jener Stelle des 12. Kapitels aus dem 2. Korintherbrief in Zusammenhang, wo Paulus zunächst von sogenannten hohen Offenbarungen spricht, also doch wohl von mystischen Visionen, die ihm zuteil wurden. Er will sich aber dieser Auszeichnung nicht rühmen, damit er nicht höher erachtet werde, als man an ihm sieht oder von ihm hört. Paulus schreibt dann:

»Und auf daß ich mich nicht der hohen Offenbarung überhebe, ist mir gegeben ein Pfahl im Fleisch, nämlich der Engel Satans, der mich mit Fäusten schlägt, auf daß ich mich nicht überhebe. Dafür ich dreimal zum Herrn gefleht habe, daß er von mir wiche. Und er hat zu mir gesagt: Laß Dir an meiner Gnade genügen; denn meine Kraft ist in den Schwachen mächtig.«

Bringt man die Stelle aus dem Galaterbrief, wo Paulus von seiner Stigmatisierung redet, mit der eben erwähnten aus dem 2. Korintherbrief in Zusammenhang, so wird man schwerlich annehmen dürfen, Paulus sei tatsächlich stigmatisiert worden. Denn dann hätte er kaum zum Herrn gebetet, daß diese Qual von ihm weichen möchte, die ihm ja nicht Gott, sondern ein Engel des Satans zugefügt hat. Aus verschiedenen Stellen glaubt man schließen zu dürfen, daß Paulus unter epileptischen Anfällen gelitten hat und daß er dieses Leiden im metaphorischen Sinne als Stigma gedeutet hat. Selbst ein schwer Leidender, nimmt er dadurch am Leiden Christi teil und ist insofern ein Gezeichneter.

Es ist nun jedenfalls charakteristisch, daß Paulus gerade im Zusammenhang mit gewissen mystischen Visionen davon redet, daß er einen »Pfahl im Fleisch« hat, daß er ein Gezeichneter ist. Denn ganz allgemein muß man das Problem der Stigmatisierung, sei es im wörtlichen, sei es im übertragenen Sinne, mit der Mystik, vor allem mit der großen mystischen Bewegung des Mittelalters sehen, deren Hoch-Zeit im 13. Jahrhundert war, als zum erstenmal Franz von Assisi mit einer tatsächlichen Stigmatisierung ausgezeichnet, von einer tatsächlichen Stigmatisierung heimgesucht wurde. Ja, man darf gerade sagen: ohne mystische Erfahrung gibt es kein Erlebnis der Stigmatisierung. Was aber ist mystische Erfahrung

Das Wort ›Mystik‹ leitet sich ab von dem griechischen ›mystikós‹, zu deutsch ›geheimnisvoll‹. Die Mystik ist ein religiöses Urphänomen, bei dem in unmittelbarer Intuition das Erleben Gottes stattfindet. Mystik ist die direkte Bewußtwerdung des geheimnisvollen Göttlichen, seine Vergegenwärtigung in größter Intensität und lebendigster Innerlichkeit. Thomas von Aquin definiert die Mystik als cognitio Dei experimentalis, als die fundamentale Erfahrung eines unmittelbaren Kontaktes mit Gott oder der metaphysischen Urwirklichkeit. Ihre Wurzel hat die Mystik in der sogenannten primitiven Religion, in welcher neben den kultischen Stammestraditionen ein individuelles ekstatisches Erlebnis steht, das in der Vereinigung mit der Gottheit besteht. Dieses Erlebnis läßt sich planmäßig herbeiführen, etwa durch asketische Übungen, aber auch durch allerlei Erregungsmittel wie zum Beispiel rauschhaften Tanz. In seiner Vorrede zu der fünfbändigen Geschichte der christlichen Mystik schreibt ihr Verfasser Joseph von Görres:

»Wie es den Spaniern zu Mut gewesen, als sie jenseits des Weltmeeres, dessen viele Jahrtausende hinhaltende Hemmnis sie zuerst durchbrechen gewagt, eine neue Welt gefunden, wo von anders geformten Bergeszügen namenlose Wasser niedergingen, ein fremdes Rauschen aus den Wäldern sie begrüßte, andere Blumen sie anlachten, andere Vögel, andere Tiere neugierig zu ihnen auf- und niedersahen, und ein anderes Geschlecht der Menschen in unverständlichen Tönen sie willkommen hieß, so ungefähr auch mag es dem größeren Teile derjenigen ergehen, die einen Blick in die Wunderwelt der Mystik hinüberwerfen, die sich ihnen hier eröffnet, und deren Dasein und Verständnis ihnen durch eigene Schuld in langer, hartnäckiger Leugnung und Verleugnung gänzlich abhanden gekommen, wie ja auch die alte Atlantis im Grunde nur durch Versäumnis in Vergessenheit untergegangen.«

Das große Zeitalter der deutschen Mystik, das 13. und 14. Jahrhundert, repräsentiert sich in so großartigen Gestalten wie etwa Hildegard von Bingen, Meister Eckardt, Tauler Seuse, der Mechthild von Magdeburg und Gertrud von Helfta, die in der katholischen Kirche ›die Große‹ genannt wird. Diese Gertrud zum Beispiel war eine begnadete Mystikerin und zugleich eine Stigmatisierte. Sie wurde am 6. Januar 1256 geboren, trat mit fünf Jahren ins Kloster von Helfta ein, beschäftigte sich mit Grammatik und Theologie und empfing mit fünfundzwanzig Jahren ihre ersten Offenbarungen. Die Berichte der Offenbarungen, die sie empfing, sind niedergelegt in dem Buch »Die Gesandten der Göttlichen Liebe«. Johannes Höcht weist darauf hin, daß die Stigmatisationen der Gertrud nicht, wie bei Franziskus physisch sich manifestieren, also als offene, blutende Wunden. Die Stigmatisierungen, die Gertrud empfing, waren eher innerer, geistiger Natur. Gleichwohl wollen wir aus ihrem Bericht, jenem »Gesandten der göttlichen Liebe« zitieren, weil darin auf exemplarische Weise jene mittelalterliche Leidens-, Blut- und Wunden-Christi-Mystik zum Ausdruck kommt, jene Sehnsucht danach, Mitdulder oder -dulderin der Passion Jesu zu werden, welche die spirituelle Voraussetzung für die Erfahrung, die Begnadung oder das Erleiden der Stigmatisierung ist. Gertrud schreibt:

»Zur Zeit der Erstlingsgnaden, im ersten, wie ich glaube, oder im zweiten Jahre, in der Winterzeit, fand ich in einem Buch ein kleines Gebet, das in folgende Worte gebracht war:

›O Herr Jesus Christus, Sohn des lebendigen Gottes, gib mir, mit ganzem Herzen, mit vollkommenem Verlangen und durstender Seele nach Dir zu seufzen, nach Dir, dem Süßesten und Lieblichsten, aufzuatmen, und mit meinem ganzen innern Wesen nach Dir zu lechzen, der Du wahre Glückseligkeit bist. Schreibe, o Herr, mit Deinem kostbaren Blute Deine Wunden in mein Herz, damit ich in ihnen Deinen Schmerz wie Deine Liebe lese, das Andenken an Deine Wunden im Innersten meines Herzens be-

ständig bleibe, das Mitleiden mit Deinem Leiden in mir geweckt und Deine Liebesglut in mir entzündet werde. Gib mir auch, daß alles Geschaffene mir gering und Du allein in meinem Herzen mir süß werdest.‹ Dankend nahm ich dies Gebet auf und wiederholte es öfters. Und Du, der Du das Verlangen der Demütigen niemals verschmähest, warst bei diesem Gebete, um es wirksam zu machen.
In der genannten Stunde hatte ich die Empfindung, als seien jene Güter, um die ich in dem vorerwähnten Gebete lange gefleht hatte, mir Unwürdigstem von Gott erteilt worden. Denn ich erkannte durch den Geist, daß innerlich in meinem Herzen wie an körperlichen Stellen jene anbetungswürdigen Male Deiner allerheiligsten Wunden waren eingedrückt worden, durch welche Du die Wunden meiner Seele geheilt und mir den süßen Trank Deiner Liebe dargereicht hast . . .
Ich gestehe, daß mir hiermit zugleich jenes Gut erteilt wurde, welches in dem Gebet erfleht wird, in den Wunden nämlich Deinen Schmerz wie Deine Liebe zu lesen. Aber ach! nur kurze Zeit währte dies, jedoch nicht Du hast es mir entzogen, sondern ich habe es durch Nachlässigkeit und Undankbarkeit verloren. Trotzdem hat Deine Barmherzigkeit und Liebe das erstere und größere Gnadengeschenk, nämlich die Eindrückung der Wundmale mir ohne mein Verdienst bis auf die Gegenwart bewahrt. Hierfür sei Dir Lob und Preis in Ewigkeit.«

Und an anderer Stelle des gleichen Berichtes heißt es dann:

»Sieben Jahre später, vor dem Advent, hatte ich auf Deinen Antrieb, Du Urheber alles Guten, jemand verpflichtet, täglich vor einem Kruzifix für mich im Gebete folgende Worte einzuschalten: ›Durch Dein verwundetes Herz, o Liebreichster Herr, durchbohre ihr Herz so sehr mit den Geschossen Deiner Liebe, daß es nichts Irdisches umfassen kann, sondern allein von der Kraft Deiner Gottheit umfaßt werde.‹
Durch dieses Gebet, wie ich vertraue, aufgefordert, hast Du am Sonntag, wo in der Messe gesungen wird ›Gaudete in Domino‹ (Freut euch im Herrn) mir gerade beim Hintritte zum Sakramente das Verlangen eingegossen, welches mich zwang, folgende Worte vorzubringen: ›Obwohl nicht würdig, auch nur das geringste Deiner Geschenke zu empfangen, flehe ich dennoch durch die Verdienste und das Verlangen aller Gegenwärtigen Deine Erbarmung an, Du mögest mein Herz mit dem Pfeile Deiner Liebe durchbohren.‹
Sogleich empfand ich, daß die Kraft dieses Wortes Deinem göttlichen Herzen naheging, sowohl durch die Eingießung der inneren Gnade als auch durch den Erweis eines offenbaren Zeichens an dem Bilde Deiner Kreuzigung: Als ich nämlich nach dem Empfange des lebenspendenden Sakramentes zur Gebetsstätte zurückgekehrt war, kam es mir vor, als wenn aus der Wunde der rechten Seite des am Thronsessel gemalten Kruzifixes gleichsam ein Sonnenstrahl scharf wie ein Pfeil hervorginge, der, anfangs dem Scheine nach ausgedehnt, sich zusammenzog, dann wieder

ausdehnte und so eine Weile lang meine Seele freundlich anlockte. Aber auch so war mein Verlangen noch nicht befriedigt, bis zu dem Mittwoch, wo nach der Messe von den Gläubigen das Andenken an Deine anbetungswürdige Menschwerdung und Verkündigung begangen wird, worauf ich meine Aufmerksamkeit richtete. Und siehe: Du warst plötzlich zugegen, indem Du meinem Herzen eine Wunde eindrücktest mit diesen Worten: Hier fließe zusammen die Aufwallung aller Deiner Gefühle. All Deine Ergötzung, Hoffnung, Freude, Schmerz, Furcht und die übrigen Affekte sollen gefestigt werden in meiner Liebe.«

Was die Stelle mit dem Sonnenstrahl anbetrifft, scharf wie ein Pfeil und einmal sich ausdehnend, ein andermal sich zusammenziehend, so gibt es noch eine andere Version, die, wie Höcht angibt, offenbar aus der lateinischen Ausgabe des Solesmes stammt. Darin heißt es, die in bestimmter Hinsicht noch eindeutiger ist, weshalb wir sie zitieren:

»Denn ich sah, wie aus der Wunde der rechten Hand ein Feuerstrahl in Form eines spitzen Pfeiles hervorkam, der sich gegen mich ausdehnte und dann sich auf hinreißende Art wieder zurückzog, wie um meine Wünsche noch zu steigern.«

Wir haben die Bekenntnisse der Gertrud von Helfta deshalb so ausführlich wiedergegeben, weil sie als ein klassisches Dokument jener mittelalterlichen Mystik angesehen werden dürfen, ein Dokument, das für unzählige andere steht. Denn darum geht es, wie Gertrud schreibt: Daß nämlich alle Affekte und Emotionen, Ergötzung, Hoffnung, Freude, Schmerz, Furcht, eben des Menschen ganze emotionelle Dimensionen gewissermaßen Quellflüsse sind, die in dem Strom der Liebe zu Jesus bzw. zu Gott einmünden, oder umgekehrt: daß Jesus bzw. Gott alle diese emotionellen Quellflüsse in seine Liebe aufnimmt.

Es wäre nun ebenso naheliegend wie leicht, es wäre aber auch ziemlich billig, vor allem den Schluß des Berichtes der Gertrud, wo von den pfeilspitzen Sonnenstrahlen oder Feuerflammen die Rede ist, psychoanalytisch zu deuten. Man muß die Phänomene als religiöse eben auch religiös deuten. Denn wenn man Gertrud gefragt hätte, warum sie denn in Gottes und aller Heiligen Namen ihre doch ganz offenkundig leidenschaftliche Erotik nicht auf andere Weise auslebe, dann hätte sie ganz gewiß geantwortet, die mystische Vereinigung mit dem himmlischen Bräutigam Christus bereite ihr viel mehr Seligkeit als die fleischliche Vereinigung mit einem irdischen Mann.

Es kommt hinzu, daß ja auch die weltliche Minne dieser Zeit die angebetete Frau mit Worten besang, die oft an Eindeutigkeit nichts zu wünschen übrig ließen, obwohl kein Minnesänger, kein Troubadur je auch nur im entferntesten daran dachte, aus dem Vorhof des erotischen Tempels in dessen Allerheiligstes einzutreten, wo die spannungsvolle Seligkeit schließlich doch nur ersetzt wird durch die Melancholie der Erfüllung. Man muß die Minne, diese Art der mystisch-geistlichen oder weltlichen Erotik wesentlich aus ihrer Zeit heraus zu verstehen suchen, ihre hinreißende Sprache und die Kraft, auch den Mut ihrer Bilder, die ungeheure religiöse Leidenschaft und Inbrunst würdigen und bewundern. Und wenn man hier schließlich doch kritisieren will, dann sollte man das nicht mit so vulgärpsychologischen Kategorien tun, wie etwa ›verdrängte Sexualität‹ oder ähnlichem. Das Problem der Mystik besteht darin, daß eine gewisse Zudringlichkeit waltet, ein vielleicht unerlaubtes Überspringen des »unendlich qualitativen Unterschiedes« zwischen Gott und Mensch, eine gewisse religiöse Unbescheidenheit, die sich nicht damit begnügen will, daß Gott und Christus ihrerseits diesen Unterschied und Abstand überbrückt haben, indem Christus auf die Erde kam, zu den Menschen, in Knechtsgestalt und Armut, wie es der Philipperbrief so eindrucksvoll beschreibt. Aber weil dies nicht unser eigentliches Thema ist, kehren wir zurück zu dem der Stigmatisierung.

In der Gestalt der Katharina von Siena, geboren am 25. März 1347, lernen wir einen ganz anderen Frömmigkeitstypus kennen, als Gertrud von Helfta ihn repräsentiert. Raymund von Capua, General des Dominikanerordens, hat das Leben dieser ungewöhnlichen Frau beschrieben, sie selbst war ja Mitglied des Dritten Ordens vom Heiligen Dominikus.

Wir versetzen uns zurück in das letzte Viertel des 14. Jahrhunderts. Katharina hat die schwere Aufgabe übernommen, eine schwer krebskranke Gefährtin namens Andrea zu pflegen. Alle außer Katharina mieden die Kranke. Sie aber wusch und verband morgens und abends ihre Wunde. Eines Tages, als der ausströmende schlechte Geruch in ihr ein Gefühl des Übelseins hervorrief, wollte sie ihren Widerwillen besiegen und küßte das übelriechende Geschwür. Statt jeder Belohnung ließ Gott zu, daß Andrea in innerster Seele schlecht von ihr dachte, den Einflüsterungen des Bösen folgte und sich dazu herbeiließ, ihre Wohltäterin zu verleumden. Die alten Schwestern vom Orden der Buße aber, die sich von der Kranken hatten täuschen lassen, riefen Katharina zu sich und warfen ihr ihre angebliche Schlechtigkeit vor. Als Katharina abends in ihre Zelle zurückkehrte, betete sie zu dem Gekreuzigten:

»Allmächtiger Meister, geliebter Bräutigam meiner Seele, Du weißt, wie zart und empfindlich der Ruf der Jungfrauen, Deiner Bräute ist ... Du weißt zudem, daß der Vater der Lüge diese Verleumdung erfunden hat, um mich von der Kranken zu entfernen, die ich aus Liebe zu Dir bedient habe. Hilf mir, Herr und Gott! Du, der Du meine Unschuld kennst, laß nicht zu, daß die alte Schlange, die durch Dein Kreuzzeichen besiegt ist, über mich Herr werde.«

»In diesem Augenblick«, so berichtet Raymund von Capua, »erschien ihr, wie sie mir im Vertrauen gesagt hat, der Herr und hielt in seiner rechten Hand eine goldene Krone, mit Perlen und kostbaren Steinen geschmückt, und in der linken eine Dornenkrone und sagte zu ihr: ›Vernimm, meine Tochter, daß Du diese Kronen zu verschiedenen Zeiten tragen mußt; wähle jene, die Dir mehr gefällt. Wenn Du in dieser Welt die Dornenkrone nimmst, werde ich Dir die goldene Krone für das andere Leben vorbehalten; aber wenn Du für jetzt die goldene Krone nimmst, wirst Du nach dem Tode die Dornenkrone haben.‹ Katharina erwiderte: ›Seit langem, o Herr, habe ich auf meinen Willen verzichtet, um nur dem Deinigen zu folgen; es steht mir nicht mehr zu, eine Wahl zu treffen. Aber da Du mir zu sprechen befiehlst, will ich mich stets in diesem Leben Deinem beseligenden Leiden anpassen und um Deinetwillen mit Freuden das Leiden umarmen.‹

Und indem sie mit beiden Händen dem Herrn die Dornenkrone entriß, drückte sie sich dieselbe so stark auf den Kopf, daß die Dornen überall eindrangen und ihr nach der Vision die heftigsten Schmerzen zurückließen, wie sie selbst eingestand.«

Eine weitere, ähnliche Episode aus dem Leben der Katharina von Siena: Eines Tages wusch sie wieder die Wunde Andreas, und das Geschwür verbreitete einen solch ungewöhnlichen Geruch, daß es ihr allergrößte Übelkeit verursachte. Aber Katharina will diese neue Versuchung besiegen; sie nimmt das Waschwasser und trinkt es in einem Zuge. Später gesteht sie ihrem Biographen Raymund ein, daß sie noch niemals in ihrem Leben einen so köstlichen Trank genossen habe, ebenso wie sie niemals einen so angenehmen Duft gerochen hat als an dem Tage, da sie das Geschwür ihrer Patientin küßte. Und Gott hat sie für diese erniedrigenden Opfer belohnt: er erscheint ihr nämlich aufs neue und läßt sie in geheimnisvoll-mystischer Weise aus seiner blutenden Seitenwunde trinken.

In Pisa, im Alter von 28 Jahren, wird Katharina dann stigmatisiert. Sie selbst schildert diesen Vorgang mit folgenden Worten: »Ich habe gesehen, wie der Herr, der ans Kreuz geheftet war, von diesem herab auf mich zukam. Er war von einem unaussprechlichen Licht umflossen. Die Heftigkeit der Bewegungen meiner Seele, ihrem Schöpfer entgegenzueilen, brachte meinen Körper zum Aufstehen. Ich habe dann glänzende Strahlen aus seinen fünf heiligen Wunden strömen sehen, die sich auf meine Hände, meine Füße und auf mein Herz richteten. Ich begriff das Geheimnis und rief aus: ›Mein Herr und Gott, ich flehe Dich an, laß meine Wunden nicht äußerlich erscheinen.‹ Und alsbald verwandelte sich die blutrote Farbe der Strahlen in eine glänzende Farbe. Es waren Strahlen reinsten Lichts, die in meine Füße, meine Hände und in mein Herz drangen.«

Gleichwohl haben die Strahlen bei Katharina außerordentliche Schmerzen hinterlassen.

»Der Schmerz, den ich in den Gliedern hatte und besonders am Herzen, ist derart, daß, wenn Gott nicht ein neues Wunder wirkt, es mir unmöglich erscheint, länger zu leben.«

Der Akt der Stigmatisierung scheint immer der gleiche zu sein, geringfügige Variationen ändern nichts an der Wiederkehr des Immer-gleichen. Fast immer die gleichen Bilder, die während der Stigmatisierung geschaut werden, fast immer die gleichen Bilder, in denen das schauerlich-feierliche Erlebnis beschrieben wird. Hören wir ein Gedicht aus der Feder der spanischen Karmeliterin, der *Doctora mystica* des 16. Jahrhunderts, Theresia von Avila:

»In des Herzens tiefstem Grunde
Fühlt' ich einen jähen Stich
Gottes Schwert drang ein in mich
Große Tat gab davon Kunde
Und dies Geschoß sollt' mich verwunden
Wohl mag die Wunde tödlich sein
Mit unvergleichlich Weh verbunden:
Es führt den Tod ins Leben ein
Doch raubt die Wunde uns das Leben
Wie kann sie es dann wiedergeben?
Und wie vermag sie Leben spenden
Um uns dann in den Tod zu senden
Wie kann verwundend sie uns heilen
Wie kann man lebend mit ihr weilen
O Gotteskunst, wohl Jenem eigen
Der harte Prüfungszeit erlitt:
Der, sieghaft in dem Kampf, kann zeigen
Wie dauernd Großen er erstritt.«

Was soll man zu all diesen und den vielen anderen Beispielen sagen, von denen aus Platzgründen nicht mehr gesprochen werden kann? Wunder, Betrug, psychoanalytisch oder neuropathologisch analysierbar, diesseits oder jenseits der Grenzen unserer Verstehbarkeit? Es wurde oben schon gesagt, daß man es tunlichst vermeiden sollte, mit vulgärpsychologischen Kategorien zu arbeiten und das Ganze auf Sexualpathologie zu reduzieren. Dennoch ist natürlich unverkennbar – die vielen Bilder vom spitzen Pfeil, vom jähen Stich, vom eindringenden Geschoß, der tödliche Schmerz, der zugleich mit Leben und Seligkeit verbindet, zeigen unübersehbar, daß es, jedenfalls bei den stigmatisierten Frauen, so etwas wie eine heilige Vereinigungssehnsucht mit dem himmlischen Bräutigam gab, in der das Leibliche ebenso sich vergeistigte, wie das Spirituelle voller Leiblichkeit war.

Ein wenig anders ausgedrückt: Diese leidenschaftlichen und großartigen Frauen waren ganz offenbar von einer religiösen Inbrunst erfüllt, so, daß sie die Liebe Gottes und Jesu Christi auch als unmittelbar physische, als körperlich erfahrene Betroffenheit, Getroffenheit erfahren wollten. Das schwächste und wohl auch am wenigsten angemessene Argument ist wohl dies, daß es sich hier um eine Kette von betrügerischen Manipulationen handele, auch wenn der Regensburger katholische Gymnasialprofessor Josef Hanauer in einem umfangreichen »Kritischen Bericht über das Leben der Therese Neumann« von Konnersreuth anscheinend ein für alle mal – und offenbar nicht mehr zu widerlegen – nachgewiesen hat, daß, um es vorsichtig auszudrücken, jedenfalls *dieser* Fall durchaus *diesseits* der Grenzen menschlicher Erkenntnis liegt. In einem Anhang sind die bisher unveröffentlichten Akten des bischöflichen Archivs Regensburg zum Fall der Therese Neumann publiziert, woraus man wohl schließen darf, daß Hanauers Werk mit höchster kirchlicher Billigung versehen wurde.

Wir können wiederum aus Platzgründen nur ein einziges medizinisches Gutachten zu diesem Fall zitieren, das in dem über 500 Seiten starken Werk Hanauers dokumentiert ist. Es handelt sich um das Gutachten des Professors Martini, Direktor der medizinischen Universitätsklinik Bonn. Es heißt darin unter anderm:

»Ich konnte nie sehen, daß eine Wunde der Therese Neumann wirklich blutete. Dazu war es durchaus unmöglich, fortwährend zu beobachten. Therese stellte mehrmals ihr Federbett hoch vor sich auf, und das eine Mal, als ich und Professor Killermann während einer solchen Zeit uns an das Kopfende des Bettes begaben, mußten wir uns infolge des zornigen Protestes des Vaters sofort wieder von dort entfernen. Während dieser Zeiten, die von den Eltern damit erklärt wurden, Therese müsse sich etwas Luft machen, fielen mir von Anfang an merkwürdige, intensive Bewegungen der Therese auf, die sowohl mit den Armen wie mit den Beinen ausgeführt wurden, Bewegungen, die zum alleinigen Zweck, sich zu lüften, über die Maßen ausgiebig waren und mir ein peinliches Gefühl einflößten. Da ich immer nur »stehendes« Blut sah, nie aber das Auftreten von Blut aus den Augen oder den Handwunden, so machte ich es mir nachts gegen 2 Uhr ab zur Aufgabe, besonders auf das Auftreten von Blut zu achten; verstärkt wurde meine Ansicht von der Notwendigkeit einer solchen Achtsamkeit, als Therese, von 2.50 Uhr an mehrfach darauf drang, wir könnten jetzt ruhig nach Hause gehen, da »jetzt doch nichts mehr käme bis 5 Uhr«, und als dann Professor Stöckl und ich für mehrere Minuten aus dem Zimmer gewiesen wurden, inzwischen (um 3.10 Uhr) eine sehr erhebliche Menge Blut zustande gekommen war. Aus meinem Bericht geht hervor, daß meine im Verein mit anderen Herren der Kommission angestellten Bemühungen erfolglos blieben, weil zweimal alle Beobachter gerade zu der Zeit das Zimmer hatten verlassen müssen, zu der, wie sich herausstellte, neues, frisches Blut eingetrocknete Blutkrusten bedeckte. Die Brustwunde bekam ich nicht zu sehen, ebensowenig die Kopfhaut. Es ist keine Frage, daß unter den geschilderten Verhältnissen von einer Möglichkeit einer genügenden Beobachtung der »Blutungen« keine Rede sein konnte, im Gegenteil erweckte das zwei- bis dreimalige Entfernen der Beobachter gerade zu der Zeit, wo offenbar neues Blut die Wunden bedeckte, den Verdacht, daß zu diesen Zeiten etwas vorgeht, was die Beobachtung zu scheuen hat. In der gleichen Richtung gefiel mir das häufige Manipulieren hinter dem aufgestellten Federbett nicht.«

So wie Professor Martini argumentieren nicht nur Thereses langjähriger Hausarzt Dr. Seidel, sondern viele andere, auch Priester und Bischöfe, die – wiewohl von großer Frömmigkeit – in diesem Falle zumindest außerordentlich skeptisch geblieben sind. In seinem Schlußwort zu dem »kritischen Bericht über das Leben der Therese Neumann« schreibt Hanauer:

»Mit Kritiklosigkeit und Wundersucht kann man der Religion nicht dienen. Frömmelnde Gefühlsduselei, wie sie häufig eine ›erbauliche‹ Literatur fördert, schadet nur. Wir kennen das Schlagwort von der ›Entmythologisierung der Heiligen Schrift‹, die so weit geht, daß schließlich jede Überlieferung zur Dichtung abgestempelt wird.
Wer aber glaubt, er könne mit dem Hinweis ›Offenbarungen‹, wie sie etwa in Heroldsbach oder Konnersreuth ergangen sein sollen, das Evangelium Jesu Christi verteidigen, der geht einen falschen Weg. Umgekehrt ist es:

Er erreicht nur, daß die Gegner des Christentums die Berichte des Evangeliums auf die gleiche Stufe stellen wie die Erzählungen aus dem Bereich der falschen Mystik. Es sei nur auf einen Punkt hingewiesen: Glaubt denn einer, daß man mit den Offenbarungen der Therese Neumann über Engel und Teufel, daß man mit ihrer Einstellung zum Meßopfer, daß man mit dem massiven Unsinn, Christus habe aus der Stigmatisierten gesprochen, die Glaubenslehre der Kirche stützen kann? Nein, mit solchen Dingen macht man sie lächerlich. Es muß verwundern, daß Theologen, welche die kirchliche Druckerlaubnis jeweils gegeben haben, das nicht gesehen haben. Die Krankheiten und ›Heilungen‹ bei Therese Neumann sind keine Wunder, sondern erweisen sich nach ärztlichem Urteil einwandfrei als Dinge, die in den Bereich der Neuropathologie gehören.«

Hanauer spricht von Neuropathologie, er spricht aber nicht von Betrug. Denn wenn auch vielleicht betrügerische Manipulationen eine gewisse Rolle gespielt haben mögen, so gibt es genügend Phänomene, die zwar diagnostizierbar sind, die aber mit direktem Betrug nichts zu tun haben. Es bleibt die Frage, wieweit die Erkenntnisse, die die Wissenschaft am Fall der Therese von Konnersreuth gewonnen hat, sich übertragen lassen auf all die anderen Fälle von Stigmatisation, von denen wir vier ein wenig ausführlicher dargestellt haben: Franziskus von Assisi, Gertrud von Helfta, Katharina von Siena und Theresia von Avila.

Zumindest im Falle der Katharina von Siena, die das Krebsgeschwür ihrer Patientin küßt und das schmutzig-stinkende Waschwasser trinkt, wird man solche neuropathologischen Züge kaum ausschließen können. Und der gläubige katholische Arzt René Biot hat in seinem würdigen und äußerst vorsichtigen Buch »Das Rätsel der Stigmatisierten« nachzuweisen versucht, daß es auf diesem Felde mancherlei Unerklärlichkeiten gibt, die doch nicht vorschnell als Wunder deklariert werden sollten; daß es andererseits weitestgehende medizinische-psychologische Erklärungen gibt, in denen doch ein geheimnisvoller Rest bleibt. Aber ob nun neuropathologische, sexualpathologische oder sonstige Strukturen in den Erfahrungen der Stigmatisierten enthalten sind oder nicht: das eigentliche Problem, von dem aus man diese geheimnisvolle Angelegenheit betrachten muß, ist ein religiöses, ein theologisches: Zitieren wir dazu René Biots Schlußwort:

»Ich gestehe ungeniert, daß ich persönlich mehr Neigung habe, niederzuknien und anzubeten, wenn die Zeugnisse des Glaubens und der Liebe nicht von seltsamen Manifestationen umgeben sind. Die bescheidenste Mutter, die in ihrem Zimmer die Hände ihres Kindes faltet und darin ihre

Mutterliebe und ihren ganzen Glauben legt; die unbekannteste Nonne in den Missionen, die sich in einem verlorenen Winkel Ozeaniens aus Liebe zu Gott unermüdlich und demütig im Dienst an Kranken verzehrt; ja mehr: der an menschlichen Gaben ärmste Priester, der ganz allein in einer erbärmlichen Dorfkirche das Brot des Opfers konsekriert und die heiligen Worte wiederholt, um dem zu gehorchen, der da gesagt hat: ›Tut dies zu meinem Gedächtnis!‹, all dies, das sich ohne das kleinste sichtbare Wunder alltäglich wiederholt, ist für mich unendlich viel reicher an religiöser Bedeutung, als außergewöhnliche Wunden, selbst wenn sie sich an den Händen und Füßen befinden.«

Das sind fromme und beherzigenswerte Worte, und vielleicht sollte auch und gerade der Gläubige sich damit bescheiden.

Und doch muß zum Schluß noch einmal gefragt werden, wie denn das Phänomen der Stigmatisation als solches gedeutet werden soll, selbst wenn es sich dabei um »A-Normalitäten« handelt, die eine neuropathologische, in manchen Fällen wohl auch hysterische Basis haben.

Die allermeisten Ärzte verhalten sich der Stigmatisation gegenüber vorsichtig reserviert, und zumindest die katholische Amtskirche tut nach Möglichkeit alles, um irrationale Sensationen zu vermeiden. Bei Menschen vom Range eines Franziskus, einer Katharina, einer Teresa von Avila jedenfalls kann ein geheimnisvoller Rest, auf rationale Diagnose nicht reduzierbar, eine gewissermaßen heilige Außergewöhnlichkeit kaum ausgeschlossen werden.

Es scheint eine religiöse Inbrunst, eine Leidenschaft des Ähnlichwerdens mit dem gekreuzigten Christus zu geben, durch die sich die Christus-Idee sogar im Fleische verwirklicht.

Und bestimmte gläubige Individuen sind offenbar in der Lage, die *Imitatio Christi*, die Nachfolge Jesu und die Übernahme seiner Passion so radikal zu denken und zu leben, daß sie seine Passion, seine Schmerzen und seine Wunden schließlich auch ganz leiblich nachvollziehen.

Ähnlichwerden mit dem leidenden Christus, *Unio mystica* mit dem Gekreuzigten!

Es gibt ja gelegentlich auch in weltlichen Bereichen so etwas wie eine *Unio mystica* mit einem anderen Menschen in der Weise, daß bestimmte typische Merkmale des andern übernommen werden, nicht nur als Imitation, sondern als Veränderung der eigenen Individualität. Eine einzigartige und lange Übereinstimmung zwischen Eheleuten kann eine beiderseitige Angleichung der Handschriften bewirken, ja sogar auch der Gesichtszüge.

Warum also sollte, was hier an ehelicher *Unio mystica* möglich ist, nicht auch und erst recht zwischen den leidenschaftlich Glaubenden und dem geglaubten Christus möglich sein.

Das ist, wenn schon nicht ein Wunder, so doch etwas sehr Wunderbares und Geheimnisvolles – daß es nämlich Menschen zu geben scheint, die ihren Glauben derart intensiv und radikal verinnerlichen, solange, bis er nicht nur den Geist und die Seele, sondern schließlich auch noch den Leib prägt.

Und außerdem: die Überfütterung der Menschen unserer Tage mit Nachrichten über Leid und Elend auf der Erde haben uns diesen Leiden gegenüber eher abgestumpft, als daß sie uns empfindsam gemacht hätten. Wem blutet schon das Herz, wem geht das wirklich noch unter die Haut, was da Tag für Tag an schrecklichen Informationen über uns ausgeschüttet wird! Es gab einmal Menschen, die so mitleidensfähig waren, so schmerz-fähig, daß ihnen nicht nur im metaphorischen Sinne das Herz blutete, wenn sie auf das tiefste Symbol allen Leidens schauten, auf das Kreuz nämlich und auf den, der daran gehangen hat. Dieser Anblick, das Sich-hinein-Versetzen in dieses Leid, ging in ihnen so unter die Haut, daß es als Hautwunde wieder aus ihnen heraustrat.

Die Fähigkeit aber, das im Leiden Jesu konzentrierte Leiden der Welt so in sich aufzunehmen, so zu verinnerlichen, daß es nicht nur seelische Traumata, sondern auch körperliche Stigmata hinterließ, sollte uns nicht nur ein Anlaß kopfschüttelnder Bewunderung sein, um dann wieder zur normalen Tagesordnung überzugehen.

Denn eine Zeit wie die unsrige – besessen oft von waghalsiger Diesseitigkeit und von radikaler Schmerzverdrängung um nahezu jeden Preis – eine solche Zeit sollte mit Ehrfurcht und Staunen die schmerzvolle Leidensbereitschaft und -fähigkeit der großen Stigmatisierten betrachten. Sie sollte sich mahnen lassen, nicht alle Geheimnisse mittels eines materialistischen Rationalismus aus dem menschlichen Dasein zu eliminieren, eines Rationalismus, der ja andererseits auch wieder den abenteuerlichsten Wahnvorstellungen einen Weg bahnt, der gewiß nichts zum Heil und zur Erlösung der Menschheit beiträgt.

Willy Hochkeppel
Rationalismus contra Metaphysik

Trotz all der erstaunlichen Fortschritte rationaler Erkenntnis, trotz aller Aufklärung bedrängen gewisse Fragen hartnäckig die Menschen bis auf den heutigen Tag. Zum Teil sind es Sinnfragen, von denen wir nicht loskommen: was ist der Sinn meines Lebens? Welchen Sinn hat der Tod? Gibt es einen Sinn in der Geschichte? Und weiter, radikaler noch: warum gibt es überhaupt etwas und vielmehr nicht nichts?

Gegenstände, Dinge, Objekte, »Problembereiche« werden in solchen »letzten« Fragen berührt, von denen mit Sicherheit nicht auszumachen ist, ob es sie überhaupt gibt. Gott, Seele, Unsterblichkeit, Freiheit, auch Zahlen, Klassen und Beziehungen tauchen als schwer bestimmbare, gleichwohl nicht abzuweisende Wesenheiten im Bewußtsein desjenigen auf, der sich den Bereich seines Fragens nicht einengen lassen will.

Die Rede ist also von sogenannten metaphysischen Fragen. Dem Verstand, der Ratio wird dabei unheimlich, denn diese Fragen weisen buchstäblich über seinen Horizont hinaus. Er versucht sich davon zu befreien, indem er metaphysische Fragen und Wesenheiten als schimärisch denunziert. Aristoteles hob die platonische Ideenwelt als überflüssige Verdoppelung der realen Welt auf; Wilhelm von Ockham beseitigte Wesenheiten wie die »Röte« mittels seines »ockhamschen Rasiermessers«; Kant löste sie als zwangsläufige Scheingebilde der Vernunft auf; Wittgenstein bemühte sich, metaphysische Fragen als Produkte der Verhexung durch die Sprache wegzuerklären. Der Gang der Philosophiegeschichte besteht unter anderem darin, sich der Beunruhigung durch die Metaphysik zu entziehen, indem man auf ihre bohrenden Fragen nicht eingeht, indem man sie mit Gleichgültigkeit übergeht. Wie gekünstelt eine solche Haltung ist, geht aus einer Bemerkung Kants, des Zerstörers einer die Grenzen der Erfahrung überfliegenden Metaphysik, hervor:

»Es ist nämlich umsonst, Gleichgültigkeit in Ansehung solcher Nachforschungen erkünsteln zu wollen, deren Gegenstand der menschlichen Natur nicht gleichgültig sein kann.«

Metaphysik, lange Zeit und immer wieder einmal die wahre Königin der Wissenschaften, wurde nämlich, wie Kant meint, aus einer …

». . . Naturanlage unserer Vernunft als ihr Lieblingskind geboren und ist vielleicht mehr wie irgendeine andere Wissenschaft durch die Natur selbst ihren Grundsätzen nach in uns gelegt und kann gar nicht als das Produkt einer beliebigen Wahl oder als zufällige Erweiterung beim Fortgange der Erfahrungen – von denen sie sich gänzlich abtrennt – angesehen werden.«

Wenn Metaphysik auch, nach Kant, eine Art angeborener Zwangshandlung darstellt, so hat der Königsberger Alleszermalmer ihr doch zugleich ihre Grenzen gesteckt. Schon gar nicht akzeptierte er für die metaphysischen Probleme so etwas wie einen eigenen, den Verstand überragenden Sensus. Eben aber ein über-sinnliches, über-rationales wesens-erschauendes metaphysisches Vermögen, nahezu eine Art intellektueller Anschauung, haben immer wieder unerschütterliche Metaphysiker für sich in Anspruch genommen. Das geschah meist auf zweierlei Weise: entweder wurde die menschliche Rationalität zu einem omnipotenten, unabhängig von der Erfahrung operierenden Erkenntniswerkzeug hochstilisiert, oder aber man verzichtete ganz auf die Ratio und postulierte eine irrationale, völlig andersartige Erkenntnisquelle, aus welcher auf jene unabweisbaren Fragen Antworten zu schöpfen seien.

In jeder dieser beiden Formen beanspruchte die Metaphysik Erkenntnisse, die durch andere Denkweisen, etwa diejenigen der Erfahrungswissenschaften, nicht errungen werden könnten. In der Regel verzichtete solche überwissenschaftliche Metaphysik keineswegs auf den Titel einer Wissenschaft – sie erklärte sich vielmehr zur einzig wahren, wirklich wissenschaftlichen Wissenschaft oder Philosophie. Und hier erst beginnt der Ärger mit der Metaphysik.

Angefangen hat es gewissermaßen ganz harmlos. Das für uns so schön, erhaben und tiefsinnig klingende Wort Metaphysik ist nämlich zunächst nicht viel mehr als ein bibliographischer Ordnungsbegriff. Diejenigen Schriften nämlich des Aristoteles, die auf seine »Physik« betitelte Lehre von der Natur folgten, die also »hinter« oder »nach« diesem Werk kamen, wurden von dem spätantiken Redakteur Andronikus von Rhodos einfach mit dem entsprechenden griechischen Wort für »nach« oder »hinter«, also »meta«, zusammengefaßt. So kam es zu dem Verlegenheitstitel Metaphysik. Was in diesen auf die »Physik« folgenden Schriften stand, nannte Aristoteles selbst »Erste Philosophie« – und die »Physik« war die »Zweite Philosophie«. Die »Erste Philosophie«

beschäftigte sich allerdings mit Fragen, die man schon als transphysikalisch, als über die natürliche Wirklichkeit hinausgehend bezeichnen muß: sie war nämlich Wissenschaft von dem ersten, dem göttlichen Seienden, also etwas, das dem späteren Begriff einer natürlichen Theologie am ehesten entspricht. Das wird sich erst später, in der Neuzeit, entschieden ändern. Als erstes Seiendes steht da der Mensch im Mittelpunkt des Fragens, genauer seine Erkenntnisprinzipien und seine reinen, aller Erfahrung vorausgehenden Begriffe vom Sein als solchem. Metaphysik ist jetzt Ontologie, Seinslehre, aber als solche nicht weniger metaphysisch in unserem heutigen Sinn dieses Wörtchens. Metaphysik bedeutet für uns immer etwas, das alle anderen Erkenntnisweisen übergreift, transzendiert, und die es, als transzendierende Erkenntnis, natürlich auch mit Dingen zu tun hat, die »jenseits« der bloß natürlichen Welt liegen, die »transzendent« sind. Metaphysik und Transzendenz sind demnach aufeinander bezogene Begriffe: jene ist die Wissenschaft dieser Transzendenz. Und wie auch immer, namentlich in unseren empiristisch gesonnenen Zeiten, der Begriff der Metaphysik und der Transzendenz von Metaphysikern gewissermaßen ausgenüchtert werden soll – der Zug zum Jenseitigen, Hintersinnigen, rational nicht Einholbaren und damit auch irgendwie Unkontrollierbaren, von der üblichen Wissenschaft Unabhängigen bleibt allem, was sich metaphysisch gibt, eigentümlich. Wenn schon, nach Hegel, Philosophie die Wissenschaft von der »verkehrten Welt« ist, dann ist ihr Herzstück, die Metaphysik, Wissenschaft von der jenseitigen Welt, die gerade heute als die verkehrteste aller verkehrten Welten gilt.

Heute unter Philosophen von Metaphysik als einem ernsthaften oder auch nur möglichen Denkbereich zu sprechen, ruft ein verlegenes oder auch väterliches Lächeln hervor. Man berührt dann offenbar etwas Überwundenes, für das man sich vielleicht selbst einmal stark gemacht oder das man ebenso verbissen *ad absurdum* geführt hat. Aber nun scheint das leidenschaftliche Dafür und Dagegen abgeklungen zu sein, und man wundert sich, wie man einmal soviel in etwas so Fragwürdiges investieren konnte. Das ist vielleicht ein guter Zustand, um erneut und ohne Wut oder Erbitterung über Metaphysik zu sprechen. Denn ganz so abgeklungen, wie es noch vor wenigen Jahren erschien, scheint die metaphysische Melodie doch noch nicht zu sein.

Wenn man einem der gängigen deutschen Philosophischen

Wörterbücher Glauben schenken will, dann befinden wir uns in unserem als technokratisch-materialistisch verschrienen zwanzigsten Jahrhundert in einer Zeit metaphysischen Aufschwungs. »Eine Rückwendung zur Metaphysik ...«, so liest man da ... »ist seit Beginn des zwanzigsten Jahrhunderts zu beobachten ... Die Wirklichkeit, um die sich die vielen Einzelwissenschaften bemühen, ist aber nur eine, und an sie in ihrer Einfachheit und Ganzheit ist nur durch die metaphysische Betrachtungsweise heranzukommen. Von der Mathematik, der Physik, der Biologie, aber auch von anderen Einzelwissenschaften aus wurden Vorstöße in das Reich der Metaphysik unternommen, um die für alle Wissenschaft gemeinsame Ebene zurückzugewinnen, von der aus wieder der Versuch gemacht werden konnte, ein einheitliches und widerspruchsfreies Weltbild zu entwerfen. Es entstand eine Reihe von einzelwissenschaftlichen Metaphysiken, und für die Gegenwart ist das die ganze Wissenschaft durchziehende Bestreben kennzeichnend, den Ansprüchen der Metaphysik gerecht zu werden ...«

Das Philosophische Wörterbuch, in dem diese Sätze stehen, stammt aus dem Jahre 1974, ist also das neueste, was auf dem Markt ist. Auffällig an diesem Passus ist, daß er dem reinsten Wunschdenken entsprungen und etwa jenem leidenschaftlichen Buch Peter Wusts aus dem Jahre 1920 nachempfunden zu sein scheint, in dem er, kurz vor der positivistischen Destruktion der Metaphysik, deren »Auferstehung« proklamierte. Kein Satz aus dieser Passage entspricht der Wirklichkeit. Die Rückwendung zur Metaphysik in unserem Jahrhundert hat, nach Jahren der Abwendung, einem uninteressierten Schulterzucken Platz gemacht. Ob an die »wahre Wirklichkeit«, die so einfach sein soll, nur durch eine »metaphysische Betrachtungsweise« – was immer das sein soll – »heranzukommen« ist, das wird kaum noch als Frage aufgeworfen. »Vorstöße« ins Reich der Metaphysik wurden in unserer Zeit von keiner Wissenschaft bewußt unternommen; man stieß lediglich an Grenzen, an denen Forschungsprogramme neu orientiert werden mußten. Vollends unhaltbar ist die Behauptung, für die Wissenschaften sei das Bestreben kennzeichnend, den »Ansprüchen der Metaphysik« gerecht zu werden. Das Gegenteil ist der Fall. Um solche Ansprüche kümmert sich die Wissenschaft nirgendwo, es sei denn, daß große Wissenschaftler am Abend ihres Lebens sich einmal als Amateur-Philosophen und Amateur-Metaphysiker versucht haben. Auf solche bloß trotzig behauptende Weise der Metaphysik wieder irgendwelches Ansehen verschaffen zu wollen ist das Ungeschickteste, was man tun kann. Wir haben schließlich eben Jahrzehnte hinter uns gebracht, in denen unter Aufbietung allen Scharfsinns und aller erdenklichen philosophischen Argumentationsweisen der Metaphysik nahezu der Garaus gemacht wurde.*

Wenn ich übrigens – kantisch – sage, der Metaphysik »wieder Ansehen verschaffen«, so ist das ein irreführender Ausdruck. Denn es ist nicht so, daß in früheren Zeiten oder Jahrhunderten die Metaphysik unangefochten als Königin der Wissenschaften und als prima philosophia regiert hätte. Seit der Antike wurden metaphysische Spekulationen immer wieder als hohle Begriffsbildnerei bekämpft und verspottet. Es gibt eine sich durchhaltende antimetaphysische Tradition in der Geschichte der Philosophie – wenn auch viele Anti-Metaphysiken ihrerseits unfreiwillig auf metaphysische Voraussetzungen sich stützen mußten. Doch sozusagen der Wille, ohne Metaphysik auszukommen, war zu allen Zeiten lebendig.

Ein kleines Spottgedicht des kritischen Kantianers Friedrich Schiller enthält konzentriert jenen Skeptizismus und jenen Überdruß am stets etwas hochmütigen Metaphysizismus, gegen den jeder, der redlich Philosophieren will, allergisch sein muß. Das Gedicht heißt »Der Metaphysiker«:

> »Wie tief liegt unter mir die Welt,
> Kaum seh ich noch die Menschlein unten wallen!
> Wie trägt mich meine Kunst, die *höchste* unter allen,
> So nahe an des Himmels Zelt!«
> So ruft von seines Turmes Dache
> Der Schieferdecker, so der kleine große Mann
> Hans Metaphysikus in seinem Schreibgemache.
> Sag an, du kleiner großer Mann,
> Der Turm, von dem dein Blick so vornehm niederschauet,
> Wovon ist er – worauf ist er erbauet?
> Wie kamst du selbst hinauf, – und seine kahlen Höhn,
> Wozu sind sie dir nütz, als in das Tal zu sehn?

Es gibt natürlich eine ganze pamphletistische Literatur, sowohl gegen die Metaphysik als bloße Begriffsdichtung, als Gefühlsausbruch, Weltanschauung, als auch gegen die Metaphysiker, die, wie Rudolf Carnap es einmal ausgedrückt hat, Musikern ohne

* Die derzeitige »Legitimationskrise« der Wissenschaften entspringt ideologisch-politischem und utilitaristischem Räsonnement und nicht philosophisch-metaphysischen Postulaten, mögen auch gelegentlich aus diesem In-Frage-Stellen manche erneut metaphysische Hoffnungen schöpfen.

musikalische Begabung oder Dichtern ohne dichterisches Talent glichen. Und stets steht einer Meinung wie der Hegels, ein gebildetes Volk ohne Metaphysik sei wie ein Tempel ohne Heiligtum, eine andere entgegen, beispielsweise diejenige Nietzsches, der meinte:

»Später freilich bekommt der junge Mensch Mißtrauen gegen die ganze metaphysische Erklärungsart; dann sieht er vielleicht ein, daß jene Wirkungen auf einem anderen Wege ebensogut und wissenschaftlicher zu erreichen sind: daß physische und historische Erklärungen mindestens ebensosehr jenes Gefühl der Unverantwortlichkeit herbeiführen, und daß jenes Interesse am Leben und seinen Problemen vielleicht noch mehr dabei entflammt wird.«

Das Pro und Contra um die Metaphysik ließe sich auf die Formel bringen, daß die Rationalisten immer die Metaphysik leugneten, daß Rationalismus der Widerpart der Metaphysik sei, wie es im Thema dieses Beitrags angedeutet ist. Und da so oft und so leichthin behauptet wird, wir lebten derzeit in einem kraß »rationalistischen« Zeitalter, wäre die Aversion oder zumindest die Abstinenz gegenüber der Metaphysik schon halb erklärt.

Doch der Begriff des Rationalismus steht keineswegs in Kontraposition zur Metaphysik. Denn, wie ich anfangs schon andeutete, muß zwischen Rationalismus und Metaphysik kein Gegensatz bestehen. Rationalismus als Überzeugung von einer unbegrenzten verstandes- und vernunftsmäßigen Erkenntniskraft und als Glaube – denn Wissen kann es nicht sein – an die prinzipielle rationale Erkennbarkeit der Welt ist selbst Metaphysik. Er ist es in dem Sinne, als er sich auf rational nicht mehr beweisbare oder zu rechtfertigende Grundannahmen über die Welt, den Menschen und seine Erkenntnismöglichkeiten stützt, diese Annahmen aber als sicheres Wissen ausgibt. Der Rationalismus des Descartes, der die ersten Prinzipien des Erkennens aufdecken wollte, ist eine typisch rationalistische Metaphysik. Solchen metaphysischen Rationalismus hat Karl Popper einmal den »unkritischen« oder »umfassenden« Rationalismus genannt. Wie ohnmächtig er gegenüber irrationalistischen Einwänden – oder metaphysischen Antithesen – ist, erklärt Popper folgendermaßen:

»Weder ein logisches Argument noch die Erfahrung reichen aus zur Begründung der rationalistischen Einstellung; denn nur Menschen, die bereit sind, Argumente oder Erfahrungen in Betracht zu ziehen – und die daher bereits die rationalistische Einstellung angenommen haben – wer-

den von ihnen beeindruckt werden. Das heißt, daß man zuerst eine rationalistische Einstellung annehmen muß und daß erst dann Argumente oder Erfahrungen Beachtung finden werden; woraus folgt, daß jene Einstellung nicht selbst auf Argumente und Erfahrungen gegründet werden kann. Es zeigt sich also, daß . . . ein umfassender Rationalismus unhaltbar ist.
Aber das bedeutet, daß ein Mensch, der die rationalistische Einstellung annimmt, so handelt, weil er, ohne rationale Überlegung, einen Vorschlag, einen Entschluß, einen Glauben oder ein Verhalten akzeptiert, das daher seinerseits irrational genannt werden muß. Was immer es auch sein mag – wir können es einen irrationalen Glauben an die Vernunft nennen. Der Rationalismus ist mit Notwendigkeit weit davon entfernt, umfassend oder selbstgenügsam zu sein. Dies wurde von den Rationalisten häufig übersehen, die so in ihrem eigenen Gebiet und mit ihrer eigenen Lieblingswaffe aufs Haupt geschlagen werden konnten, sobald sich nur ein Irrationalist die Mühe nahm, diese Waffe gehen sie zu kehren.«

Ein umfassender, totaler Rationalismus ist folglich dem Glauben ähnlich, er beruht auf einer irrationalen Entscheidung und ist demnach der Metaphysik sehr verwandt. Metaphysisch-rationalistische Systeme sind denn auch in der Geschichte der Metaphysik keine Ausnahme.

Ein gemäßigter, ein kritischer Rationalismus ist demgegenüber ein solcher, der sich zunächst einmal der Tatsache der irrationalistischen, das heißt logisch unbegründbaren Basis bei der Annahme des Rationalismus bewußt ist. Er wird deshalb stets bereit sein, auch seine letzten Annahmen und Prinzipien einer kritischen Diskussion auszusetzen. Und er wird die Folgen einer irrationalistischen Einstellung für das Handeln im Auge behalten, Folgen, die ihrerseits nun eindeutig rational diskutierbar sind.

Ich habe hier Popper zitiert, weil der von ihm kreierte kritische Rationalismus für unser gegenwärtiges Rationalitäts- und Metaphysik-Verständnis wichtig ist. Kritischer Rationalismus bestimmt auch weitgehend das Verständnis der Wissenschaft vom Gang der Erkenntnis. Es hat sich mittlerweile auch hier durchgesetzt, daß Theorien, Thesen und Sätze so formuliert sein sollten, daß sie sich prinzipiell einer Widerlegung offenhalten. Metaphysische Theorien und Thesen tun das nicht, sie versuchen im Gegenteil, sich gegen jegliche Widerlegung immun zu machen. Sie verhärten sich gegenüber kritischer Rationalität. Und Metaphysiker kümmert die irrationale Basis ihrer Theoriengebäude wenig, auch wenn sie sie im gleichen Atemzug rational zu rechtfertigen suchen, etwa durch eine »höhere« Art der Rationalität. Bei der Wahl ihrer Worte, Ausdrücke und Begriffe sind sie ebenso kühn wie leichtfertig, denn reine rationale, kritische Diskussion dieser Begriffe, so behaupten sie, würde diese um ihren Sinn bringen. Ein solches Verhalten ist zugegebenermaßen ein ständiges Ärgernis, und es ist leicht zu sehen, daß die Ausklammerung metaphysischer Grundannahmen aus der allgemeinen Diskussion der erste Schritt auf dem Wege zu Pseudowissenschaftlichkeit, ja zur Scharlatanerie ist. Was unter dem Namen der Metaphysik auch noch in unserer Zeit an beliebigen, unhaltbaren und unkontrollierbaren Thesen Blüten treibt – und was unter Verschweigung dieses Namens getrieben wird –, kann jedem, der sich auf die Philosophie einlassen will, den Geschmack verderben. Metaphysik bedeutet dann: es gibt keine Grenzen, keine Maßstäbe, und schon gar keine Verantwortung.

In den Jahren der von Peter Wust proklamierten »Auferstehung« der Metaphysik war dieser Zustand unhaltbar geworden. Die Reaktion darauf war in den zwanziger und dreißiger Jahren unseres Jahrhunderts der Neo-Positivismus oder Logische Empirismus des sogenannten »Wiener Kreises«. Neben dem Aufbau einer neuen, einer wissenschaftlichen Philosophie hatten die Philosophen und Naturwissenschaftler dieses Wiener Kreises vor allem die Zerstörung der Metaphysik im Auge; und sie glaubten, auch den Sprengsatz dazu in der Hand zu haben. Dieser Sprengsatz hieß logische Analyse der Sprache. Durch eine solche sprachliche Analyse sollten metaphysische Begriffe und Sätze als Scheinbegriffe und Scheinsätze, als sinnleere Laute im Gewand normal gebauter Sätze endgültig und für immer entlarvt werden. Es gibt, so hieß es damals, nur zwei Arten sinnvoller Sätze: einmal solche der Logik; die sind strikt beweisbar, sagen aber auch nichts Neues; und dann empirische, erfahrungswissenschaftliche Sätze; die kann man an Hand von Tatsachen als richtig oder falsch erweisen, dadurch erhalten sie ihren Sinn. Alle anderen Wörter und Sätze sind Wörter und Sätze der Metaphysik, und als solche sinnlos, das heißt in keiner Weise zu bestätigen oder zu widerlegen, so daß es eigentlich ganz gleich ist, ob man sie sagt oder nicht.

Es war dies die härteste Tortur, welche die Metaphysik je zu überstehen hatte, und ich glaube, daß sie danach nicht mehr als die alte, selbstbewußte und etwas hochmütige Lehre von den »letzten« oder gar jenseitigen Dingen auferstanden ist. Metaphysiker wissen freilich in der Regel wenig von den Texten, in denen die Positivisten wie mit dem Skalpell den metaphysischen Wucherungen zusetzen. Die Schriften der Positivisten der dreißiger Jahre sind auch heute noch vielen Philosophen so gut wie unbekannt. Ich will deshalb noch einmal daran erinnern, wie damals, in den zwanziger Jahren, ein Philosoph wie Rudolf Carnap das Messer der Sprachanalyse gegen die Metaphysik richtete. Er nimmt sich zunächst solche Sätze vor, in denen er Wörter ohne Bedeutung zu finden glaubt:

»Nehmen wir beispielsweise an, jemand bilde das neue Wort ›babig‹ und behaupte, es gäbe Dinge, die babig sind, und solche, die nicht babig sind. Um die Bedeutung dieses Wortes zu erfahren, werden wir ihn nach dem Kriterium fragen: Wie ist im konkreten Fall festzustellen, ob ein bestimmtes Ding babig ist oder nicht? Nun wollen wir zunächst einmal annehmen, der Gefragte bleibe die Antwort schuldig; er sagt, es gebe keine empirischen Kennzeichen für die Babigkeit. In diesem Falle werden wir die Verwendung des Wortes nicht für zulässig halten ... Vielleicht wird er uns aber versichern, daß er mit dem Wort ›babig‹ doch etwas meine. Daraus erfahren wir jedoch nur das psychologische Faktum, daß er irgendwelche Vorstellungen und Gefühle mit dem Wort verbindet. Aber eine Bedeutung bekommt das Wort hierdurch nicht ...
Ebenso wie etwa ›Prinzip‹ und ›Gott‹ sind auch die meisten anderen spezifisch metaphysischen Termini ohne Bedeutung, zum Beispiel ›Idee‹, ›das Absolute‹, ›das Unbedingte‹, ›das Unendliche‹, ›das Sein des Seienden‹, das ›Nicht-Seiende‹, ›Ding an sich‹ usw. Mit diesen Ausdrücken verhält es sich nicht anders als mit dem Wort ›babig‹ ...«

Neben den Wörtern ohne Bedeutung stieß Carnap auf Wörter in sinnlosen syntaktischen Verbindungen. Scheinsätze dieser Art, so erklärte Carnap,

»bestehen aus Wörtern mit Bedeutung, sind aber aus diesen Wörtern so zusammengesetzt, daß sich doch kein Sinn ergibt ... Die grammatische Syntax der natürlichen Sprachen erfüllt die Aufgabe der Ausschaltung sinnloser Wortverbindungen nicht überall. Nehmen wir als Beispiel die folgenden beiden Wortreihen: 1. ›Cäsar ist und‹ – 2. ›Cäsar ist eine Primzahl‹. Die erste Wortreihe ist syntaxwidrig gebildet ... Die zweite Wortreihe ist syntaxgemäß gebildet ..., ist aber trotzdem sinnlos. ›Primzahl‹ ist eine Eigenschaft von Zahlen; sie kann einer Person weder zu- noch abgesprochen werden. Da die zweite Wortreihe aussieht wie ein Satz, aber kein Satz ist, nichts besagt, weder einen bestehenden noch einen nicht bestehenden Sachverhalt zum Ausdruck bringt, so nennen wir diese Wortreihe einen ›Scheinsatz‹.«

Es bedarf nicht allzu vieler Phantasie, wie nach dieser Prozedur »metaphysische« Sätze etwa aus Texten Heideggers, wie »das

Nichts nichtet«, den Carnap aufspießt, zu bewerten sind. Und es ist wohl auch keine Frage, daß viele, die dem Neopositivismus fremd oder gar ablehnend gegenüberstanden, in der Kritik der Metaphysik dennoch, bewußt oder unbewußt, einer Meinung mit den Positivisten waren, namentlich wenn es um fundamental-ontologische Texte à la Heidegger ging.

Allerdings hat Carnap in seinen letzten Jahren eine weitaus weniger schroffe Haltung der Metaphysik gegenüber eingenommen. In einem Gespräch sagte er:

»Manches, was ich früher als Metaphysik abgelehnt habe, würde ich heute auffassen als eine Vorstufe der Wissenschaft, zum Beispiel die Philosophie der Vorsokratiker. Wenn da beispielsweise gesagt wird, die Welt besteht aus Wasser oder aus Feuer, oder die ganze Welt besteht aus Atomen, die nicht sichtbar sind, aber aus deren Zusammensetzung und Verhakung sich all die Qualitäten, die wir erleben, erklären – so könnte man das wohl interpretieren als allgemeine Hypothese über die Welt, als Hypothese, die zwar nach damaliger technischer Möglichkeit nicht experimentell nachprüfbar war, aber doch nicht prinzipiell unnachprüfbar war, so daß sie zum Beispiel jetzt geprüft und für wissenschaftlich gültig angesehen werden kann.«

Die in den letzten Jahren von Carnap und anderen modernen Empiristen eingenommene tolerantere Haltung hat freilich nicht den Weg zu einer Renaissance der Metaphysik freigemacht. Aber es hat sich doch gezeigt, daß es philosophisch unklug ist, spekulative Formen des Denkens über den Menschen und den Kosmos vorzeitig durch rigorose Sinnkriterien im Keim zu ersticken. Hier, bei den Sinn- und Überprüfungskriterien, hat denn auch in den letzten zwei Jahrzehnten die Anti-Kritik der Metaphysik-Kritik angesetzt. Denn was heißt nachprüfbar, oder gar experimentell nachprüfbar? und was heißt sinnlos? Wer diese Kriterien festlegt, muß seinerseits für ihre Tauglichkeit und ihren Anwendungsbereich Kriterien liefern. Auch der Rückzug auf simple Basis-, Atom- oder Beobachtungssätze als letzte Kriterien hat sich, das haben die vergangenen Jahre gezeigt, in einer Sackgasse verfangen. Die so berühmten Sätze Wittgensteins, »Wovon man nicht sprechen kann, darüber muß man schweigen«, »Alles was sich aussprechen läßt, läßt sich klar aussprechen« oder »Wenn sich eine Frage überhaupt stellen läßt, so kann sie auch beantwortet werden« –, das sind gegen metaphysische Spekulationen gerichtete Sätze. Aber sie haben sich, nach der ersten Verblüffung, ihrerseits ein wenig als Scheinsätze erwiesen, nämlich nur mit dem

Schein der Wahrheit behaftete Sätze. Was beispielsweise »klar« heißt, darüber läßt sich, das weiß man seit Descartes – und nach Peirce –, endlos streiten. Und wenn man nur ausspräche, was sich tatsächlich klar sagen läßt, dann wäre vermutlich die Wissenschaft längst zum Stillstand gekommen, aus Mangel an Wagemut und aus Mangel an Phantasie und aus Mangel an Substanz. Über diese Thesen ist die gegenwärtige Philosophie inzwischen hinweggeschritten, wenn sie dabei auch nicht die gesamte Metaphysik hat wieder in ihr königliches Amt einsetzen können. Denn eines wird eine, sagen wir, in Frieden gelassene Metaphysik nicht mehr übersehen können: daß ihre Postulate, Thesen oder Theorien in hohem Maße den Charakter von Hypothesen haben, nicht von Gewißheiten. Gerade der Drang der Metaphysik nach absoluter Gewißheit hat in jüngster Zeit aus nahezu allen philosophischen Ecken seine Abkühlung erfahren müssen. Absolutheitsansprüche gehören in die Rumpelkammer der Philosophie, sie können bestenfalls als regulative Prinzipien die Erkenntnis in Trab halten. Auch im Sprachgebaren und im Wortgebrauch wird sich das, was künftig als Metaphysik wird auftreten wollen, mäßigen müssen. Wir sind in der Tat allergisch geworden, beispielsweise gegen die vielen »Dinge an sich« und überhaupt das »an sich«. Was »an sich« ist, das ist kein Ding, sondern ein Konstrukt der Reflexion über etwas, daß man sich als Ding »an sich« vorstellen könnte. Vollends aber eigene, erfahrungsunabhängige, ganz andere metaphysische Erkenntnisquellen in Anspruch nehmen zu wollen, ist der Metaphysik nach dem Stahlbad positivistischer Kritik ausgetrieben worden. Auch metaphysisches Denken stützt sich letztendlich auf rationale Kriterien, wenn es darum gehen soll, seine Ergebnisse als begründet auszuweisen.

Noch aus einer anderen Richtung sah sich in den Jahren nach dem Zweiten Weltkrieg die Metaphysik in ihrer Existenzberechtigung ernsthaft bedroht. Die Methode, mittels welcher ihr letaler Ausgang diagnostiziert wurde, nannte sich genetisch-historische Methode. 1958 zeigte der Philosoph Ernst Topitsch in seinem Buch mit dem an Klarheit nichts zu wünschen übriglassenden Titel »Vom Ursprung und Ende der Metaphysik« wie die Metaphysik aufgrund ihrer mythischen Abstammung als wirklichkeitsverzerrendes Denken in Leerformeln einer weltanschauungsanalytischen Analyse zum Opfer fallen könnte.

Topitsch führte allenthalben metaphysische Systeme auf mythisch-archaische Denkformen und Modellvorstellungen zurück, die ihrerseits durch die verschiedensten eklatanten Anthropomorphismen entstanden und geprägt worden seien. Modelle menschlicher Formen der Vergesellschaftung zum Beispiel würden in den Kosmos projiziert – die Sonne wird Königin, die Planeten Satrapen, die Fixsterne Vasallen – und von dort als Gesetze der Natur wieder reprojiziert auf die Gesellschaftsform, die nunmehr als »naturgegeben« sanktioniert werden kann. Ebenfalls seien technomorphe Formen des Handwerkens in die Natur hineingedeutet und dann wieder daraus abgelesen worden. Die theoretischen und praktischen Schwierigkeiten in der Welterklärung und Weltbewältigung, die dadurch entstanden, verfolgte Topitsch bis in die jüngsten Theorien des Neomarxismus, die man, als Erklärungsversuche gesetzmäßiger historischer und gesellschaftlicher Abläufe, als metaphysisch bezeichnen kann. Diese großangelegte Reinigung von Metaphysik und Weltanschauung führt zu einer Ernüchterung, die, als Entwöhnungsprozeß vom Rauschgift der Metaphysik, zu Entziehungserscheinungen führen kann. Doch, so meinte Topitsch am Ende seiner Analyse:

»Die Menschen gewöhnen sich an die ›Entzauberung der Welt‹, bis sie den ganzen Vorgang nicht mehr als solche empfinden: die Anpassung des Gefühlslebens an die Erkenntnis ist vollzogen. Auf diese Weise erledigen sich weltanschauliche Probleme von selbst, nicht indem sie eine Antwort finden, sondern indem sie gegenstandslos werden.«

Die Anpassung des Gefühlslebens an die Erkenntnis, das Gegenstandsloswerden von Problemen – im Falle der Metaphysik hat sich diese Voraussage kaum erfüllt. Die Sinnfragen, auf die Metaphysik, solange sie als solche auftreten will, nicht verzichten kann, lassen sich durch rationale Aufklärung einfach nicht aus der Welt, aus den Köpfen der Menschen verdrängen. Nur wenn sich zeigen ließe, daß Metaphysik prinzipiell unmöglich wäre, würden zumindest diejenigen, die solcher Argumentation zugänglich sind, von derlei Fragen ablassen. Aber hat Topitsch mit seinen Analysen die Unmöglichkeit der Metaphysik erwiesen? Er hat nur gezeigt, daß Ingredienzien eines archaisch-mythischen Denkens mit allen Mängel anthropomorpher Erklärungsmodelle metaphysisches Denken gelegentlich in Widersprüche und Gegensätze mit dem praktischen Handeln führen können. Doch der Nachweis mythischer Abstammung macht eine Theorie deshalb noch nicht suspekt. Wenn man so will, entspringt die gesamte Wissenschaft mythischen Denkformen und Welterklärungsmodellen, und die Ablösung des Mythos durch rationales Denken hat den Mythos nicht vollends aufgehoben – es sei denn im hegelschen Sinne.

Ausgerechnet aus dem harten Kern der Formalisierer und analytischen Philosophen – den Nachfahren des Positivismus – kommt die Kritik an der Topitsch'schen Weltanschauungsanalyse und eine gewisse unfreiwillige Ehrenrettung der Metaphysik. In einer Fußnote zu dem Buch von Topitsch, »Mythische Modelle in der Erkenntnislehre« schreibt Wolfgang Stegmüller in seiner Untersuchung »Metaphysik, Skepsis, Wissenschaft«:

»Zum Unterschied von Topitsch scheint es mir, daß, so wichtig und wertvoll derartige historische Untersuchungen auch sein mögen, daraus keinerlei Folgerungen über den Erkenntniswert gezogen werden können. Nicht nur die ... Hegelsche Logik hat mythisch-irrationale Ursprünge. Dasselbe gilt zum Beispiel genauso von den Keplerschen Gesetzen oder von der Theorie Newtons. Ob eine Theorie in ihrer endgültigen Fassung wissenschaftlich diskutabel ist oder nicht, darüber kann nicht die Beantwortung der Frage entscheiden, ob die Vorgeschichte dieser Theorie mythisch-irrationalen Charakter hat oder nicht (vielleicht haben die meisten Theorien eine solche oder ähnliche Vorgeschichte). Hier zeigt sich die prinzipielle Grenze jeder Ideologiekritik. Insbesondere ist es logisch ausgeschlossen, durch noch so reiches Material über die ›Ursprünge‹ der Metaphysik ›die Metaphysik widerlegen‹ zu wollen.«

Am Schluß seiner eigenen Untersuchung über die Metaphysik, die Wissenschaft und die Skepsis gerät Stegmüller geradezu in einen Wirbel von Thesen und Gegenthesen, Versuchen und Widerlegungen, Fragen ohne Antworten. Für ihn zieht sich das Problem der Metaphysik auf die Frage zusammen, ob es Evidenz, sicheres, gewisses Wissen gibt. Aber: Persönliche Einsichten derjeniger, die evidente Einsichten zu haben glauben, sind wertlos. Denn wie sollte man sie begründen, woran appellieren? Der Prozeß gegen die Metaphysik, bei dem die Rationalisten, oder sagen wir jetzt lieber die Wissenschaftler, die Ankläger sein könnten, führt zu nichts. Er müßte endlos weitergespielt werden. Es bleibt also, so resümiert Stegmüller schließlich ein wenig verzweifelt, ...

»beim geheimen Beschluß. Der Metaphysiker kann tun, ›was er will‹. Er braucht keine Argumente zu fürchten, die gegen sein ganzes Tun gerichtet sind. Soll ihm dies eine Beruhigung sein? Eher sollte es sein intellektuelles Gewissen schärfen.

Man kann sich aus höchster Verantwortung heraus in die Metaphysik begeben, ebenso aber aus gänzlicher Verantwortungslosigkeit ... Alle ›positivistische‹ Argumentation gegen die Metaphysik ist sinnlos. Alle metaphysische Gegenargumentation ist falsch. Mann kann Metaphysik ablehnen, aber man darf dann nirgends mehr mitreden wollen.«

Wenn man einmal in den Malstrom der Fragen um die Metaphysik hineingerät, beginnt man selbst metaphysisch zu reden. Man kann dabei, wie es so schön heißt, ganz hintersinnig werden. Das Problem der Metaphysik ist also nicht zu lösen. Bei seinem Lösungsversuch verfängt man sich vielmehr, wie zu sehen war, selbst in metaphysischen Sätzen. Man kann, wie Stegmüller meint, die Metaphysik ablehnen, einfach nicht mehr hinhören, taub werden für ihre Fragen. Aber dann kann man auch nicht mehr mitreden, denn irgendwo münden alle Fragen in der Sackgasse metaphysischer Evidenzen, sprich: Begründungszwängen. Und dann muß man sich »schlicht« entscheiden.

Heißt das also, daß wir nun, nach Jahren metaphysischer Quarantäne, nach einer Zeit metaphysischer Enthaltsamkeit oder auch Gleichgültigkeit wieder – nicht nur über Metaphysik, sondern metaphysisch reden sollen? Sollen wir wieder großangelegte metaphysische Entwürfe über das Wesen der Freiheit, über Gott und die Welt und die Unsterblichkeit, über verborgenste Tiefen des Daseins goutieren? Ist damit in der so wissenschaftlich gewordenen Philosophie wieder alles erlaubt? Ist der »Rationalismus« wieder einmal als platt, als Niederung des Denkens zu indizieren?

Ich glaube, um damit zu beginnen, daß das gegenwärtige rational-empirische Denken von metaphysischen Spekulationen traditioneller Art nicht mehr eingeholt werden kann. Rationalismus, in dem schon erläuterten Sinne, heißt prinzipielle Kritikbereitschaft auch der eigenen, letzten, scheinbar »unhinterfragbaren« Grundannahmen. Rationalismus dieser Art ist das, was heute in den mathematischen und den empirischen Wissenschaften praktiziert wird. Wer hinter das hier erreichte Niveau zurückfällt, scheidet als Gesprächspartner aus. Davon sind heutzutage auch »Metaphysiker« überzeugt. Wer heute noch, in welchem Sinne auch immer, Metaphysik treiben will, muß sich des Werkzeugs der so definierten Rationalität bedienen, sofern er Metaphysik als Wissenschaft, und nicht als Prophetie, verstehen will. Wer vom metaphysischen Kothurn aus rationale Verfahren und Praktiken, also etwa diejenigen der Wissenschaften, abwerten will, hat den Sinn und die selbstgesetzten Grenzen der Wissenschaften nicht begriffen, die nur dadurch sich entfalten können, daß sie sich von metaphysischen Denkwegen fernhalten. Das kann man bei Heidegger nachlesen, der ja im übrigen alle herkömmliche abendländische Metaphysik als geradezu oberflächlich, nämlich als seinsvergessen, abgetan hat. Wer hingegen als wissenschaftlicher Rationalist metaphysische Gedankengänge glaubt widerlegen oder als unmöglich und prinzipiell sinnlos abwerten zu können, weiß nichts über seine eigenen Voraussetzungen und über das unentwirrbare Dickicht, in das er sich bei solchen Versuchen unvermeidlich wird verlieren müssen.

Aber wer heutigentags metaphysische Fragen stellt, etwa jene eingangs genannten Sinnfragen, muß sich darüber klar sein, welche Verantwortung er übernimmt. Die Beantwortung solcher Fragen als nachprüfbares Wissen auszugeben, als Wissenschaft etwa, die Allgemeingültigkeit und interpersonale Evidenz beanspruchen will, würde alle Grenzen zu den übrigen Sinngebungsinstanzen wie Religion, aber auch Kunst, aufheben. Und er muß sich klar darüber sein, daß die Beschäftigung mit Metaphysik leicht, allzuleicht in Wortspielereien, Begriffsdichtungen und letztlich in einer defizienten Form von Mystik enden kann. Metaphysiker heute hätten noch viel skrupulöser zu sein als die krassesten Rationalisten.

Völlig aussichtslos scheint es mir zu sein, heute Metaphysik im Sinne einer Disziplin oder als System, aus gewissen Axiomen deduzierbar, aufrechterhalten zu wollen. Ich glaube vielmehr, Metaphysik ist nur mehr haltbar als bloßes Grenzbewußtsein, und sonst nichts. Das heißt nicht mehr und nicht weniger, als daß man sich zumindest latent immer darüber klar ist, daß nichts der Weisheit letzter Schluß ist, daß mit jedem tieferen Eindringen in die großen Probleme, die uns bewegen mögen, die Problematik sich potenziert. Hier, auf dem Felde der Metaphysik, von abgeschlossenen »Theorien« oder abgeschlossenen Disziplinen reden zu wollen, wäre allerdings Ausdruck eines veralteten, »metaphysischen« Panrationalismus.

Damit bliebe von der Metaphysik nicht viel mehr als ein Grenzbewußtsein, ein hin und wieder zu erlebendes Gefühl der Rätselhaftigkeit und Unerklärbarkeit. Meinetwegen nenne man das, mit Jaspers, das Umgreifende, oder die Transzendenz, das jedenfalls, was uns geradezu spürbar in jedem Moment der Besinnung als nicht mehr weiter Reduzierbares und Analysierbares umgibt. Aber wiederum: daraus läßt sich keine großartige Theorie machen; das ist eigentlich alles, was man sagen kann: daß man Grenzen spürt, über die man nicht hinausdenken kann, obwohl man immer daranhindenken muß. Metaphysik, sozusagen als ausgearbeitete Philosophie, verfiele darüber ins bloße Grübeln oder in Beschwörungen, die man sich nur in der Kunst – und hier mit ganz anderen Mitteln – gefallen lassen will.

Ferner glaube ich, daß Heidegger, der vor zehn Jahren in einem Spiegel-Gespräch – fast im doppelten Sinne des Wortes – noch einmal – oder vielleicht auch zum erstenmal – aus sich herausging, etwas Richtiges und Wichtiges berührt hat, als er von der Kunst, der Dichtung, in Zukunft das erwartete, was er der Philosophie nicht mehr zutraute. Im Bereich der Kunst zumindest läßt sich, ohne Anspruch auf wissenschaftliche Überprüfbarkeit, ausdrücken, was den Philosophen ohnehin schwer von der Zunge geht. Hier muß man gerade nicht schweigen, wenn sich etwas nicht klar sagen läßt.

Mittlerweile hat man wohl auch unterscheiden gelernt zwischen metaphysischen Sätzen und solchen, die einfach nur zuviel behaupten, und zwar hinter dem Schilde der Wissenschaft, und denen man nicht die Ehre antun sollte, sie unter die Metaphysik zu subsumieren. Wenn zum Beispiel erklärt wird, eine gewisse Theorie sei in der Lage die »Bewegungsgesetze« der Geschichte aufzudecken und daraus zukünftige Bewegungen vorauszusagen, so ist das eher ein Stück Pseudowissenschaft, aber nicht Metaphysik. Und es ist darum Pseudowissenschaft, weil solche Thesen nicht als Hypothesen, die sich durchaus als fruchtbar erweisen könnten, aufgestellt werden, sondern als Gewißheiten aufgrund einer unwiderlegbaren Theorie mit einer unwiderlegbaren, die bloß logisch-rationalen Methoden angeblich hinter sich lassenden Denkmethode.

Die Dichotomie endlich zwischen dem metaphysischen Hans-Guck-in-die-Luft auf der einen und dem »bloßen Verstandesmenschen«, dem Rationalisten, ist heute eine bloße Karikatur geworden. Der bloße Verstandesmensch, der Panrationalist, sofern es ihn noch gibt, ist durch die kritische Selbstreinigung des Rationalismus längst von der Geschichte überholt worden. Man findet ihn am ehesten vielleicht im merkantilen Bereich, und da als sogenannten Materialisten; aber kaum noch unter Philosophen und ernstzunehmenden Wissenschaftlern, die sich meist stärker als die Philosophen der Grenzen allen rational-diskursiven Denkens bewußt sind.

Metaphysik zu treiben, sofern eine solche Redensart überhaupt noch zulässig ist, wird also heute schwieriger, verantwortungsvoller, widersprüchlicher, ja verzweiflungsvoller denn je sein, und niemand kann eigentlich sagen, wie das aussehen soll. Als Stein des Anstoßes, als unbewältigte Vergangenheit unseres ausschweifenden Vernunftgebarens stehen uns die großen metaphysischen Entwürfe aus dem Museum der Philosophie stets noch bevor. Sie sind gleich Mythen des Denkens, aber anders als die Mythen, die sie ablösten, versuchten sie nicht nur Erklärungen der Rätsel, sondern machten erstmals den Versuch der Rechtfertigung dieser Erklärungen. Doch die Rechtfertigungsversuche der Metaphysik können uns ernstlich heute nicht mehr überzeugen, und deshalb werden wir mit der Metaphysik nicht weiterkommen, wenn wir, vorpositivistisch, ihre risikolosen Höhenflüge hinnehmen. Vielmehr muß, was sich heute in irgendeinem Sinne das Prädikat metaphysisch zuschreiben will, selbstkritischer sein als jeglicher metaphysikfeindlicher rationaler Empirismus. Von epigonalem Metaphysizieren sind wir wirklich kuriert. Ob freilich auch nur ein Ansatz in Richtung einer kritischen Meta-Metaphysik vorstellbar ist, ist schwer zu beantworten. Vielleicht ist eine gewisse respektvolle Distanzierung zu den persistenten Postulaten einer reinen Vernunft das Beste, was wir gegenwärtig dabei vollbringen können. Der Rest ist weitermachen – mit der Metaphysik im Gepäck, mit der wir nicht recht wissen, wozu sie gut ist, die wir aber auch nicht loswerden können. Aber sie hält uns doch auch wach; ohne ihren Sog, ihre Unabweisbarkeit wären wir wahrscheinlich schon lange auf dem endlosen Weg unserer geistigen Evolution steckengeblieben. Zweifellos war Metaphysik die kritische (Gedanken)Masse, welche die Explosion all unseres Wissens und Vermutens ausgelöst hat, und vielleicht ist diese Masse noch nicht aufgebraucht. In metaphysischen Denksphären jedenfalls scheint nicht einmal die einfache Frage beantwortbar, ob, wenn etwas unmöglich ist, es auch unnötig sein muß. (Das Verhältnis der Metaphysik zu ihrer Begründbarkeit ist, nebenbei bemerkt, wohl grundlegend verschieden von demjenigen der Religion zur Theologie.)

Die Philosophie unserer Tage ist ohne Frage wesentlich Erkenntnistheorie (oder nur mehr Wissenschaftstheorie). Sie hat den erkennenden und hier und da auch den metaphysiktreibenden Menschen selbst zu ihrem Gegenstande. In dieser, die Situation noch problematisierenden Blickwendung wird Metaphysik zu einer Art Spiegel unserer selbst. Das meinte überraschenderweise auch Wilhelm Dilthey beim Rückblick auf einen langen Weg durch die Metaphysik: »Bilder des eigenen Selbst, Bilder des psychischen Lebens sind es, welche den Metaphysiker geleitet haben, als er über Denkbarkeit entschied und deren insgeheim wirkende Gewalt ihm die Welt umwandelte in eine ungeheure phantastische Spiegelung seines eigenen Selbst. Denn das ist das Ende: Der metaphysische Geist gewahrt sich selbst in phantastischer Vergrößerung, gleichsam in einem zweiten Gesicht.

So trifft die Metaphysik am Endpunkt ihrer Bahn mit der Erkenntnistheorie zusammen, welche das auffassende Subjekt selber zu ihrem Gegenstand hat. Die Verwandlung der Welt in das auffassende Subjekt durch diese modernen Systeme ist gleichsam die Euthanasie der Metaphysik. Novalis erzählt ein Märchen von einem Jüngling, den die Sehnsucht nach den Geheimnissen der Natur ergreift; er verläßt die Geliebte, durchwandert viele Länder, um die große Göttin Isis zu finden und ihr wunderbares Antlitz zu schauen. Endlich steht er vor der Göttin der Natur, er hebt den leichten glänzenden Schleier und – die Geliebte sinkt in seine Arme. Wenn der Seele zu gelingen scheint, das Subjekt des Naturlaufs selber ledig der Hüllen und des Schleiers zu gewahren, dann findet sie in diesem – sich selbst. Dies ist in der Tat das letzte Wort aller Metaphysik, und man kann sagen, nachdem dasselbe in den letzten Jahrhunderten in allen Sprachen bald des Verstandes, bald der Leidenschaft, bald des tiefsten Gemütes ausgesprochen ist, scheint es, daß die Metaphysik auch in dieser Rücksicht nichts Erhebliches mehr zu sagen habe.«

Was sind das für Worte, für Sätze?

Sind es Sätze der Erfahrung oder sind es – metaphysische Sätze, die Dilthey am Ende über die Metaphysik findet? Hebt Metaphysik genau dann wieder neu ab, wenn sie zu sterben scheint? Oder stirbt sie jedesmal dann, wenn man über sie als lebendige spricht?

Rudolf Schrastetter

Immanenz – Transzendenz

I

»Ob es die Utopie ist von einer brüderlichen Gesellschaft ohne Herrschaft von Menschen über Menschen, oder . . . die Utopie einer Emanzipation beider Geschlechter; die Utopie einer Menschenliebe, die sich kein Bildnis macht vom andern, oder die Utopie einer Seligkeit . . . nämlich, daß wir uns selbst wählen und dadurch in den Zustand der Freiheit kommen; die Utopie einer permanenten Spontaneität und Bereitschaft zu Gestalt-Umgestaltung . . . alles in allem: Die Utopie eines kreativen und also verwirklichten Daseins . . . ist . . . der Magnet, der uns zwar nicht vom Boden hebt, aber unserem Leben eine Richtung gibt.« Denn, so begründet Max Frisch in seiner Rede zur Verleihung des Friedenspreises des Deutschen Buchhandels die Notwendigkeit solcher Utopie, ohne sie wären wir »Lebewesen ohne Transzendenz«.

Transzendenz also nimmt hier den Rang einer selbstverständlichen Voraussetzung wirklich menschlichen Lebens, ja des Maßes aller menschlichen Dinge überhaupt ein. Erinnert man sich daran, welch dominante Rolle die geschichtliche Transzendenz im Marxismus in Gestalt einer künftigen neuen Gesellschaft spielt, bedenkt man, daß auch Poppers Forderung einer offenen Gesellschaft und Nietzsches Ankündigung eines neuen Menschen so verstanden sein wollen – man könnte leicht geneigt sein, nichts im Leben als notwendiger und weniger umstritten anzusehen als gerade Transzendenz.

Vergessen scheint die Jahrhunderte währende Auseinandersetzung mit ihr, vergessen der ungestüme Aufstand gegen sie, verdrängt von neuerwachter Sehnsucht nach Transzendentem.

Doch der Schein trügt. Das Bekenntnis zur geschichtlichen, oder wie sie hier genannt werden soll, zur praktischen Transzendenz kann nicht über den nach wie vor geführten Kampf gegen alle übergeschichtliche, theoretische Transzendenz hinwegtäuschen. Wenn nämlich metaphysische Transzendenz, wie der deutsche Idealismus versichert, in der Transzendentalität, und wenn diese Theorie in marxistischer Praxis aufgehoben worden ist, wie soll dann noch selbständige Transzendenz möglich sein? Wenn Transzendenz – wie Transzendentalphilosophie von der Wissenschaftstheorie nur als eine, wenngleich unumgängliche Vorübung zur Wissenschaft angesehen wird, der mit erreichter empirischer Wissenschaftlichkeit der Abschied zu geben ist; und wenn endlich im Existentialismus Theorie überhaupt, Philosophie wie Wissenschaft zum Inbegriff der ›Verwüstung‹ abendländischen Denkens erklärt werden, wie darf da von Transzendenz auch nur noch die Rede sein?

Die Immanenz scheint an ihre Stelle getreten zu sein: die der Gesellschaft zugewandte Praxis, die Theorie in die Tat umzusetzen beansprucht; die auf die Natur gerichtete Wissenschaft, die erstmals zu halten gedenkt, was Philosophie bisher nur versprochen habe; endlich das um das Leben besorgte Denken, das der Theorie nur noch die Selbsterkenntnis ihrer Lebensfeindlichkeit zu verdanken glaubt.

So groß die Versuchung sein mag, sich in diesen Streit der Meinungen zu mengen und für die eine oder andere Seite Stellung zu beziehen, so falsch wäre es doch, ihr nachzugeben: die Grundlagen und Voraussetzungen dieses Streites blieben weiterhin unterstellt, ohne sie geprüft zu haben, ja ohne sich ihrer bewußt geworden zu sein. Wenn es nicht mit der Betrachtung bloßer Meinungen über Transzendenz sein Bewenden haben soll, so muß zuerst gefragt werden, was die so viel beredete Transzendenz selbst ist. Einmal könnten diejenigen, die es wissen müssen, weil sie über sie urteilen, nach dem Wesen der Transzendenz befragt werden, zum anderen aber könnten ihre Vorstellungen von der Transzendenz auf ihre Voraussetzungen hin untersucht werden, deren letzte die gesuchte Transzendenz selbst sein muß.

Wenn hier der zweite Weg eingeschlagen wird, so deshalb, weil eine Antwort auf die Frage nach dem Wesen der Transzendenz nicht gegeben, nicht erwartet werden kann. Wo schon die Rede von Transzendenz für diese selbst gehalten wird, muß die Frage nach ihr selbst als sinnlos, das Beharren auf ihr als Ärgernis empfunden werden.

Worin also bestehen die Voraussetzungen und Annahmen, die es einem Marxismus, Empirismus und Existentialismus so über Transzendenz zu denken ermöglichen, die es ihnen erlauben, sich mit einer Vorstellung von ihr zufrieden zu geben, die keiner ernsthaften Nachprüfung standhält? Es sind zwei Annahmen.

Die erste: Transzendenz an sich gibt es nicht, sie ist sinnlos – ein Unding. Nur so wird erklärlich, wie es als unsinnig erscheinen kann, sich ernsthaft mit Transzendenz zu beschäftigen, und wie es für ausreichend gehalten werden kann, sich mit der Erforschung der Geschichte und der psychischen Entstehung dieser Vorstellung zu begnügen. Zweitens die Annahme, daß der Mensch selbst sich in seine Transzendenzvorstellung projiziert, so daß er selbst das ist, was er projiziert. Er, den nur die widrigen Umstände daran hindern, es auch wirklich zu sein, bedarf der Transzendenz gerade nicht. Die beiden Annahmen ergänzen sich. Nur wenn Religion auf den Menschen zurückgeführt wird, kann das irdische Leben zur Religion erhoben werden.

Wie sehr das herkömmlichem Denken widerspricht, zeigt ein kurzer Blick zurück in die Geschichte. Nichts gilt der Tradition als sicherer und fester gegründet als die Transzendenz. Sie ist Ursache, Grund und Ziel des Weltgeschehens. Der Mensch aber, weit davon entfernt, in der Transzendenz bloßen Selbstentwurf zu erblicken, erkennt in ihr die Fülle dessen, was ihm am meisten mangelt.

Was für den nicht eben geringen Anspruch der modernen Philosophen gilt, das gilt nicht minder für den Betrachter der Philosophie, der sich wie jene über die betrachtete Sache erhebt. In der Untersuchung jener Voraussetzungen müssen deshalb auch wir uns der eigenen Voraussetzungen bewußt werden.

II

Ehe wir jedoch der Frage nachgehen, wie es von der traditionellen Transzendenz zur modernen Antitranszendenz kommen kann, muß vorher die Frage gestellt werden, ob es denn überhaupt sinnvoll ist, sich darauf einzulassen. Wozu soll das gut sein, warum soll es notwendig sein, sich damit zu beschäftigen? Was ist Transzendenz, was ist Immanenz? Das »Wörterbuch der philosophischen Begriffe« von Johannes Hoffmeister gibt dazu folgende Auskunft: Transzendenz ist »die Überschreitung der Grenze zwischen zwei Gebieten, das Hinausgehen über die Grenzen der Erfahrung des Bewußtseins oder über die Welt als ›Diesseits‹, auch das Ziel, der ›Gegenstand‹ dieses Hinausgehens; daher soviel wie das Übersinnliche, das Absolute, insbesondere die Jenseitigkeit Gottes«. Der Gegenbegriff Immanenz bedeutet entsprechend ein »Einwohnen«.

Unsere Frage ist damit nicht beantwortet; statt dessen scheint nur denen Recht gegeben zu werden, die in ihr wie in der Metaphysik nichts weiter als ein Hirngespinst zu erblicken vermögen, leeres Gerede über nichts. Beweist nicht diese Bestimmung von Transzendenz, daß gerade das nicht sein kann, was sie sein soll, nämlich die Wirklichkeit schlechthin, da sie sich jenseits der Welt und jenseits der Erfahrung befindet? Beweist das mehr als eitle Lebens- und Wirklichkeitsfremdheit? Ist Transzendenz nicht endgültig, ganz gleich was sie früher einmal bedeutet haben mag, seit der Verbannung der Metaphysik aus dem Bereich möglicher Erfahrung und Erkenntnis, zum Inbegriff eines seine Grenzen verkennenden Denkens, zum Überrest einer längst überwundenen Bewußtseinsstufe geworden? Ist nicht auch der Glaube weitgehend verlorengegangen, der allein noch von Transzendenz sprechen darf, – wenn man der Rede vom Transzendenzverlust, von der Säkularisation trauen darf? Welche Transzendenz soll das auch sein, welche Sinngebung für das Leben soll aus ihr erwachsen, wenn sie nur geglaubt, nicht aber erkannt werden kann? Was wird da geglaubt? Tatsächlich ist es noch nicht allzu lange her, da lautstark das ›Ende der Metaphysik‹ verkündet wurde. Inzwischen aber ist es still geworden; ein Wandel scheint sich anzubahnen – aber welcher: zurück zu alten Vorstellungen oder wohin sonst?

Um so mehr stellt sich die Frage nach der Bedeutung von Transzendenz für das menschliche Leben. Wozu ist solche Theorie überhaupt gut, was trägt sie bei zum Leben, was nicht durch praktische Werte wie Gesundheit, Reichtum, Ansehen und Macht erlangt werden kann?

Wenn aber schon Theorie, wenn schon danach gefragt werden soll, was dem ständigen Wandel der Welt, was ihrer fortwährenden Veränderung zugrunde liegt, liefert nicht die Geschichte der Philosophie selbst durch die Widersprüchlichkeit ihrer Antworten den Beweis ihrer Unmöglichkeit? Denn so viele Fragen gestellt wurden, so viele Antworten wurden auch gegeben: Gott, Natur oder Gesellschaft, Sein oder Bewußtsein, u. a. m. machen sich den Rang als Wirklichkeit und Transzendenz streitig. Beweist also nicht gerade die Widersprüchlichkeit der Meinungen über die Wirklichkeit ihre eigene Unwirklichkeit? Wie soll dieser

Streit der Meinungen über die Wirklichkeit entschieden werden können, wie soll überhaupt der Vorrang der Theorie vor der Praxis bewiesen werden können?

Und doch war es gerade diese Frage, die vor mehr als zweitausend Jahren eine Epoche der Geschichte vollendete und eine neue eröffnete. Dieser Frage verdankt Sokrates seine ursprüngliche Einsicht, daß der Mensch selbst die alles transzendierende Wirklichkeit ist. Handeln und Wissen sind Mittel zum Zweck, nicht Selbstzweck; Mittel für den Menschen nicht im vordergründigen Sinn, sondern in dem tieferen Sinn als Anlaß und Gelegenheit seiner Selbsterfahrung.

Darum geht es in den Dialogen, Gesprächen, die sich immer um das eigentümlich Menschliche bewegen, um Sein und Bewußtsein von Tugenden wie z.B. Weisheit, Gerechtigkeit, Tapferkeit. Sokrates will sich keine eigene Meinung bilden, er denkt aber auch nicht daran, angesichts des Widerstreits der Meinungen an der Existenz des Gemeinten zu zweifeln oder die Erkenntnisfähigkeit in Abrede zu stellen. Worauf es ihm ankommt, ist, den Menschen selbst an seinen Vorstellungen aufzuspüren, und zu zeigen, daß der Widersprüchlichkeit seiner Meinungen der Widerspruch zu sich selbst zugrunde liegt. Ihm selbst aber gelingt es dabei, widerspruchslose Einheit mit sich zu verwirklichen. In diesem Dialog erscheint die Wirklichkeit des Menschen die einzige Wirklichkeit. Sie transzendiert die Welt bloßen Scheins und bloßer Meinung; und sie ist immanent im Menschen. An ihr erweist sich die Selbstwidersprüchlichkeit und Unwirklichkeit sich überlassener Vorstellungswelt.

Daß diese Scheinwirklichkeit jener von Sokrates überwundenen Epoche des Denkens aber dennoch dem heutigen Denken viel nähersteht, als es der zeitliche Abstand vermuten läßt und näher als es ihre Widerlegung erlauben kann, das bezeugen die modernen Denker, wenn sie, wie etwa Hans Reichenbach, in Demokrit und anderen Vorsokratikern die Alternative zum Platonismus, die Vorläufer des Empirismus erblicken, oder wie Nietzsche die Vorsokratik auf dem richtigen Weg sehen, von dem Sokrates weggeführt habe.

Die durch Sokrates verkörperte Wirklichkeit des Menschen jenseits leeren Scheins und bloßer Meinung ist es, die sein Schüler Platon in seiner Ideenlehre zum Ausdruck gebracht hat; sie ist es auch, die mit dem Verzicht auf die Idee verlorengeht. Das war der

Preis, den Aristoteles gezahlt hat, um in der Geschichte als der Begründer der Wissenschaftlichkeit anerkannt werden zu können. An die Stelle des Menschen tritt nun die Natur, an die Stelle der Wirklichkeit des Menschen eine außerhalb von Natur und Bewußtsein vorgestellte Transzendenz. Mit dem Verlust der Selbsterfahrung wird auch der Zugang zum Leben verloren.

Die Philosophie nimmt ihren Ausgang nicht mehr von der Verwunderung über die eigene Unzulänglichkeit, sondern vom Erstaunen über die Vollkommenheit des Alls und des Menschen. Wenn deshalb später Fichte einen neuen Versuch unternimmt, die verlorene Wirklichkeit zurückzugewinnen, so tut er das nicht in der Wiederholung sokratischer Selbstverwirklichung, sondern in der Erhebung eigener Selbstwidersprüchlichkeit zum wahren Sein.

Tatsächlich wird die Kernfrage der Philosophie, die Frage nach der Transzendenz in der Geschichte um so nervöser gestellt, je weiter der Mensch sich von ihr entfernt hat. Unser Interesse muß deshalb nicht den verschiedenen Vorstellungen von der Transzendenz gelten, sondern auch – und vor allem – dem Denker selbst. Steht der Mensch hinter seiner Vorstellung, kann er sie vertreten oder sucht er sich mit ihrer Hilfe gerade dieser Bewährung zu entziehen?

III

Nun also zurück zum bereits beschrittenen Weg zu den Voraussetzungen gegenwärtigen Denkens. Dieser Weg durch die Geschichte soll in zwei Stufen zurückgelegt werden. Auf der ersten Stufe soll die Entwicklung von der Seinstranszendenz der Tradition zur Bewußtseinstranszendenz Fichtes und endlich zur modernen Antitranszendenz nachvollzogen werden. Dabei wird sich zeigen, daß jede Lehre zum Scheitern verurteilt ist, weil keine die vorgestellte Transzendenz zu verwirklichen vermag. Das ist der Grund dafür, daß die Seinslehre widerstandslos in der Bewußtseinslehre und die Theorie überhaupt ebenso widerstandslos in der Praxis aufgeht.

Mit der weiteren Frage, wie es zu der wirkungslosen Seinslehre der Tradition gekommen ist, wird die zweite und letzte Stufe des Rückganges in der Geschichte erreicht. Die Antwort auf die Frage, wie es zu der Lehre von der Wirklichkeit kommt, die diese Wirklichkeit nirgends beweisen kann, wird lauten, daß durch Verzicht auf die Verwirklichung eigener Menschlichkeit der Mensch überhaupt aus dem Blick verloren wird und damit zugleich auch die Wirklichkeit seiner Vorstellung.

Der erste Schritt erreicht den geschichtlichen Wendepunkt zwischen Tradition und Moderne. Ein kurzer Blick sei in die Werkstatt des Denkens von Johann Gottlieb Fichte geworfen. Ihren Ausgang nimmt die Entwicklung zum Selbstbewußtsein bei der vollendeten Transzendenzphilosophie der Tradition. Fichte stellt den Gegenstand seiner neuartigen Betrachtung in knapper Zusammenfassung des Aristotelismus seiner Zeit so dar: Die Welt ist eine Stufenfolge von Erzeugungen. »In der rohen Materie ist sie ein einfaches Sein; in der organisierten geht sie in sich selbst zurück, um auf sich innerlich zu wirken, in der Pflanze, sich zu gestalten, im Tiere, sich zu bewegen; im Menschen als ihrem Meisterstücke, kehrt sie in sich zurück, um sich selbst anzuschauen und zu betrachten: sie verdoppelt sich gleichsam in ihm und wird aus einem bloßen Sein, Sein und Bewußtsein in Vereinigung.«

Dieses Weltbild vermag wohl den Theoretiker, für den die Praxis der Theorie nachfolgt, zufriedenzustellen, nicht aber den Praktiker Fichte, der Theorie nur um der Praxis willen betreibt. Bedeutet doch diese Lehre in der Konsequenz die völlige Unterwerfung des Bewußtseins unter die Herrschaft jenes fremden Seins außerhalb seiner. Anders ausgedrückt: Nicht ich lebe, denke und handle, sondern jenes lebt, denkt und handelt durch mich. Das aber widerspricht nicht nur dem natürlichen Bewußtsein, das frei und selbstbestimmt sein will, sondern auch der Tatsache, daß diese Theorie selbst ein eigenes Erzeugnis ist, durch das sich das Bewußtsein über alles Seiende, über das Sein und – in dieser letzten Überlegung – sogar über sich selbst erhebt.

Eine Entscheidung der Frage, ob ich denke oder ob Fremdes durch mich denkt, ob ich mich selbst bestimme oder ob ich durch Fremdes bestimmt werde, ist auf dieser Ebene und aufgrund ihrer Voraussetzungen nicht möglich. Also müssen diese Voraussetzungen einer Prüfung unterzogen werden. Die Grundvoraussetzung nun besteht in der Annahme, daß »diese Gegenstände da, jene dort, wirklich außer (dem Bewußtsein) vorhanden sind«. Nicht nur befindet sich das Sein außerhalb des Seienden, sondern vor allem das sinnlich Seiende liegt außerhalb des Bewußtseins.

Die Transzendenz der Ursachen setzt die Transzendenz des Verursachten bereits voraus.
Daß diese Annahme auf einer Täuschung beruht, geht aus der einfachen Beobachtung hervor, daß nur die Sinneswahrnehmung den sinnlich wahrnehmbaren Gegenstand erfaßt, nicht aber das Bewußtsein. Das Bewußtsein ist sich nur dieser Sinneswahrnehmung bewußt, keinesfalls aber des Wahrgenommenen selbst. Falsch ist es deshalb zu sagen: ich nehme wahr, ich fühle und empfinde; richtig dagegen: ich bin mir meiner Wahrnehmung bewußt, ich bin mir meines Gefühles und meiner Empfindung bewußt.

Wenn diese Transzendenz des Seienden außerhalb des Bewußtseins als Täuschung entlarvt ist, muß ebenso klar erkannt werden, daß es zu dieser Täuschung nicht zufällig, sondern notwendig kommt. Denn das Bewußtsein vermag Wahrnehmung nur dadurch zu denken, daß es einen Grund außerhalb seiner selbst hinzudenkt, die bewußte Wahrnehmung also vergegenständlicht. Dies geschieht nach seinem eigenen Gesetz, nicht durch Fremdbestimmung. Es ist deshalb seine eigene Denknotwendigkeit, derer es sich an seinem Gegenstand bewußt wird. Fichte folgert: »Das Bewußtsein eines Dinges außer dem Menschen ist deshalb nichts weiter als das Produkt seines eigenen Vorstellungsvermögens.«

Schließlich ist es ja überhaupt unmöglich, sich etwas außerhalb des Bewußtseins vorzustellen, was sich nicht als Vorstellung schon wieder innerhalb des Bewußtseins befände, oder sich etwas, was wirklich außerhalb wäre, überhaupt vorzustellen. Die Rede von »etwas an sich« verrät deshalb nur Mangel an Selbstbewußtsein. Das Fundament der Tradition, die Annahme eines außerhalb des Bewußtseins und unabhängig von ihm Bestehenden, hat Fichte damit verlassen. Mit dem Verzicht auf die Selbständigkeit des sinnlich Wahrgenommenen ist auch der Selbständigkeit des Seins der Boden entzogen.

Die ganze Tragweite dieser Fichteschen Einsicht ermißt man erst, wenn man sich bewußt macht, daß mit ihr nicht nur die äußere Welt und der eigene Leib verlorengeht, sondern letztlich auch das vorstellende Ich. Die für die Transzendenzphilosophie unentscheidbare Frage, ob ich denke oder ob durch mich gedacht wird, liegt jetzt weit zurück. Gesagt werden darf nur noch: es erscheint der Gedanke, daß ich denke oder daß durch mich gedacht wird. Weder weiß ich noch vermag ich etwas. Ich bin überhaupt nicht. Es gibt kein Sein mehr. Nur Vorstellungen sind: Vorstellungen von Vorstellungen, ohne etwas Vorgestelltes und ohne einen Vorstellenden.

Das ist die eine, die negative Seite der Entwicklung des Selbstbewußtseins. Betrachtet man aber das,was sich darin verwirklicht hat, so wird man auch einer positiven Seite gewahr. Denn die Ursache der Bewußtseinsentwicklung, die zuerst die Vorstellung von Transzendenz hervorgebracht, sie dann wieder als Selbsttäuschung entlarvt hat, ist selbst das wirkliche Sein. Dieses Sein befindet sich nicht mehr außerhalb des Bewußtseins wie das Sein des Seienden, vielmehr verwirklicht es sich innerhalb seines Bewußtseins, es erscheint in ihm, ohne in ihm aufzugehen.

In diesem seinem Sein erfaßt das Bewußtsein sich selbst, den Trieb zu ungebundener Tätigkeit, den Willen, ausschließlich durch sich und für sich zu sein – mit einem Wort, die aller Trennung vorausgehende Einheit von Vermögen und Gegenstand, Subjekt und Objekt, von Bewußtsein und Bewußtem, Vorstellung und Vorstellendem. Im eigenen Sein wird sich das Bewußtsein des Seins überhaupt bewußt. Durch sein Sein wird das Bewußtsein das Maß dessen, was ist und was nicht ist. Alles bezieht es auf sich: was für es ist, macht es zu seinem Sein, was nicht, dem erkennt es das Sein ab. Gerade das Sein also ist es, dessen es nicht bedarf. Es selbst ist das »Eine, das da ist«.

Weil er das wirkliche Sein bereits ist, bedarf der Mensch nur noch seiner Verwirklichung außerhalb seines Bewußtseins. Der Trieb drängt danach, sich wirklich, nicht nur im bloßen Vorstellungsschein zu transzendieren, sich als etwas außerhalb bloßen Bewußtseins hervorzubringen, um sich daran seiner bewußt werden zu können. Zu diesem Zweck soll das Bewußtsein eine Vorstellung entwerfen, um nach ihrem Vorbild sich dem Außerhalb mitteilen zu können, sei es gegebenen Verhältnissen, sei es in der Veränderung der Verhältnisse, immer aber im Gelebt-werden durch das eigene Sein.

Am Ende dieses Gedankenganges sei auf seine Herkunft hingewiesen; es ist die Schrift »Die Bestimmung des Menschen«, in der Fichte den Weg schildert, der ihn zu seiner Einsicht geführt hat. Hier wird erkennbar, was folgen muß, wenn von einer Theorie wie der traditionellen ausgegangen wird, und was umgekehrt vorausgehen muß, wenn es zu einer Praxis wie der der Moderne kommen soll. Auch diese Transzendenz kann keine andere sein als die der Tradition, das erreichte Selbstbewußtsein kann nur das der Tradition sein.

Fichte weiß, was es mit einem Denken auf sich hat, das aus einem anderen entstanden ist, »das von nichts ausgeht« und »auf nichts ausläuft«, auch das nunmehr erreichte Sein des Bewußtseins nämlich sieht sich denselben Einwänden und Bedenken ausgesetzt, mit deren Hilfe es sich vorher gegen das Sein des Seienden durchgesetzt hatte: Ist es nicht auch hier wiederum nur Bewußtsein des Wissens vom Sein und nicht Bewußtsein seines Seins? Ist das Sein wirklich sein eigenes und nicht wiederum nur fremdes? Ist es nicht dasselbe ehedem fremde Sein, das es nun als sein eigenes ausgibt? Ist das Hervorgebrachte wirklich außerhalb des Bewußtseins oder ist es das nicht wiederum nur im Bewußtsein? Mit andern Worten, erkennt dieses Bewußtsein wirklich etwas, verwirklicht es etwas, ist es überhaupt Bewußtsein?

Das Sein des Bewußtseins erweist sich als ebensowenig wehrhaft wie das Sein des Seienden, als ebenso ohnmächtig und hilflos. Es offenbart die gleiche Unfähigkeit, auf Einwände einzugehen und sie zu widerlegen – wie jenes Sein gelangt es nicht über die bloße Behauptung des eigenen Standpunktes hinaus. Wie jenem gelingt es auch ihm nicht, sich als etwas Wirkliches zu beweisen. Kein Wunder, daß solche Transzendenz nur noch als ein bloßer Entwurf angesehen wird; kein Wunder, daß, was ihr zugesprochen worden war, nun wieder dem Menschen zurückgegeben wird, daß diese Theorie überhaupt nur noch als Verhinderung der Praxis verstanden wird. Verständlich wird, daß Friedrich Engels fordert: »die wirkliche Welt – Natur und Geschichte – so aufzufassen, wie sie sich selbst einem jeden gibt, der ohne vorgefaßte idealistische Schrullen an sie herantritt«. In diesem Sinn können sich auch Empirismus und Existentialismus als Materialismus verstehen.

IV

Damit ist deutlich geworden, daß der Mangel an Wirklichkeit den Verfall traditioneller Seinstranszendenz in moderne Bewußtseinstranszendenz und den Umschlag theoretischer in praktische Transzendenz verantwortet. Die zweite Stufe des Rückganges in der Geschichte ist erreicht. In der klassischen Auseinandersetzung zwischen Aristoteles und Platon wird das Problem von Transzendenz und Immanenz in voller Bewußtheit und Klarheit entfaltet. Diese Ebene ist seither nicht einmal mehr erreicht, geschweige denn überboten worden. Sie bleibt nicht nur der Anfang der Geschichte, sondern auch ihre – bewußt oder unbewußt – stets gegenwärtige Grundlage. Die in ihr entwickelten Denkformen kehren in verwandelter Form seither immer wieder.

An dieser Diskussion wird sich zeigen, daß der Mangel der traditionellen aristotelischen Seinslehre kein zufälliger ist. Vielmehr wird er sich als die notwendige Folge des grundsätzlichen Versagens einer Denkweise herausstellen, die die geschichtliche Wirklichkeit des Menschen übersieht, – nicht etwa indem sie sich von dieser Wirklichkeit diese oder jene Vorstellung macht, sondern indem sie sich nur eine Vorstellung von ihr macht.

Wie also kommt es zu der Vorstellung von Transzendenz als etwas Wirklichem, als der Wirklichkeit schlechthin, die sich aber dennoch nie als solche hat erweisen können. Je nachdem, ob diese Lehre die erste, allem zugrunde liegende und nicht mehr hintergehbare Voraussetzung der Geschichte bildet oder ihrerseits auf anderen Voraussetzungen beruht, werden auch diese Folgen notwendige oder zufällige sein müssen. Fichte jedenfalls scheint der ersten Meinung zu sein, da er sich ausschließlich auf Aristoteles beruft.

Um eine Antwort zu finden, muß auf den Ursprung der aristotelischen Philosophie, auf Aristoteles' berühmte Kritik an der platonischen Ideenlehre, zurückgegangen werden. Diese Kritik darf eben nicht, wie das üblicherweise zu geschehen pflegt, nur als beiläufig angesehen werden, als Befreiung des Schülers vom Denken seines Lehrers, um so die Möglichkeit eines eigenen Neuansatzes zu gewinnen. Stellt diese Auseinandersetzung aber die sachliche Grundlage seiner eigenen Lehre dar, so hängt von ihrem Gelingen oder Mißlingen weit mehr ab, als es fürs erste den Anschein haben mag. Denn in ihr muß nicht nur das Zeugnis dafür erblickt werden, ob Aristoteles seinen Lehrer Platon verstanden hat, sondern auch, ob seine im ausdrücklichen Gegensatz zu dieser entworfene eigene Lehre auf überlegener Einsicht oder schlichtem Mißverständnis beruht. Entscheidend aber ist, daß in ihr der Nachweis der an der Idee vermißten, für die eigene Lehre aber beanspruchten Wirklichkeit auf dem Spiele steht.

Daß dieses Bestehen auf dem Nachweis der beanspruchten

Wirklichkeit weder ein abwegiges Unterfangen noch auch eine unbillige Zumutung gegenüber Aristoteles darstellt, beweist niemand mehr als Aristoteles selbst: Er hatte gerade dies zum Angelpunkt seiner Auseinandersetzung mit Platon gemacht, als er die Ideenlehre mit dem Vorwurf, daß sie ihrem Anspruch auf Wirklichkeit nicht genügen könne, für erledigt erklärte und mit demselben Anspruch seine eigene Seinslehre empfahl.

Ist also die Kritik der Idee gelungen? Gewiß, sie ist es. Denn eine Idee, die, wie Aristoteles sie im 1. und 13. Buch seiner Metaphysik darstellt, als selbständiges Überwesen, als jenseitiges Urwesen über dem irdischen Wesen besteht, kann nur durch verdoppelnde Projektion zustande gekommen sein. Sie kann deshalb weder etwas an sich sein, noch auch kann sie irgendeine Wirkung auf das getrennte Wesen ausüben, dessen Ursache sie doch sein soll. Die Kritik ist stichhaltig: diese Idee ist sinnlos. Und tatsächlich erweist sich diese Kritik des Aristoteles als das Arsenal, aus dem die Geschichte seither ihre Waffen im Kampf gegen die Ideen bezieht.

Und da sogar Platon sich der Macht dieser Argumente gebeugt und in seinem Dialog Parmenides Selbstkritik geübt zu haben scheint, könnte damit das Ideenproblem als endgültig erledigt gelten, wäre da nicht ein Umstand, der stutzig machen muß. Platon denkt auch nach dieser Selbstkritik nicht daran, auf die Idee zu verzichten. Um dieser Schwierigkeit Herr zu werden, hat man sich in neuerer Zeit denn auch aller möglichen Mittel bedient, angefangen von der Veränderung der zeitlichen Abfolge der Dialoge bis hin zur Unechtheitserklärung dieses Dialogs. Oder die Kritik wurde als eine nicht an der Idee überhaupt, sondern nur an übertriebener Vorstellung von ihr betrachtet, da sie auch nicht mehr besagen wolle als das Wesen des Aristoteles.

Man muß den Standpunkt des Aristoteles schon mit allen Mitteln zu verteidigen gewillt sein, will man die Gewaltsamkeit des ersten Lösungsversuches sowie die Verharmlosung des zweiten übersehen.

Sollte Platon etwa mißverstanden sein? Sollte die von Aristoteles so vorgestellte Idee gar nicht die Idee Platons sein? Geht man dieser Frage nach, so wird man feststellen, daß diese Rechtfertigung nirgends geleistet wird. Statt dessen spricht alles im platonischen Werk dagegen. Gerade diejenigen Äußerungen, die die aristotelische Auffassung zu rechtfertigen scheinen, erweisen sich bei näherem Zusehen als Beweis des Gegenteils. Der pädagogische Sinn der Bildlichkeit wird in widersinniger Weise verkehrt. Wenn auch Redeweisen Platons von einer Teilhabe der Dinge an der Idee, von der Nachahmung der Idee, vom Abbild des Ur- und Musterbildes an eine ewige Wesenheit an »überhimmlischem Ort« außerhalb der Welt denken lassen – nie darf übersehen werden, daß die Dialoge *SYMPOSION, PHAIDROS, PHAIDON, DER STAAT* den Aufstieg voraussetzen bzw. auf ihn hinzielen, daß der *TIMAIOS* das gesamte Werk Platons voraussetzt, daß der siebente Brief mit dieser Begründung die Lehre ein letztes Mal gegen Mißbrauch durch leeres Bildungswissen zu schützen sucht.

Bereits damit könnte die Ideenkritik des Aristoteles als hinfällig gelten. Selbst vor dem Richterstuhl, vor den Aristoteles sie gezerrt hat, müßte sie wenigstens aus Mangel an Beweis freigesprochen werden. Trotzdem auch weiterhin so zu tun, als wäre die Kritik gelungen, dazu bedarf es schon der ganzen Voreingenommenheit, die Aristoteles und mit ihm die Geschichte der Philosophie tatsächlich aufgeboten haben.

Doch nicht genug damit, daß Aristoteles seine eigene Vorstellung von der Idee widerlegt. Es steht einiges dafür, daß eben diese Kritik umgekehrt Platon an Aristoteles gelungen ist. Sollte sich das bestätigen, so müßte die Idee nicht nur mangels Beweises, sondern wegen erwiesener Unschuld freigesprochen werden, der Ankläger aber müßte sich unversehens selbst auf der Anklagebank wiederfinden.

Platon nämlich tut ein übriges, indem er die Ideenlehre nicht nur von seiner Warte her darstellt, sondern sich überdies auch der Mühe unterzieht, sie aus dem Blickwinkel des Laien und Schülers, mit einem Wort des Sachunerfahrenen, zu betrachten. Im bereits genannten Dialog Parmenides entwickelt Platon dieselbe Vorstellung von der Idee, macht er dieselben Einwände gegen sie wie auch Aristoteles. Daher rührt ja auch die Meinung, Platon hätte damit Selbstkritik geübt. Dennoch ist der Unterschied, bei aller Ähnlichkeit, fundamental.

Das zeigt schon ein kurzer Blick auf dieses Gespräch, in dem der Lehrer den Schüler nicht etwa über das Wesen der Idee belehrt, wie erwartet werden sollte, sondern ihn danach befragt. Die Leistung des Lehrers besteht darin, das Gesuchte keinen Augenblick lang aus dem Blick zu verlieren, niemals der Suggestion der gegebenen Antworten zu erliegen und sie für das Gesuchte zu halten, wofür sie der Schüler ausgibt.

In diesem Frage- und Antwortspiel entfalten sich nach und nach alle nur denkbaren Vorstellungen von der gesuchten Idee. Aber welche Antwort auch immer gegeben wird, sie erliegt dem Selbstwiderspruch und muß einer anderen weichen. Am Ende bleibt keine Antwort bestehen.

Dennoch, die entstandene Aporie ist allein die des Schülers. Unmißverständlich nämlich macht der Lehrer klar, daß sie nicht in der Widersprüchlichkeit dieser oder jener Vorstellung von der Idee, auch nicht in der Selbstwidersprüchlichkeit der Gesamtheit aller Vorstellungen überhaupt, im Vorstellungsvermögen beruht, sondern allein in der Vorstellungsweise des Schülers, die schon bloße Vorstellung für das Vorgestellte selbst hält.

Das Ziel ist also in diesem Dialog dasselbe wie auch im übrigen Werk, nur der Weg unterscheidet diesen Dialog von den anderen. Während er sonst für den noch Unerfahrenen ein Bild von der notwendigen Sache entwirft, um ihn zur eigenen Tätigkeit anzuregen, geht er hier den anderen Weg, indem er den unerfahrenen Schüler, der meint, sich mit der Vorstellung auch schon der Idee selbst bemächtigt zu haben, eines Besseren belehrt.

Doch anders als jener Schüler im Dialog weiß sich der Platon-Schüler Aristoteles außerhalb der Verbindlichkeit des Gesprächs. Er nimmt das Versagen nicht auf sich, um sich selbst auf den Weg der Sacherfahrung zu machen, sondern er wälzt es auf die Idee ab.

Dieselbe Vorstellung und Kritik der Idee sieht er von entgegengesetztem Standpunkt und mit entgegengesetztem Ziel. Nicht die bloße Vorstellungsweise erscheint ihm als unzureichend, sondern ganz im Gegenteil das Vorgestellte selbst, die Idee. Nicht die eigene Einstellung zur Sache muß geändert werden, sondern die Sache selbst muß aufgegeben werden.

Damit hat er die Absicht Platons in der Tat zunichte gemacht. Wer ungläubig darüber erstaunt, wie ein Philosoph vom Rang und Namen des Aristoteles seinen Lehrer, in dessen Schule er immerhin zwanzig Jahre zugebracht hatte, so völlig habe mißverstehen können, übersieht, daß er schon vom Standpunkt des Aristoteles ausgeht, dem er Rang und Namen gerade dieser Tat wegen verliehen hat.

Denn die Belohnung, die Aristoteles verdient hat, ist beträchtlich. Nun darf von allem abgesehen werden, worauf es Platon ankommt – von der Grundlage eigener Sacherfahrung, die solchen Dialog zu führen erlaubt, von dem Ziel eigener Sacherfahrung, um dessen willen der Dialog geführt wird, von der Wirklichkeit der Idee, die sich auch in dieser Betrachtung über sie als übermächtig erweist.

Das bedeutet nicht nur, daß Aristoteles seinen Lehrer gründlich mißverstanden hat, daß er seine eigene Lehre auf einem Mißverständnis aufbaut; sondern und vor allem, daß er es damit unterläßt, selbst den Nachweis der Wirklichkeit zu erbringen, die er an der Idee vermißt und die er in seiner Lehre zu bieten verspricht. Aristoteles schafft durch seine Kritik nichts, was Grundlage und Rechtfertigung seiner Lehre vom Sein sein könnte.

Gewiß, er kritisiert den Anspruch der Idee, wirkliche Ursache zu sein, doch was er kritisiert, ist nur seine Vorstellung von ihr, nicht sie selbst. Er selbst ist es, den er in Wahrheit kritisiert.

Schlimmer noch: Worum Aristoteles sich vergeblich bemüht, das gelingt Platon auf Anhieb. Platon vermag sich von bloßer Vorstellungsweise frei zu machen und sachlich auf sie einzugehen: Er beweist die Wirklichkeit, die Aristoteles an ihm vermißt. Und er beweist sie an nichts anderem als an der Vorstellungsweise des Aristoteles.

Platon bietet damit die Grundlage, die seine Rede von der Idee rechtfertigt. Wer deshalb in ihm nur den Lehrer der Idee erblickt, läuft bereits Gefahr, seine Lehre mit der von ihm widerlegten Ideenvorstellung zu verwechseln. Platon ist weder Freund noch Feind der Idee, er ist derjenige, der sie verwirklicht, der an der Vorstellung von ihr erfahrbar macht, worin sie besteht. Seine Idee bringt nicht die Bequemlichkeit des Bewußtseins zum Ausdruck, das die Wirklichkeit in einer jenseitigen Welt sucht, sondern seine äußerste Aktivität im Schaffen dieser Wirklichkeit. Die Idee ist diese Tätigkeit, die die Vorstellungen herausfordert und sie an sich selbst wieder zerfallen läßt.

An Aristoteles aber zeigt sich: Die Kritik der Idee nach bloßer Vorstellung von ihr täuscht darüber hinweg, daß die Idee selbst schon durch diese Vorstellungsweise als solche verdrängt worden ist.

Was aber kann bei solcher Grundlage die eigene Theorie des Aristoteles sein, von welcher Wirklichkeit kann in seiner Lehre von den Seinsursachen die Rede sein? Kann sie mehr sein als

Ausdruck bloßer Vorstellungsweise, die ihren Sachgrund nicht nur nicht zu verwirklichen mag, sondern nicht einmal zu sehen vermag, wo er in der Idee verwirklicht vorliegt? Kann jetzt anderes erwartet werden, als daß sich diese Vorstellungsweise selbst zum Gegenstand der Betrachtung macht, daß sie selbst für die Sache gehalten wird?

Daraus erklären sich die folgenschweren Veränderungen, die Aristoteles gegenüber Platon einführt, die durch den angeblichen Rückgang von der Ideentranszendenz zur Wesensimmanenz nicht etwa ausgedrückt, sondern verdeckt werden. Denn er stellt bereits die Folge des Verfalls wirklicher Transzendenz und Immanenz zu bloßer Vorstellung von ihnen als etwas außerhalb und innerhalb des einzelnen Seienden dar. Das aber bedeutet zum einen den Verzicht auf den Menschen zugunsten der Natur. Die Natur, deren Wesen er in der Idee verdoppelt meint, wird zum Gegenstand seiner Lehre von den denknotwendigen Seinsursachen, die im Gegensatz zur Idee ihrerseits vergegenständlicht werden. Gerade die Natur aber bezeichnet Platons Idee nicht, jedenfalls nicht in erster Linie, sondern die Selbsterkenntnis des Menschen.

Zum andern bedeutet das – und das ist nur die Kehrseite zum Widerspruch des Menschen zu sich selbst – Widerspruch in der Sache: Bloße Vorstellungsweise kann nach dem eigenen Gesetz des Satzes vom Grund nicht anders als sich außerhalb ihrer selbst setzen, sich also verdoppeln, um etwas betrachten zu können. Die so vorgestellte Transzendenz dient aber Aristoteles sowohl dazu, der Idee wegen der Trennung von Ursache und Verursachtem alle Wirklichkeit abzusprechen wie auch dazu, sie den vier Ursachen schon deshalb zuzusprechen, weil sie sich innerhalb des Verursachten befinden. Nicht genug damit, müssen die letzten Ursachen außerhalb des verursachten Seienden, und dieses außerhalb des Bewußtseins bestehen, weil sie als Ursachen vom Verursachten getrennt sein müssen. Ihnen soll gerade deswegen alle Wirklichkeit zukommen. Die Selbstwidersprüchlichkeit im willkürlichen Gebrauch ein und desselben Argumentes liegt offen zutage. Die Transzendenz der Idee Platons aber beruht gerade nicht darin, außerhalb von etwas zu bestehen, sondern in der Wirklichkeit der Vorstellung selbst, in ihrer Begründung, die sie vor solchem Selbstwiderspruch bewahrt.

Mit demselben Argument, mit dem Aristoteles gegen Platons

Idee vorgeht, wendete sich dann Fichte wiederum gegen das aristotelische Sein außerhalb des Bewußtseins, um es in das transzendentale Sein des Bewußtseins umzuwenden. Am Ende muß dasselbe Argument dazu herhalten, theoretische Transzendenz überhaupt durch praktische Transzendenz abzulösen.

Doch mit eben demselben Argument hat, wie gesagt, schon Platon seine Widerleger widerlegt. Damit überwindet er nicht nur die Ideenkritik des Aristoteles und die Geschichte, die sich ihr angeschlossen hat, sondern entzieht er auch der aristotelischen Seins-Lehre die Grundlage, und damit der darauf aufbauenden Geschichte. Die Bedeutung dieser Lehre erschöpft sich ja nicht in der Tradition, sie zeigt sich auch, wenn Fichte an ihr seine Bewußtseinslehre entwickelt, wenn im Gegensatz zu ihm Theorie überhaupt durch Praxis ersetzt wird. In Aristoteles ist Tradition und Moderne im vorhinein überwunden.

Ernsthaft wird überdacht werden müssen, ob die Geschichte gut daran getan hat, sich das Selbstverständnis des Aristoteles zu eigen zu machen und ihn zum Überwinder der ›vorwissenschaftlichen‹ Ideenlehre Platons, und damit zugleich zum Begründer wissenschaftlicher Philosophie zu erheben. Schon eher muß seine geschichtliche Leistung in der Verdrängung wirklichen Wissens gesehen werden. Feiert die Geschichte in ihm vielleicht nur den Helden eigener Weltverkennung?

V

Gezeigt hat sich – um es kurz zu resümieren – wie aus traditioneller Seinstranszendenz bei Fichte Bewußtseinstranszendenz geworden ist, wie aber auch sie keine Wirklichkeit zu beweisen vermag, so daß es in der Moderne folgerichtig nur noch darauf ankommt, sich praktisch zu verwirklichen, statt in leerer Theorie sich herumzutreiben. Zu der diese Entwicklung ermöglichenden Seinstranszendenz aber war es gekommen durch die Unterwerfung der seither vermißten Wirklichkeit unter bloße Vorstellungsweise, die sie als etwas außerhalb des Seienden ansah und verwarf. Ungeachtet dessen aber wurde auch die Seinstranszendenz als außerhalb des Seienden und des Bewußtseins vorgestellt und damit dem dargestellten Geschick in der Geschichte ausgeliefert.

Die Folgerung, die aus alledem gezogen werden muß, ist, daß dieses Außerhalb des Bewußtseins ebenso notwendig vorgestellt werden muß, wie es unmöglich vorgestellt werden kann. Muß aber die Ursache dieses Widerspruches im Außerhalb selbst oder in der Vorstellung von ihm gesucht werden? Muß nicht diese Vorstellungsweise transzendiert werden zu dem, was als außerhalb vorgestellt werden muß ohne es doch sein zu können? Wenn die Transzendenz an der Vorstellung zerbricht, muß die Vorstellungsweise, nicht die Transzendenz aufgegeben werden. Die Vorstellung ist es, von der eben nicht ausgegangen werden darf, als wäre sie bereits die vorgestellte Sache, die vielmehr erst auf ihre Sache hin untersucht werden muß; denn bloße Vorstellung ist nichts, das Vorgestellte aber ist alles.

Ein Umdenken wird unumgänglich sein. Statt bloßer Vorstellungen muß das Vorgestellte selbst zum Gegenstand der Betrachtung gemacht werden. Statt nach aristotelischem Vorbild die Vorstellung über die vorgestellte Sache zu stellen, muß vielmehr nach platonischem Vorbild die Vorstellung der Sache unterstellt werden.

Diese Frage nach der Sache ist derjenigen Kants nach der Möglichkeit von Metaphysik geradewegs entgegengesetzt. Sie zielt nicht auf die Untersuchung des Erkenntnisvermögens, bevor es etwas erkannt hat, ob es dazu überhaupt befähigt sei, sie zielt vielmehr darauf, etwas zu erkennen, ehe das Erkennen betrachtet wird. Diese Frage stellt die von Kant nicht in Betracht gezogene alternative Antwort auf die ursprüngliche Frage dar, die er angesichts einer vom Erkennenden losgelösten traditionellen Philosophie zu stellen sich gezwungen sieht und die ihm die Beziehung der Vorstellung zu ihrem Gegenstand, zum Problem der Philosophie schlechthin werden läßt. In einem Brief an Marcus Herz aus dem Jahr 1772 berichtet er: Ich »bemerkte . . ., daß mir noch etwas Wesentliches mangle, welches ich bei meinen langen metaphysischen Untersuchungen, so wie andere, aus der Acht gelassen hatte und welches in der Tat den Schlüssel zu dem ganzen Geheimnis der bis dahin sich selbst noch verborgenen Metaphysik ausmacht. Ich frug mich nämlich selbst: auf welchem Grund beruht die Beziehung desjenigen, was man in uns Vorstellung nennt, auf den Gegenstand?« Da die Bestimmung der Erkenntnis durch den Gegenstand für Kant ebensowenig in Betracht kommt wie die Bestimmung des Gegenstandes durch die Erkenntnis, sieht er nur einen Ausweg, nämlich das Vermögen der Erkenntnis selbst zu untersuchen. An seiner Vorstellung von Transzendenz zu zweifeln, kommt ihm nicht in den Sinn, ob sie die geschichtlich einzig mögliche, ob sie die sachlich begründete ist oder nicht. Statt die Vorstellung auf das Vorgestellte hin zu untersuchen, betrachtet er diese Vorstellung nur auf den Vorstellenden hin.

Fichte geht den von Kant eingeschlagenen Weg zu Ende und rückt damit wieder ins Blickfeld, was Aristoteles daraus verdrängt hatte: Daß das Bewußtsein in Wahrheit ist, was die Vorstellung nur zu sein scheint, die nur als Mittel dient, sich dessen bewußt zu werden. Auch er freilich gewinnt dieses Selbstbewußtsein gut aristotelisch und kantisch an gegebener Vorstellung, statt es an ihr erst zu verwirklichen.

Darf also die Frage nach Transzendenz überhaupt noch gestellt werden? Gewiß, es darf, und es darf auch eine Antwort erwartet werden. Aber ebenso gewiß muß sie anders gestellt und beantwortet werden, als dies bisher geschehen ist. Es wird eine Frage sein müssen, die sich nicht mit den gegebenen Antworten begnügt, sondern sie auf ihre sachlichen Voraussetzungen hin untersucht. Diese Frage wird die Antwort nicht mehr vor den Gerichtshof eigener Vorstellungskraft stellen, denn sie unterstellt sich selbst dem Gerichtshof des Gesuchten. An der Grenze vermeintlichen Wissens beginnt erst das wirkliche Wissen des Sachgrundes.

Diese Frage selbst ist die Antwort: das Überschreiten bloßer Vorstellung zum Vorgestellten. Sie ist selbst die Wirklichkeit des Transzendierens zum transzendenten Grund, die Transzendenz in der Immanenz. Die gegebene diesseitige Welt wird nicht etwa im Überstieg zu einer jenseitigen Welt verlassen, sondern ganz im Gegenteil erst wirklich erreicht. Nicht die Vorstellung ist überwunden, sondern ihre Unbegründetheit in der vorgestellten Sache und im vorstellenden Bewußtsein. Keine Rede von einem anderen Denken, von mystischer Versenkung oder ekstatischer Schau, von einer Erleuchtung aus anderer Welt, vom Gang an die Grenzen menschlicher Erkenntnis, wo es nur darum geht, aus scheinbarem und vermeintlichem Wissen wirkliches Wissen zu machen. Rationalität freilich wird hier nicht mehr als selbstverständlicher Besitz angesehen, sondern als Ziel und Erfolg der energischen Anstrengung, sich von ursprünglicher Irrationalität zu befreien.

Das Vorgestellte selbst wird erreicht, indem die Vorstellungen des praktischen Lebens in Natur und Gesellschaft auf die Vorstellungen des theoretischen Lebens, diese aber auf den allen Vorstellungen vorausgehenden und zugrunde liegenden Vorstellungen selbst zurückgeführt werden. Der Mensch geht nicht nur allen seinen Vorstellungen voraus, er liegt nicht nur allem Vorstellen zugrunde, er ist auch der letzte Zweck allen Vorstellens. Wird er am Ende selbst zum Gegenstand seiner Vorstellung, so ergreift er damit Ursache und Grundlage aller Vorstellungen.

Flucht vor sich selbst dagegen bedeutet es, wenn sich der Mensch dem sinnlich Erfahrbaren außerhalb seiner zuwendet, in der Meinung, in ihm allein Erkenntnis und Wissenschaft finden zu können. Selbsterfahrung und Selbsterkenntnis muß dann als das erscheinen, was Hans Reichenbach eine »Pseudoerklärung«, »leere Wortklaubereien und gefährliche Dogmatik« nennt. Ethik wird zwar als etwas, aber als etwas Unerkennbares angesehen. Karl Popper meint: Wenn es auch »keine wissenschaftliche Basis für die Ethik gibt, gibt es doch eine ethische Basis der Wissenschaft und des Rationalismus«. Ethik wird für das eigene Verhalten beansprucht, das zugleich vom Zwang zur Rechtfertigung und Begründung befreit wird. Dem »Markt des Lebens« hatte schon Max Weber die Werturteile überlassen.

Ebenso wie die Empiristen fliehen alle die vor sich selbst, die sich in der natürlichen Welt außerhalb des Bewußtseins realisieren und darin Selbstverwirklichung überhaupt erblicken wollen. Die Praxis des Marxismus setzt den Menschen ebenso wie die Theorie des Empirismus voraus, nur mit dem Unterschied, daß hier gerade die Wissenschaftlichkeit beansprucht wird, die dort für unmöglich gehalten wird. Die äußere Verwirklichung seines Selbstbewußtseins ist das einzige, wessen der Mensch hier noch bedarf. Durch sie würde auch eine empirische Theorie des Selbstbewußtseins möglich werden. Es ist ja auch derselbe, sich selbst überlassene Mensch wie dort, der hier in den ökonomischen Verhältnissen aufgeht, durch ihre Selbstzerstörung im Klassenkampf zu sich befreit wird, befreit zum uneingeschränkten Kampf gegen alles, was dem Ich entgegensteht.

Wer der Mensch ist, der in Theorie und Praxis flieht, zeigt sich, wenn er sich schließlich des schlechten Gewissens entledigt, das ihn einmal wissenschaftlich daran hindert, sich seiner bewußt zu werden, das andere Mal aber dazu verführt, seinen Egoismus wissenschaftlich als Selbstbefreiung rechtfertigen zu wollen. Überdrüssig solcher Wissenschaftlichkeit im Dienste eines Optimismus, der das Leben erkennen und gar verbessern zu können glaubt, weist Friedrich Nietzsche auf das ihr ursprüngliche Denken der Vorsokratik zurück, das auf dem besten Weg gewesen sei, »die menschliche Existenz, ihre Unvernunft, ihre Leiden richtig zu taxieren«. Das Bekenntnis zur Widersprüchlichkeit des Lebens ist die Schlußfolgerung, die jetzt aus dem gescheiterten Versuch, ihrer Herr zu werden, gezogen wird.

Alle diese Weltanschauungen erheben die Hand gegen Fichte, ihren geistigen Vater. Die Moderne bekämpft in Fichte ebenso wie die Tradition das eigene Selbstbewußtsein. Fichte aber bekämpft mit Aristoteles in Platon die Wirklichkeit, die dieses Selbstbewußtsein nur scheinbar besitzt. Wenn Fichte sich auch von der Naturtheorie abwendet, so bildet doch dieselbe Natur die Grundlage auch seiner Selbstbetrachtung. Das so erreichte Selbstbewußtsein bedarf dann auch nichts weiter als nur seiner äußeren Verwirklichung. Dieses Bewußtsein geht, ohne eine Wirklichkeit erweisen zu können, in dem Trieb auf, sich und das, was durch es und für es da ist, als die Wirklichkeit auszugeben.

Hier muß sich die entscheidende Umkehr vollziehen: An die Stelle dieses Triebes muß das Streben nach dem treten, was nicht durch und für das Bewußtsein da ist, nach dem, wodurch und wofür das Bewußtsein ein wirkliches ist: nach dem Menschen selbst. Der Widerspruch zu jener Welt der Flucht muß in Kauf genommen werden, soll nicht im Selbstwiderspruch die eigene Wirklichkeit erkannt werden müssen. Deshalb bekennt Sokrates vor seinen Anklägern und Richtern: »daß eben dies das größte Gut für den Menschen« ist, »sich täglich über die Tugend zu unterhalten und über die anderen Gegenstände, über welche ihr mich reden und mich selbst und andere prüfen hört, ein Leben ohne Selbsterforschung aber gar nicht verdient, gelebt zu werden«.

Robert Jungk
Die neue Gnosis

Sucht man nach einem Beweggrund, der den bedeutenden Denkern und Forschern des zwanzigsten Jahrhunderts gemeinsam ist, so wird man ihre Versuche, die *Fragmentierung der Welt* zu überwinden, als besonders charakteristisch erkennen. Eindringlich hat der vorwiegend an den Universitäten von Princeton und London lehrende Wissenschaftsphilosoph David Bohm dies zum Ausdruck gebracht. Er führte im Jahre 1971 folgendes aus: »Selbstverständlich besteht für Denken und Sprache eine echte Notwendigkeit, die Aufmerksamkeit auf das eine oder andere Phänomen momentan einzuengen, falls die Gelegenheit es erfordert. Aber wenn jedes solche Phänomen in der Folge als getrennt existierend und im wesentlichen unabhängig vom weiteren Zusammenhang mit dem Ganzen angesehen wird, aus dem es stammt, dann ist man nicht mehr länger nur mit der Konzentration der Aufmerksamkeit befaßt, sondern dabei, ein Erscheinungsfeld in unzusammenhängende Teile zu zerreißen, deren tiefere Einheit nicht länger wahrgenommen wird. Als Folge solcher Fragmentierung des Erscheinungsfelds . . . werden nun Kunst, Wissenschaft, Technik und menschliche Arbeit überhaupt als eine Sammlung von getrennt existierenden Tätigkeiten angesehen. . . . Wie schon angedeutet, sind alle diese angeblich fragmentarischen Teile tatsächlich eng miteinander verwandt und voneinander abhängig . . . Die Vorstellung, daß sie getrennt existieren und im Grunde unabhängig seien, ist eine Illusion, die zu unaufhörlichen Verwirrungen und Konflikten Anlaß gibt.« Es ist Bohms Überzeugung, daß die verschärften Krisen, die in unserer Zeit die Menschheit so drängend bedrohen, die Folge dieser zutiefst aus dem Denken und der Sprache entspringenden Zerrissenheit zu erklären sind und nicht durch die Beseitigung der Symptome überwunden werden könnten, sondern durch ein anderes Denken, das – wie er ausführt – »nachweisbare Wirklichkeit« sei und eine »bedeutungsvolle Funktion« zu erfüllen hätte.

Es steht für mich außer Zweifel, daß David Bohm zu jener Gruppe bedeutender Geister gehört, deren Gedankenwelt der französische Philosoph Raymond Ruyer in seinem 1974 erschienenen Werk »La Gnose de Princeton« (»Die Gnosis von Princeton«) beschreibt. Die Tatsache, daß er keinen einzigen dieser »Neo-Gnostiker« beim Namen nennt, mag tatsächlich daran liegen, daß er um Diskretion gebeten wurde. Es ist aber auch nicht auszuschließen – und diese Vermutung wurde bei der Rezeption seines Buches verschiedentlich geäußert –, daß der Autor sich mit seiner Geheimnistuerei interessant machen wolle und den Lesern das Gefühl geben wolle, sie würden in esoterische Gedankengänge eingeweiht, die eigentlich nur für wenige Auserwählte bestimmt seien.

Der Erfolg des streckenweise sehr schwierigen Buches ist jedenfalls beim Publikum viel größer als bei jener Elite, die Ruyer eigentlich ansprechen wollte. Als ehemaliger »normalien«, Besucher jener Pariser Schule also, aus der viele führende Wissenschaftler und Staatsmänner hervorgegangen sind, als Verfasser mehrerer vielbeachteter Abhandlungen, als Professor an der Universität Nancy hat Ruyer den Ruf, ein ebenso zuverlässiger wie gedankenreicher Mann zu sein, der es eigentlich nicht nötig hätte, seine Ideen durch irgendwelche geschickten Tricks attraktiver zu präsentieren.

Man sollte ihm daher getrost abnehmen, daß vorwiegend in den USA lebende Physiker, Astronomen, Kosmologen, Biologen, Mediziner und seit einiger Zeit auch hohe Beamte und Kleriker sich in einer geistigen Bewegung zusammengefunden haben, der seit 1969 der Name »Die neue Gnosis« anhängt, eine Bezeichnung, die ihr ursprünglich von ihren Kritikern im Spott verliehen, aber dann von den Beteiligten als recht zutreffend übernommen wurde.

Die historische Gnosis, etwa im 1. Jahrhundert während der frühen Geschichte des Christentums auftauchend und bald als Ketzerei verboten, hatte ihre Wurzeln im Denken der Babylonier, Inder und Ägypter. Ihr zentraler Gedanke ist, daß das Königreich Gottes bereits hier auf dieser Erde in allen seinen Erscheinungen mit uns und in uns sei. Der Gläubige kann demnach in eigener Versenkung die Kenntnis der tiefsten göttlichen Geheimnisse unmittelbar erlangen. Er muß weder auf einen vermittelnden Priester, noch auf ein Leben nach dem Tode oder gar auf das Kommen des Messias warten: Vorstellungen, wie sie in den orientalischen Religionen und später auch im Islam akzeptiert waren, während das Christentum sie bei jedem Wiederauftauchen verdrängte. Diese Spaltung des intimen Zusammenhanges von Mensch und Gott mag bereits eine Wurzel jener Zerrissenheit sein, die Bohm geschildert hat, ein Vorgang, ohne den die Unterwerfung der »heidnischen Natur«, die Geburt der Naturwissenschaften und die Entwicklung der Technik vielleicht gar nicht möglich gewesen wären.

Kann dieser Riß je heilen? Ja, so meint Ruyer als Interpret der »neuen Gnosis«, wenn man bereit ist anzunehmen, daß die Welt vom »Geist« geschaffen und ganz von ihm durchdrungen ist in allen ihren Erscheinungen. Die Materie wird demnach nicht mehr als Gegensatz zum Geist angesehen, sie ist nur sein stofflicher Ausdruck, seine Erscheinung in den Augen der anderen. Aber diese körperliche Existenz erweist sich auf einer anderen, tieferen und der Wahrheit näheren Ebene als eine Art Illusion, die nur notwendig ist, damit wir die Welt und einander wahrnehmen können.

Diese Auffassung klingt gewiß unwahrscheinlich, aber sie entspricht weitgehend den neuesten Ergebnissen der Teilchenphysik. In den »großen Maschinen« von Genf, Batavia und Serpukhov werden kleinste Partikel von Materie mit hohen Energien so sehr beschleunigt, daß sie fast Lichtgeschwindigkeit erreichen und dann zum Zusammenprall mit anderen Protonen oder Neutronen gebracht. Die neuen Teilchen, die in diesen »Ereignissen« entstehen, sind sehr kurzlebig, sie existieren oft in weniger als dem millionstel Teil einer Sekunde, hinterlassen aber Spuren in »Blasenkammern« und »Funkenzählern«, die photographisch erfaßbar sind, so daß ihre Eigenschaften und Interaktionen nachträglich genau studiert werden können.

Derartige Experimente haben uns gezeigt, daß auf der subatomaren Ebene ständige Bewegung, unaufhörlicher Wandel herrscht. Die Teilchen werden nicht länger als »Bausteine« gesehen, sondern als perimäre fließende Erscheinungen, die auftauchen und wieder verschwinden. Die Materie, ja darüber hinaus das ganze Universum, erweist sich als ein eigentlich immaterieller Strom, ein gewaltiges, untrennbar ineinander verwobenes Netz von Energien, das zwar für die Beobachter immer andere Wirbel und Muster hervorbringt, aber keine festen, ja nicht einmal mit Bestimmtheit auffindbare Bestandteile aufweist. »In dieser Welt haben klassische Auffassungen wie ›Elementarteilchen‹, ›materielle Substanz‹ und ›isoliertes Objekt‹ ihre Bedeutung verloren«, meint der Physiker Fritjof Capra, der unter dem Titel »The Tao of Physics« ein hochinteressantes Buch über die zunehmende Konvergenz westlicher Physik und östlicher Mystik geschrieben hat.

Nach Bohm können aufgrund solcher Erkenntnisse »Atome, Elektronen, Protonen« und sogar Tische, Stühle, Menschen, Planeten, Galaxen und anderes mehr nur noch als von der großen Bewegung gedanklich abstrahierte und abhängige Ordnungen, Strukturen oder Formen gesehen werden, eine Vision, die, wie er meint, die Künstler viel leichter erfassen können als die Wissenschaftler, die sich in einem solchen dynamischen Universum ohne feste und letzte Wahrheiten unbehaglich, ja unnütz fühlen könnten. »Die Künstler folgen einem mächtigen Drang, ihre Arbeit zu tun, ohne sie als Quelle ewiger Wahrheit zu sehen«, schreibt er, »sie verstehen anscheinend die hervorragende Rolle der Bewegung ganz natürlich und spontan.« Begreiflich wird die Auffassung von der tieferen Wirklichkeit des Immateriellen, das sich in eine äußere, aber sein Wesen nicht eigentlich ausmachende Hülle kleiden muß, um erfaßbar zu werden, am Beispiel der Sprache. Man kann den »neuen Gnostikern« folgen, wenn sie meinen, Worte und Sätze existierten doch nicht nur durch Tinte und Druckerschwärze oder – falls gesprochen – durch die Tonwellen, die sie tragen. Sie können gedacht werden, ohne daß sie je niedergeschrieben oder ausgesprochen werden müssen.

Schwieriger wird es schon, der weiteren Fortführung dieses Gedankens zu folgen, wenn Ruyer meint, daß Augen und Hände hinter ihrer materiellen Konsistenz noch eine »semantische Konsistenz« besäßen. Er behauptet: »Meine Augen und meine Hände werden nach meinem Tod zu Staub werden, aber ›die Hände‹ und ›die Augen‹ werden in meiner Nachfolge und in der Nachfolge anderer Menschen überleben.«

Noch kühner erscheint die weitere Folgerung: »Wir leben seit dem Beginn der Welt.« Denn »die biologische Individualität, in der mein ›Ich‹ erscheint, reicht ohne Unterbrechung von Generation zu Generation zurück bis zu den primitivsten lebenden Zellen... Die Friedhöfe sind voll. Wir gehen, wie Omar Khayam bei seinen Trinkgelagen sang, auf den Kadavern ehemaliger Lebewesen. Millionen von Wesen sind verschwunden und nicht einmal ihre Skelette bleiben uns, doch Millionen von Arten, Milliarden von Menschen und Tieren sind noch da . . . Neben den Friedhöfen der Menschen gibt es auch Friedhöfe für Automobile ... Aber während die menschliche Hand überlebt und sich entwikkelt, überleben die Werke, die von dieser Hand hervorgebracht wurden, nicht in ihren mechanischen ›Abkömmlingen‹, es sei denn, die Lebenden (Menschen) produzieren sich in ihren Gedanken ... Wir haben durch die Gnosis erfahren, daß Kontinuität weder materiell noch energetisch ist, sondern ›semantisch‹, das heißt, aus dem Grund des Sinns stammt.«

Diese »semantische Begabung«, die wir mit einem anderen Wort auch »Intelligenz« nennen, ist nach Ansicht der neuen Gnosis allen lebenden Wesen bis hin zu ihren molekularen Bestandteilen gegeben. Und zwar in gleichem Maße, weil sie alle (erinnern wir uns an die Parallele der universellen, den *einzelnen* materiellen Ausprägungen zugrunde liegenden energetischen Bewegung) einem einzigen großen »Bewußtsein« angehören. Ein Hund ist demnach in seiner Umwelt und gegenüber seinen eigenen Problemen genauso intelligent wie ein Mensch, ein Infusorium so intelligent wie ein Hund, ein Molekül so intelligent wie das Infusorium. Gewiß, wenn wir vom Hund verlangen, daß er unsere menschlichen Aufgaben verrichtet, erscheint er weniger intelligent. Aber würden wir nicht ähnlich »dumm« sein, wenn wir seine Aufgaben zu lösen hätten?

Und abermals einen Schritt vorwärts – oder man könnte auch sagen, zum Urgrund dieses von Sinn und Intelligenz durchwirkten Universums des Lebendigen: »alle Wesen sind auf ihrem Gebiet so intelligent wie Gott, die ›Supreme Intelligenz‹, wie die Deisten im achtzehnten Jahrhundert ihren Gott nannten«. Das ist weder ein Paradox noch eine Lästerung in den Augen der neuen Gnostiker, sondern die Krönung einer Schöpfung, die ganz vom Geist, vom Denken und von der Intelligenz durchdrungen ist.

Das Universum der Gnostiker ist also keine Welt, in der blinde Kräfte walten, sondern ein Universum der Formen, der aus Sphären des Noch-nicht-Bewußten oder Unbewußten hinaufgeholten, entschlüsselten, weitergegebenen und vernommenen Informationen. Wie kommen diese Informationen zustande? Entweder durch Beobachtung – das ist die Methode der Naturwissenschaften – oder durch »Beteiligung«. Wenn zum Beispiel jemand sich über sich selbst informieren will, so wird er an sein Gedächtnis nicht wie an ein fremdes Nachschlagwerk herangehen, sondern durch ein inneres, an seinem subjektiven Bewußtsein partizipierendes »Ich« die verlangte Gewißheit erhalten, er wird »seiner selbst inne«.

Als Beispiel für diese Information durch Beteiligung erwähnt Ruyer das Erlernen und den Gebrauch der Muttersprache. »Meine Muttersprache führt mich auf ihre eigenen Wege, inspiriert mich wie ein intimer Souffleur, assimiliert mich, nachdem sie selbst unbewußt in meiner Kindheit assimiliert wurde. Das spätere Erlernen einer Fremdsprache beginnt zwar mit objektiven Informationen (also mit Beobachtung), endet aber, wenn es gutgeht, mit einer Art von Partizipation, die sicherlich von der vorhergehenden Assimilation einer Muttersprache profitiert.«

Auch in diesem Punkt hat die Entwicklung und die aus ihr erwachsene Problematik der modernen Physik zweifellos ihren Einfluß auf die Denkweise der »neuen Gnostiker« ausgeübt. Heisenberg hat bekanntlich entdeckt, welche entscheidende Rolle dem Einfluß des Beobachters auf sein Experiment zukommt. »Was wir beobachten, ist nicht die Natur selber, sondern die Natur, die unserer Art des Fragens unterworfen ist.«

John Wheeler sieht in der Erkenntnis von der unausweichlichen Beteiligung des Beobachtenden den wichtigsten Wesenszug der Quantentheorie und hat daher vorgeschlagen, man solle das Wort »observer« (»Beobachter«) durch das Wort »participator« (d. h. Beteiligter) ersetzen. Er begründet das in einem 1973 erschienenen Aufsatz so: »Nichts ist für das Verständnis des Quantenprinzips wichtiger als die Einsicht, daß es das Konzept einer Welt, »die dort draußen sitzt« und vom Beobachter durch eine zwanzig Zentimeter dicke Glasscheibe getrennt ist, zerstört. Sogar wenn er ein so kleines Objekt wie ein Elektron beobachten will, muß er die Scheibe zerschlagen. Er muß hineingreifen und dort das von ihm gewählte Meßinstrument installieren. Die Entscheidung, ob er die Position oder die Bewegungsgeschwindigkeit messen will, ist seine eigene Entscheidung. Wenn er seine Versuchsanordnung messen soll, hindert das die Installation der Versuchsanordnung zur Messung des anderen. Außerdem verändert seine Messung den Zustand des Elektrons. Das Universum wird danach niemals mehr das gleiche sein. Wenn man beschreiben will, was da geschehen ist, muß man das alte Wort »Beobachter« streichen und an seine Stelle das neue Wort »Beteiligter« setzen. In einem ungewöhnlichen Sinn ist das Universum ein partizipatorisches Universum.«

Diese Art der Teilnahme am Geschehen ist jedem, der sich mit Mystik oder Meditation befaßt hat, ohne weiteres einsichtig. Im Gebet und in der Versenkung kann intellektuelle Beobachtung nicht weiterhelfen, sondern nur die Beteiligung des ganzen Wesens. In diesen Übungen wird der Gegensatz von Denken und Sein aufgehoben, indem das Individuum ganz mit dem Gegenstand seines Nachdenkens verschmilzt. Nach Ansicht einiger Physiker, wie zum Beispiel Eugene Wigner (der übrigens wie Bohm und Wheeler viele Jahre lang in Princeton gelehrt hat), können die von der Quantentheorie erfaßten, subatomaren Phänomene nur als Teil einer Kette von Vorgängen begriffen werden, deren Ende und Anfang im Bewußtsein des Experimentators zu suchen sind. Hier deutet sich eine künftige Verbindung physischer und psychischer Kräfte an, durch deren Fragmentierung die Naturwissenschaften nicht nur vom Geist, sondern auch vom Gefühl abgeschnitten würden. Erst dadurch würde es möglich, sie auf inhumane Ziele hinzulenken.

Wigner führte bereits 1967 aus:

»Das mit Bewußtsein begabte Wesen muß in der Quantenmechanik eine andere Rolle spielen als ein unbelebtes Meßinstrument. In anderen Worten: Der Eindruck, den man von einer Interaktion (subatomarer Teilchen) erhält – man nennt das auch das »Resultat einer Beobachtung« – verändert die Wellenfunktion des Systems. Diese veränderte Wellenfunktion ist im allgemeinen unvorhersagbar, bevor der Eindruck, der durch die Interaktion gewonnen wurde, in unser Bewußtsein eingedrungen ist: Das Eindringen eines Eindrucks in unser Bewußtsein verändert die Wellenfunktion, weil es unsere Beurteilung der wahrscheinlichen Eindrücke, die wir in der Zukunft zu empfangen meinen, modifiziert. Die physisch-chemischen Bedingungen und Eigenschaften des Substrats schaffen nicht nur einen Bewußtseinszustand, sondern beeinflussen zutiefst auch seine Wahrnehmung.«

Soweit Wigners erste Feststellung. Doch nun folgt eine gedankliche Spekulation von größter möglicher Tragweite. Wigner fragt sich nämlich: »Beeinflußt nun umgekehrt das Bewußtsein die physisch-chemischen Bedingungen?«

Gestatten Sie es mir, an diesem Punkt eine persönliche Beobachtung einfließen zu lassen. Ich habe, um Recherchen für mein Buch »Die große Maschine« zu machen, zwei Jahre lang in engem

Kontakt mit Theoretikern und Experimentatoren des Genfer »Centre Européen de Recherche Nucléaire« – besser bekannt unter der Abkürzung CERN – gelebt und persönlich erfahren, wie sehr für viele Physiker die Suche nach dem Erkennen der Außenwelt zur Frage nach dem Erkennen der eigenen inneren Welt geworden ist. An den Grenzen des Studiums der Materie werden sie gezwungen, sich immer intensiver mit jenem »Instrument« zu befassen, das die Konzepte für diese Forschung und die Versuchsanordnungen für deren Überprüfung letztlich bestimmt: dem Menschen. In der Literatur kündigt sich diese Erweiterung schon längere Zeit an. Lonergan hat schon 1957 vorausgesagt, daß die Wissenschaft nicht länger nur mit den Beziehungen der Dinge zueinander befaßt bleiben könne, sondern sich immer mehr um das Bewußtsein kümmern müsse. Und Chaitana hat 1972 notiert: »Man hat zu früh vergessen, daß zur kompletten Beschreibung eines Experiments das Bewußtsein, das Ausschau hält, ebenso erwähnenswert ist wie das Universum, das dabei wahrgenommen wird.«

Es ist an diesem Punkt der Forschungsentwicklung nur zu begreiflich, daß sich gerade diejenigen Physiker, die an der vordersten Front der Erkenntnis arbeiten, in Weiterverfolgung der Wignerschen Vermutung, immer stärker für Bewußtseinsphänomene interessieren. Dabei gehen einige von ihnen so weit wie Fred Wolf (zur Zeit Universität Paris) und Jack Sarfatti (bis vor kurzem beim Zentrum für Theoretische Physik in Triest), einen aktiven Einfluß psychischer Vorgänge auf die Außenwelt als konsequente Weiterentwicklung der Quantenphysik zu postulieren. Psychokinese, d. h. Wirkungen auf die physische Welt durch gedankliche Konzentration wird von ihnen nicht nur als möglich, sondern sogar als wissenschaftlich beweisbar angesehen. Es könnten dadurch nicht nur – wie in den umstrittenen Experimenten Uri Gellers – Löffel gebogen werden, sondern auch ein Laserstrahl abgelenkt, ein elektromagnetisches Feld verändert, die Temperatur des Wassers in einem Glas angehoben, ein Photo auf einem Film ohne die Zwischenschaltung einer Kamera entstehen. Bisher seien zwar nur einige besonders begabte Individuen zu solcher Aktivität befähigt, aber eine genauere Erforschung derartiger Phänomene, die im Zentrum künftiger wissenschaftlicher Arbeit stehen sollte, werde sie von außerordentlichen und nicht nachahmbaren zu gewöhnlichen und erlernbaren Handlungen machen. Gewiß können solche Überlegungen von den meisten Naturwissenschaftlern nicht oder noch nicht nachvollzogen werden.

Die Mitglieder der »neuen Gnosis« scheinen aber keine derartigen Hemmungen zu kennen. Sie weisen darauf hin, daß die größten Forscher stets am ehesten bereit waren, »Verrücktes« zu denken und zu erproben. Einstein, der ja die letzten Jahrzehnte seines Lebens in Princeton verbrachte und auf seine Umgebung einen provozierenden Einfluß ausgeübt hat, als seine letzten, eher konservativen und auf Abrundung seines großen Werkes gerichteten Arbeiten vermuten lassen, hat mehr als einmal gesagt: »Phantasie ist wichtiger als Wissen.« Von Freeman Dyson, der mit ihm am »Institute for Advanced Studies« arbeitete und lange Abende mit ihm debattierte, ist die Äußerung bekannt: »Für eine Spekulation, die nicht auf den ersten Blick verrückt aussieht, gibt es keine Hoffnung.« Richard Feynman, den Einstein als seinen begabtesten Schüler bezeichnete, hat seinen Hörern am »California Institute of Technology« verkündet: »Wir müssen eine neue Vision der Welt finden. Was wir am meisten brauchen, ist Phantasie.« Und Nobelpreisträger Albert Szent-Gyorgyi definierte Forschung als Gewebe, das primär aus »Träumen entstehe, in die dann nachträglich Fäden der Vernunft, der Messung, der Berechnung eingewoben« würden. Was liegt näher als Träume und Ahnungen, in denen die Freudsche Psychoanalyse nur Manifestationen des *Unter*bewußtseins sehen wollte, als mögliche Mitteilungen eines noch nicht entdeckten, aber in seinen Wirkungen gelegentlich schon spürbaren *Über*bewußtseins zu sehen. Die »Gnosis von Princeton« nimmt laut Ruyer die alte, bei allen Naturvölkern verbreitete Vorstellung wieder auf, daß »das innere Genie des Menschen, sein »Daimon« – im Sinne Platos – sein Gott im Traum zu ihm spreche. Aber bei solchen Allgemeinheiten, die Gott wieder einmal als bequeme Verkörperung jeder Unbekannten in einer ungelösten Gleichung, als Lückenbüßer für noch nicht vorhandene Erkenntnis einsetzt, will man nicht stehenbleiben. Die Traumforschung und darüber hinaus die seit Mitte der sechziger Jahre sich kräftig entwickelnde Untersuchung verschiedener Bewußtseinszustände versucht, diese bisher den esoterischen und »geheimen« Wissenschaften überlassenen Domänen der faßbaren und dokumentierbaren Erkenntnis zu erschließen. Universitätsprofessoren wie Asserinsky und Kleitmann, die mit Hilfe elektronischer Instrumente die Veränderung der Hirnströme während verschiedener Traumphasen untersuchten und unabhängige Forscher wie Tart und Castaneda, die versucht haben, Träume aktiv zu beeinflussen, oder Ullman und Kripner, die Verbindung zwischen Traum und außersinnlicher Wahrnehmung herzustellen versuchen, können ihre Arbeiten nicht mehr nur in den Blättchen spiritueller Sekten, sondern auch in anerkannten wissenschaftlichen Zeitschriften wie »Science«, »Nature« und »Recherche« publizieren. Es ist im Zusammenhang mit Ruyers verschlüsselten und oft schwerverständlichen Aussagen über eine »Zusammenarbeit von Gott und Mensch«, die im Traum und anderen ungewöhnlichen psychischen Zuständen evident wird, sinnvoll, die Stichwort-Bilanz zu zitieren, die Harman und Markley vom »Stanford Research Institute« über die neuen Erkenntnisse der Traumforschung zusammengestellt haben.

Dort heißt es:

»Die Ergebnisse dieser Arbeiten zeigen, daß der Mensch ein ausgedehntes und bedeutsames ›Traumleben‹ führt, das seine seelische, gefühlsmäßige und körperliche Gesundheit wesentlich mitbestimmt. Träume können ihm auf die verschiedensten Weisen nützlich sein:

- Lösungen für persönliche und praktische Fragen können im Traum gefunden werden;
- Literarische und künstlerische Schöpfungen können durch Träumen vorangebracht werden;
- Emotionelle Konflikte und Nöte können durch Träume mitgeteilt werden;
- Verschiedene Sphären der Persönlichkeit können durch Träume miteinander kommunizieren;
- Integrierte und positive Bilder der eigenen Persönlichkeit können sich im Traum bilden;
- Telepathische Information und »Vorauswissen« können in Träumen empfangen oder ausgedrückt werden;
- Handlungen, Vorgänge und Themen von Träumen können bis zu einem gewissen Grad kontrolliert werden.

Es sind Möglichkeiten wie die zuletzt erwähnte, die den »neuen Gnostikern« berechtigte Sorgen machen. Sie befürchten, daß die neuesten Erweiterungen von im Grunde schon lange vorhandenen, nun aber erst allmählich erkannten menschlichen Fähigkeiten sofort wieder banalisiert oder zu Machtzwecken mißbraucht werden könnten.

Ruyer wird nicht müde zu betonen, daß die »Gnostiker von Princeton« die »Welt als ein wenig abstoßend« empfinden. Ihre Haltung sei bewußt zurückhaltend, aristokratisch und unpolitisch: »Sie wollen weise wie die Mönche des Hochmittelalters die Oase ihrer ›Klöster‹ oder ihrer quasireligiösen Gesellschaften erhalten. Einmal mehr in der Geschichte entsteht so aus den Beziehungen zwischen Meister und Gefährte, zwischen Meister und Schüler eine Art religiöser Gemeinschaft, die aber nicht kirchlich ist, ein auf gemeinsamer Übereinkunft beruhender »Staat«, vergleichbar mit dem des alten Tibet oder des Berges Athos, der sich vom politischen Staat fernhält. Die »Gnostiker« sehen die politischen »Ideologen« der Gegenwart so wie die Mönche seinerzeit – und zum Teil auch heute noch – die Priester der Kirche ansahen: als säkularisierte Funktionäre, die sich in der Welt verloren haben.«

Man darf sich fragen, ob Ruyer hier nicht seine eigene Ideologie den »neuen Gnostikern« unterschiebt. Er macht ja keinen Hehl daraus, wie sehr er die führenden Advokaten einer radikalen Veränderung der gesellschaftlichen Herrschaftsstrukturen verachtet, ja haßt, wie z. B. Marcuse, Chomsky und insbesondere die »bärtigen und behaarten Hippies, vor deren Körpergerüchen, Drogenmystik und Promiskuität die Neo-Gnostiker einen physischen Abscheu verspüren«.

Ebenso versuchen die Gnostiker sich, laut Ruyer, gegen die Informationsflut abzuschirmen. »Sie hassen die Ozeane von Drucksachen und Bildern, die unsere Zivilisation überschwemmen . . . Die Vergiftungen der Gehirne durch Belehrungen erscheinen ihnen schwerwiegender als die Vergiftungen durch die Abgase und Abfälle der Industrie. Die Überfüllung durch Informationen schlimmer als die durch Maschinen und Utensilien verursachten, die Verdauungsstörungen durch Zeichen aller Art gefährlicher als Lebensmittelvergiftungen.« So treten die Gnostiker für Siebung, Filterung, ja sogar »Zensur« und »eiserne Vorhänge« ein, denn nur so könne sich der Geist gegen die Informationsverschmutzung absichern, so ähnlich wie der Körper sich durch Augendeckel und die Nervenblöcke des retikulären Systems selbst schütze.

Im Gegensatz zu anderen Aussagen Ruyers, die sich auch ohne

Kenntnis der internen Kommunikation der »neuen Gnostiker« aus der offenen wissenschaftlichen Literatur nachweisen lassen, ist es mir nicht gelungen, auch nur einen einzigen namhaften Zeugen für diese Behauptungen des Propheten der »neuen Gnose« zu finden.

Gewiß hat es, besonders während der Ära Nixon, zum Beispiel im Kreis um die Romanschriftstellerin Ayn Rand und den Wanderprediger Billy Graham ähnliche Äußerungen gegeben, aber es wäre schwer, den Vertretern solcher Ansichten in amerikanischen Universitätsstädten wie Princeton, Cambridge, Pasadena, Berkeley oder Ann Arbor zu begegnen.

Es ist schade, daß die Mitteilungen des französischen Autors, die eine zweifellos bemerkenswerte und wichtige Richtungsänderung des Wissenschaftsverständnisses anzeigen, sich besonders im zweiten Teil seines Buches über »Neognostische Weisheit zum Glauben« in derartig reaktionären Tiraden verlieren, für die er nicht einmal persönlich die Verantwortung übernehmen will, denn er berichtet ja angeblich nur, was andere gesagt haben sollen. Dadurch wird leider auch manches von dem unglaubwürdig, was er zuvor über eine »neognostische Wissenschaft« berichtet hat.

Doch sollte man sich durch dieses Abgleiten nicht davon abhalten lassen, die anderen hier aufgeworfenen Fragen ernst zu nehmen und sich zu fragen, ob und wie stark sie ein künftiges Menschenbild beeinflussen könnten.

Einen solchen Versuch hat das schon vorhin erwähnte Forschungsteam des »Center for the Study of Social Policy« im kalifornischen Stanford Research Institute (Menlo Park) unter Leitung von Harman und Markley unternommen und dadurch nicht wenig zur Aufnahme einstiger Geheimwissenschaften ins anerkannte wissenschaftliche Weltbild beigetragen. Folgen wir kurz ihren Ausführungen, bevor wir uns noch einmal dem Buche Ruyers zuwenden. Die Autoren gehen davon aus, daß die Bilder, die wir vom künftigen Menschen haben, die Zukunft wesentlich, ja sogar einschneidend formen. Daher entwickeln sie nicht nur Vorschläge für das Studium und die Lösung globaler Probleme, die nationale und soziale Probleme krisenhaft beeinflussen werden, sondern treten vor allem für »Forschungen über die nichtmechanistische und nicht ausschließlich rationale Natur des Menschen« ein.

Dazu werden folgende Themenkreise vorgeschlagen:

- Untersuchung einer möglichst weitgefaßten Anzahl von Bewußtseinsvorgängen unter Einbeziehung von Drogenforschung, Hypnose, Biofeedback ...;
- Kritische Durchleuchtung der statischen und zu sehr an Einzelheiten sich verlierenden Naturwissenschaften;

  Losreißen von den gegenwärtigen Begrenzungen der technologisch orientierten Weltsicht;
- Untersuchungen über das Zeitgefühl der Menschen, da das Erfassen von künftigen Gefahren direkt davon betroffen wird. (Gibt es z. B. Möglichkeiten, dieses Zeitgefühl so zu verändern, daß wir mögliche Krisen früher wahrnehmen und ernst nehmen?);
- Erforschung neuer Methoden der Problemlösung durch Stimulation der Kreativität und anderer Phantasiemöglichkeiten des Geistes;
- Untersuchung der Einübung und des Gebrauchs paranormaler Wahrnehmung (möglicherweise durch behavioristische Techniken), zur Förderung der Entwicklung gewisser wichtiger Aspekte des menschlichen Bewußtseins;
- Untersuchung der Empfindlichkeit des menschlichen Organismus gegenüber Veränderungen, die durch industrielle Tätigkeiten entstehen, z. B. elektromagnetische Verschmutzung, Lärm, Bevölkerungsdichte, Möglichkeiten einer Verbesserung des »Umwelt-Design«, da die Menschen immer mehr Zeit in künstlicher Umgebung verbringen müssen;
- Untersuchung biologischer Rhythmen;

  Erforschung der Wirkungen von Gedanken auf die Mikroorganismen des Körpers und ihre Beziehung zu psychosomatischen Störungen.

Vermutlich würden die »neuen Gnostiker« – oder zumindest ihr Interpret Raymond Ruyer – ein solches Aktionsprogramm als zu simpel oder naiv ablehnen. Zwar haben sie sich in den letzten zwei Jahren auch mit Biofeedback, Hirnwellen und veränderten Zuständen der Psyche beschäftigt, doch geschieht dies, wie alles andere, was sie unternehmen, anscheinend nur in spielerischer, bestenfalls reflektierender Weise. Letztlich erscheint ihnen wohl das, was sie aus eigener Initiative unternehmen könnten, unerheblich. Sie warten auf das Signal des »Geistes«, das sich ihrer wie eines Instrumentes bedient. Denn – ich zitiere noch einmal Ruyer

– »die neue Gnose ist weit davon entfernt, ein neuer Humanismus zu sein. Sie ist vielmehr ein neuer Theozentrismus«.

Dieser *Theozentrismus* begünstigt den moralischen Isolationismus und den apolitischen Charakter der Bewegung, das sieht auch Ruyer ein. Aber während er anfangs diese Haltung unverständlich fand, wertet er sie schließlich, wenn auch zögernd, doch eher positiv als »eine Weisheit, die auf glückliche Weise sich von der Leichtfertigkeit vieler Intellektueller unterscheidet, die heutzutage so erschreckende Verantwortungen übernehmen«.

Interessant und beunruhigend zugleich ist aber die Andeutung Ruyers auf der allerletzten Seite seines Buches, daß gewisse neognostische Untergruppen sich politisch orientieren wollen. Wenn dies geschieht, so wäre es durchaus denkbar, daß morgen in den USA eine Führungsgruppe konservativer Denker auftaucht, die Ruyer antizipierend schon jetzt gefunden zu haben glaubte. Man darf – das hat kürzlich eine hochinteressante Studie des amerikanischen Wissenschaftstheoretikers Lewis S. Feuer gezeigt, die unter dem Titel »Einstein and the Generation of Science« erschien – nämlich nicht glauben, daß Naturwissenschaftler selbst des größten Kalibers den Einflüssen aktueller Geschehnisse und modischer Ideologien verschlossen bleiben. Sie nehmen sie in ihre Gedankenwelt auf, verarbeiten sie und geben ihnen dann durch ihre scheinbar objektiven Forschungsergebnisse erhöhten Einfluß.

Es wäre daher durchaus denkbar, daß die scheinbar esoterische Gedankenwelt der »neuen Gnose« einer neuen, hierarchisch ausgerichteten Gesellschaftsform die philosophische Weihe gibt. Das allein wäre ein Grund, sich genauer mit Ruyers oft dunklem, aber anregendem Werk zu beschäftigen, das viele Grenzen öffnet, ohne sie bisher – weder im Guten noch im Bösen – zu überschreiten.

Iring Fetscher
Sozialismus und Sinnfrage

Die Frage nach dem Sinn ihres Lebens wird von Menschen im allgemeinen erst dann gestellt, wenn ihnen dieser Sinn – im doppelten Sinn des Wortes – fragwürdig geworden ist. Über lange Geschichtsperioden hinweg scheint zumindest die Sinnfrage nicht gestellt oder die Antwort so selbstverständlich gewesen zu sein, daß kein Aufhebens von ihr gemacht wurde. Auch wenn das traditionelle Klischee vom Mittelalter längst von der Geschichtswissenschaft aufgelöst worden ist, bleibt doch der Eindruck berechtigt, daß jahrhundertelang die wohlgefügte Ordnung von Himmel, Erde und Hölle, sozialer Hierarchie und gottgewollter Fügung ins Schicksal Bezugspunkt für das Sinnverständnis der meisten europäischen Menschen war.

Freilich gab es schon früh Rebellen, die im Namen einer gerechteren, gottgefälligeren Ordnung gegen die bestehenden Verhältnisse protestierten und ihren Lebenssinn zum Teil in jenem Protest selber fanden. Die Angehörigen der großen Bettelorden und der oppositionellen religiösen Bewegungen bis hin zur Reformation waren gewiß auch Sinnsucher, Exponenten einer anderen Auffassung des Lebenssinns als ihn das Establishment predigte und demonstrierte. Oft genug wurde an der Diskrepanz zwischen Lehre und Leben – der kirchlichen Hierarchie wie der weltlichen Obrigkeit – Sinn und Gültigkeit jener Ordnung fragwürdig. – Angesichts von Not und Elend der Bevölkerung wurden aber auch Angehörige des Establishment gelegentlich am Sinn dieser Ordnung irre und suchten im Rückzug aus dem weltlichen Alltagsleben in die Stille der Mönchszelle einen neuen Lebenssinn zu finden, der von der Weltordnung »hier unten« unabhängig schien.

Viele Angehörige der französischen Oberschicht waren – schon lange vor der Französischen Revolution – irre geworden an der verfeinerten, raffinierten, zynischen Kultur, die freilich auf enge Zirkel in der Hauptstadt und einigen Landsitzen beschränkt war. Marie Antoinettes Meierei im Park von Versailles und Rousseaus Kult der unverdorbenen Natur sind Indizien jenes Zweifels am Sinn höfischer Hochkultur, der eine ganze Anzahl Adliger und Geistlicher ins Lager des aufsteigenden Tiers Etat führte.

Es ist nicht üblich, Revolutionen mit der Sinnfrage in Verbindung zu bringen. Marxisten sprechen im allgemeinen von Klasseninteresse und vom Klassenbewußtsein, in dem dieses Interesse sich politisch artikuliert. Aber die Ordnung des Ancien Régime beruhte wie alle sozialen Systeme nicht allein auf der Akzeptierung dieser Ordnung durch die Mehrheit der zu intellektueller Artikulation fähigen Franzosen. Nicht zufällig hatten die Erbauer des absolutistischen Königtums so großen Wert auf Akademien, Theater und Nationalliteratur gelegt. Durch sie suchte das royalistische Establishment die geistige Hegemonie über die Gesellschaft auszuüben, oder – mit anderen Worten – den Sinn der bestehenden Verhältnisse überzeugend zu erweisen. Der Aufstieg der Bourgeoisie und der Verfall der Hegemonie des alten Establishments gingen Hand in Hand. Autoren wie Diderot zeigen eindrucksvoll den Prozeß der Auflösung der Wertvorstellungen und des selbstbewußten Selbstverständnisses des Ancien Régime an. Jacques le fataliste, Jacques et son maître, und Beaumarchais' Barbier demonstrieren die Austauschbarkeit der Rollen von Diener und Herr, das Hinfälligwerden der sozialen Hierarchie, die intellektuelle Überlegenheit des findigen Dieners über den an sich selber zweifelnden Herren, der zur komischen Figur degeneriert.

Der Sinn, von dessen unbezweifelter Gültigkeit die aufsteigende bürgerliche Klasse durchdrungen ist, kann in Schlagworte gefaßt werden, die erst heute allmählich ihre Faszination einzubüßen beginnen: ich meine nicht so sehr *Freiheit, Gleichheit* und *Brüderlichkeit* – die schon bald nach erfolgreichem Abschluß der Revolution durch die Praxis deutlich genug desavouiert wurden – als vielmehr *Fortschritt, Wirtschaftswachstum, Akkumulation des Reichtums* durch *freien Wettbewerb*. Das alles waren Werte und Ideale, die dem Ancien Régime – zumindest ursprünglich – völlig fremd waren. Man könnte leicht eine Liste entgegengesetzter Werte aufstellen, auf die sich zu Beginn des 18. Jahrhunderts vermutlich noch die Mehrheit der meinungsbildenden Schicht geeinigt hätte: gesicherte Ordnung der Gesellschaft, wirtschaftliches Auskommen, Fähigkeit zur Deckung des sozial unterschiedlichen Bedarfs, Regelung der Wirtschaft durch einen fürsorglichen Staat.

Vor allem aber hätten die führenden Hofprediger die Bedeutung der gesamten Sphäre des Wirtschaftslebens niedriger eingeschätzt und auf die größere Relevanz des moralischen und religiösen Lebens verwiesen. *Dort* lag die eigentliche Sinnerfüllung des Daseins und in den großen Trauerreden wurde sie neben die Leistungen der Staatsmänner und Feldherren – wenn nicht gar über sie – gestellt.

Während all dieser Zeit lag für die *Mehrheit der Bevölkerung* die Sinnfrage jenseits ihres Horizontes. Oft unter einer unvorstellbaren materiellen Misere leidend, abhängig, ausgebeutet und ungebildet, war sie auf den Kampf ums schiere Überleben eingeschränkt und kannte außer den Tröstungen einer um praktikable Formen des Aberglaubens bereicherten Religion kaum irgendeine geistige Anregung. Das wurde im Laufe des 18. Jahrhunderts – vor allem für die Großstadtbevölkerung – anders. Der Selbstzweifel einzelner Angehöriger des Establishments teilte sich den Unterschichten in Form der revolutionären Infragestellung der überlieferten hierarchischen Ordnung mit. »Als Adam grub und Eva spann, wo war denn da der Edelmann?« hatten schon die Bauern der Bauernkriege gefragt. Jetzt, wo die feudalen Schutzfunktionen längst der Vergangenheit angehörten, war vollends kein Grund mehr für die Rechtfertigung der Privilegien von Adel und Geistlichkeit zu erkennen. Der objektive Sinn dieser Einrichtungen war längst dahin, nun wurde auch die subjektive Überzeugung von ihrem Sinn hinfällig. Die Unterschichten nahmen die Schlagworte der bürgerlichen Revolutionäre beim Wort und gingen – gegen Ende der Herrschaft des Comité de Salut Public – schon deutlich über die Schranken der bürgerlichen Gesellschaft hinaus. Ein egalitäres – wenngleich noch kein sozialistisches – Ideal tauchte auf: »Niemand soll mehr als einen Laden oder eine Werkstatt, niemand mehr als eine bestimmte Summe Geldes oder eine bestimmte Größe Ackerland besitzen.« Hier artikulierten sich die Interessen der handwerklichen, bäuerlichen und kommerziellen Kleinbürger, in deren Reihen die noch wenig zahlreichen Lohnarbeiter aufzusteigen hofften. Die Sinnfrage stand insofern im Hintergrund ihrer Forderungen als sie jedenfalls von *dem Widersinn* der Besitzunterschiede und der aus ihnen fließenden Abhängigkeiten überzeugt waren.

Die Dynamik der kapitalistischen Wirtschaftsweise ging rasch über die egalitären Hoffnungen des Kleinbürgertums hinweg. Mit dem Wachstum der industriellen und agrikulturellen Produktion sank die Bedeutung des kleinen, selbständigen Mittelstands dahin. Die Weltanschauung, die mehr und mehr die gesamte Gesellschaft beherrschte, war der *Glaube an den grenzenlosen Fortschritt* von Wissenschaft, Technik und Wirtschaft, der Stolz auf die weltumspannenden Handelsbeziehungen der europäischen Metropolen und ihre offensichtliche Überlegenheit über alle anderen Kulturen und Völker. *Progressismus, Eurozentrismus* und *Industrialismus* waren die sinnstiftenden Tendenzen, und selbst die traditionellen Glaubensinhalte paßten sich diesen Tendenzen an.

Auch der Frühsozialismus entfaltete sich im Umkreis dieser Überzeugungen. Saint Simon stellte die gesellschaftliche Bedeutung der »Industriels« heraus, worunter er sowohl die Fabrikanten als auch die Arbeiter und Ingenieure verstand. Ihnen gegenüber erschienen die Angehörigen des Adels und der Geistlichkeit als überflüssige Drohnen. Charles Fourier verurteilte zwar das System des freien Handels und seine Mißbräuche, glaubt aber gleichwohl an eine unerhörte Entwicklungsfähigkeit der Produktion, wenn man nur eine den natürlichen Eigenschaften der Menschen angemessenere Organisationsform stiften wollte. Die Befreiung des ökonomischen Potentials, der Produktivität war der von allen anerkannte höchste Sinn und Wert. Die Freihändler rechtfertigten die liberale Wirtschaftsverfassung damit, daß sie das optimale Wirtschaftswachstum gewährleiste und auch die Sozialisten – bis hin zu Karl Marx – erblickten in der Entfaltung der Produktivkräfte einen obersten Wert und den eigentlichen Sinn der künftigen gesellschaftlichen Organisation. Bis zu einem gewissen Grade kann man von einem gemeinsamen Weltverständnis von Liberalen, Sozialisten und Marxisten sprechen. Diese Gemeinsamkeit drückte sich während der Periode der Zweiten Internationale unter anderem darin aus, daß das liberale Bürgertum und Kleinbürgertum wie die Angehörigen der Arbeiterbewegung für ein monistisch-materialistisches Weltbild, einen dogmatisierten Darwinismus sich einsetzten und die Religion pauschal als unwissenschaftlich und veraltet abtaten.

Im Horizont dieses *Fortschrittsglaubens*, der sich als eine Verlängerung der Evolution der Arten in die Zukunft hinein verstand, so daß Nietzsches Übermensch als eine Art naturwissenschaftliche Extrapolation aus Darwins Entdeckung angesehen werden konnte, deutete sich auch die revolutionäre Arbeiterbewegung. Der Kapitalismus, so sah es Karl Marx 1848, hat seine progressive historische Mission bereits erfüllt. Künftig stellt er einen immer lästiger werdenden Hemmschuh der Entwicklung der Produktivkräfte dar. Er ist außerstande, der Mehrheit der proletarisierten Bevölkerung in Krisenzeiten auch nur das Existenzminimum zu sichern. So groß seine Errungenschaften auch waren, er muß durch eine sozialistische Revolution überwunden werden. Sinn dieser Revolution wird die »Befreiung der Entwicklung der Produktivkräfte« aus den Schranken der Privateigentumsordnung sein. »Auf der Basis des progressiven Kapitalismus über den Kapitalismus hinaus«, so könnte man das Selbstverständnis des revolutionären Marxismus zusammenfassen. Die wissenschaftliche Arbeit von Karl Marx – nach der Niederlage der 48er Revolution – diente einzig dem Nachweis der inneren Widersprüche der kapitalistischen Produktionsweise und der daraus folgenden *Möglichkeit* ihrer Überwindung. Aus der objektiven Möglichkeit der Überwindung des Kapitalismus durch eine sozialistische Revolution folgt aber noch nicht deren Notwendigkeit. Die ist »notwendig« nur, insofern auf andere Weise die »Befreiung der Produktivkräfte« aus ihrer zunehmenden Fesselung nicht erfolgen kann. Aber niemand sagt, daß sie mit naturwissenschaftlicher Notwendigkeit befreit werden müssen. Freilich ist die einzige Alternative zur sozialistischen Revolution der »Rückfall in Barbarei« oder »der gemeinsame Untergang der kämpfenden Klassen«. Aus dieser These folgt, daß die sozialistische Revolution eine *bewußte Anstrengung* der allein zu dieser Revolution fähigen Klasse, des Industrieproletariats, erfordert. Die klassenbewußten Proletarier können daher in ihrer *Organisation* und ihrer revolutionären *Aktion* den historischen *Sinn ihres Lebens erblicken*. Sie erfahren sich als die bewußten Agenten des einzig möglichen Fortschritts über den Kapitalismus hinaus. Fortschrittlichkeit und revolutionäre Tätigkeit fallen zusammen. Ihre Ethik wie ihre Metaphysik fließt aus der welthistorischen Aufgabe, die ihnen – auf Grund ihrer Stellung im Produktionsprozeß – gestellt ist. Diese Aufgabe zu erkennen und zu übernehmen bedeutet für sie Sinnerfüllung des Daseins. Im Bewußtsein dieser Sinnerfüllung können die größten Opfer gebracht werden. Ernst Bloch hat in diesem Zusammenhang von dem *»roten Helden«* gesprochen, der noch im Tode gelassen bleiben kann, weil er weiß, daß die Sache, der er diente, von seinen Genossen weitergeführt werden wird. Im Bewußtsein solcher irdischer Sinnerfüllung fällt die

Notwendigkeit eines Glaubens an jenseitige Sinnerfüllung weg. Freilich steckt in der Überzeugung des *Getragenseins* von einem objektiven und notwendigen Fortschrittsprozeß in säkularisierter Gestalt noch immer ein Erbe des Christentums. Der am Ende der Zeiten erwartete neue Himmel und die neue Erde sollen zwar jetzt von der kollektiven Anstrengung der vereinigten Arbeiter geschaffen werden, aber die *objektiven* ermöglichenden Bedingungen hierfür sind nicht das bewußte Produkt menschlicher Bemühungen. Der Sache der Revolutionäre kommt die Geschichte selbst entgegen. Ernst Bloch konnte ohne starke Abweichung vom Marxismus von einem »Segen« sprechen, der bei der Sache sein muß. Dieser Segen steckt in der von niemandem geplanten Herstellung der Voraussetzungen für die Möglichkeit einer bewußten sozialistischen Revolution durch die Geschichte.

Bei näherer Analyse stellen sich allerdings erhebliche Unterschiede zur religiös geglaubten Sinnerfüllung des Daseins heraus. Einmal erscheint einer nüchternen naturwissenschaftlichen Betrachtung – wie sie Friedrich Engels im Anti-Dühring und in der Dialektik der Natur anstellt – auch das *künftige* Zeitalter der klassen- und herrschaftslosen Gesellschaft als eine begrenzte vorübergehende Periode. Mit dem unvermeidlichen Schwinden der Lebensbedingungen auf der Erde wird die Menschheit dem Kältetod anheimgegeben. Engels tröstet sich mit dem Gedanken, daß nach ungeheuer langen Zeiten dann an anderer Stelle die gesamte Entwicklung vom Urnebel über die primitiven Formen des Lebens bis zum Menschen und seinen progressiven Sozialformationen noch einmal (und immer wieder) sich vollziehen werde. Der Fortschritt mündet damit in den Kreislauf, den die antiken Philosophen – wie Engels meint – genial vorausgesehen haben. Das Denken in Zyklen ist aber mit dem Glauben an den Fortschritt nicht gut zu vereinbaren. Friedrich Nietzsche hat die ewige Wiederkehr des Gleichen nicht zufällig als Symbol für die ihn überwindende Hinnahme des Nihilismus gebraucht. Mit dem Kreislauf einverstanden, kann uns keine Enttäuschung mehr treffen, sind wir gegen alle Schicksalsschläge gefeit. Aber der Heilige Augustin hat auch nicht von ungefähr von den *trostlosen Kreisläufen der antiken Philosophen* gesprochen und ihnen den christlichen Glauben an die Auferstehung und das ewige Leben entgegengestellt. Dieser Glauben an den heilsgeschichtlichen Fortschritt bildet aber noch immer den Hintergrund auch für das moderne säkularisierte Fortschrittsdenken. Ernst Bloch hat das wohl erkannt und daher mutig gegen den kosmologischen Pessimismus eines Engels protestiert. Er forderte – in der Tradition philosophischer Naturspekulation – eine zweite Kosmologie, die den welthistorischen Fortschritt ins Kosmische hinein verlängert und ihn damit vor seiner prinzipiellen Entwertung und Liquidierung bewahrt.

Vor solch kühner Spekulation scheuten freilich die meisten Marxisten zurück, und auch die kühne Idee eines Arnošt *Kolman*, der meinte, man werde durch rechtzeitige Evakuierung der Erdbevölkerung die Menschheit dem Kältetod entziehen können, wird nicht von allen als Lösung akzeptiert werden. Die von Engels aufgezeigte Perspektive liegt aber doch in so weiter Ferne, daß sie den meisten Zeitgenossen als relativ belanglos erscheinen wird, zumal dann, wenn man die realen Risiken einer vorzeitigen Liquidierung der Menschheit mit Hilfe ihres selbstproduzierten Zerstörungspotentials bedenkt.

Ein ganz anderer Einwand gegen den sozialistischen Fortschrittsglauben ergibt sich aus der Einsicht in die »*Grenzen des Wachstums*«, die durch die begrenzten Rohstoffvorräte und vor allem durch die Gefahren der *fortschreitenden Umweltzerstörung* gesetzt sind. Im Unterschied zu den Annahmen von Marx, Engels und den meisten späteren Marxisten hat sich die kapitalistische Wirtschaftsweise noch immer als ungemein dynamisch erwiesen. Die Notwendigkeit der sozialistischen Revolution läßt sich – jedenfalls in den entwickelten Industriestaaten der Erde – kaum noch aus dem pauschalen Bedürfnis nach einer »Befreiung der Produktivkräfte« ableiten. Es sieht vielmehr eher so aus, als sei jetzt die Befreiung vom ständigen Zwang zur erweiterten Reproduktion, die zu wachsender Umweltzerstörung und sinkender Qualität des Lebens führt, die *Hauptaufgabe*. Es ist weniger das quantitative Wachstum als solches, das zu wünschen übrigläßt, als *die einseitige Richtung des Wachstums*. Der Begriff des Fortschritts selbst wird fragwürdig, wenn er mit dem Wachstum des Bruttosozialprodukts identifiziert wird. Ein kritischer Philosoph hat unlängst einmal bemerkt, wenn mit der Erhöhung der Unfallquote infolge der Produktion schnellerer Autos zugleich eine Rationalisierung der Beerdigungsverfahren (mit entsprechendem Kapitalaufwand) einhergehen würde, müßte sich das in einer Steigerung des Bruttosozialprodukts niederschlagen, ohne daß man ernsthaft von einer Verbesserung der Lebensbedingungen in dem betreffendem Lande sprechen könnte. Wenn in japanischen Großstädten kleine Automaten zum Tanken von Sauerstoff aufgestellt werden müssen, weil anders niemand mehr in der verseuchten Luft längere Zeit zu überleben vermag, so schlägt sich das gewiß gleichfalls in einer Steigerung des Bruttosozialprodukts nieder und doch bedeutet es kaum eine »Verbesserung« der Lebensbedingungen. Damit ist nicht der Fortschritt von Wissenschaft und Technik als solcher diskreditiert, wohl aber die *Gestalt*, in der er heute erscheint. Die Überwindung des Kapitalismus erscheint daher vielen heute nicht mehr sosehr wegen dessen fehlender Dynamik, sondern umgekehrt wegen seines blinden Akkumulationsdranges geboten. Die Argumentation von Marx wird damit formell umgekehrt. Sein Einwand hat den Richtungssinn geändert. Dabei wird unterstellt, daß die kapitalistische Produktionsweise aus sich heraus außerstande ist, den Richtungssinn des technologischen Fortschritts so zu ändern, daß eine reale Befriedigung der Produzenten und Konsumenten und zugleich die Bewahrung der natürlichen Umwelt gewährleistet sind. Wenn die Existenz des Kapitalismus von der erweiterten Reproduktion abhängig ist, dann muß im Interesse des ständig wachsenden Absatzes von mehr Waren dafür gesorgt werden, daß nie eine reale Bedürfnisbefriedigung erreicht wird. Ungleichheit und Konkurrenzdenken unter den Konsumenten sind dafür eine wesentliche Voraussetzung. – Die staatssozialistischen Gesellschaften aber, die im *internationalen* Wettbewerb mit den kapitalistischen Industriegesellschaften mit bürokratischen Methoden eine Kopie der westlichen Konsumgesellschaft anstreben, bieten keine reale Alternative an.

Unter dissidenten Marxisten in Ost und West gewinnt daher eine Vorstellung der sozialistischen Gesellschaft zunehmend an Boden, die sich nicht durch erfolgreiches »Einholen und Überholen« von der kapitalistischen unterscheidet, sondern durch die Schaffung befriedeter und befriedigender sozialer und individueller Lebensformen. Hier geht es nicht mehr primär um die Befreiung der materiellen Produktivkräfte – ohne Rücksicht auf Mensch und Umwelt – sondern um die Entfaltung der individuellen Kapazitäten in Einklang mit der Gemeinschaft und mit der Natur. Damit tritt aber im Grunde ein *anderes Sinnverständnis* an die Stelle jenes alles beherrschenden Fortschrittsdogmas, das sowohl den frühen Kapitalismus als auch noch den marxistischen Sozialismus beherrschte. Frühe Warnungen einzelner Denker wie *Walter Benjamin* und *Theodor W. Adorno* werden damit deutlich relevant. Es geht nicht mehr um eine lineare Fortsetzung der Industriezivilisation, sondern um die Schaffung einer anderen, humaneren Kultur. Die Faszination durch die Technik macht einer nüchterneren Einstellung ihr gegenüber Platz. Das *Mittel* hört auf Selbstzweck zu sein, wenn es nicht mehr als Kapital (und damit als »subjektloses Subjekt« der Produktion) fungiert. Techniken werden dann bewußt unter dem kritischen Gesichtspunkt ausgewählt, ob sie umweltfreundlich und gemeinschaftsfördernd sind. Die Maximalproduktion hört auf ein »Ideal« zu sein.

Jene Wende in der Auffassung von der sozialistischen Gesellschaft zeichnet sich in einer wachsenden Kritik von Marxisten in den Staatshandelsländern an ihrer phantasielosen Planbürokratie ebenso ab, wie in dem – vorerst meist theorielosen – Protest von jungen Menschen in den westlichen Metropolen an der »corporate society« und ihren Werten und »Idealen«. Man kann von einer weltweiten *Sinnkrise der Industriezivilisation* sprechen. Der Fortschritt hört auf, die Universalantwort auf die Sinnfrage zu sein.

Wir sind in mancher Hinsicht potentiell jener utopischen Zukunftsgesellschaft, von der die Frühsozialisten sprachen, schon so nahe, daß wir uns ernsthaft mit den Problemen zu beschäftigen beginnen müssen, die *nach* der Beseitigung des Zwangs zum Wachstum und zur sinnlosen Akkumulation auftauchen werden. Die verbreitete und oft verworrene Rede von der *»postindustriellen Gesellschaft«* deutet das an. Es geht darum, die Lebensformen, dic gesellschaftlichen Beziehungen, die humanen Verhaltensweisen zu entwickeln, die einer nicht mehr expansiven – aber auf hoher technologischer Stufe stehenden – Wirtschaft entsprechen. Der erschütternden Leere und Sinnlosigkeit des Daseins der Wohlstandsbürger in den weltweiten Suburbias steht eine Vielzahl von irrationalen weltflüchtigen Gruppen und Sekten gegenüber, die vage die Suche nach einem neuen Lebenssinn zum Ausdruck bringen. Ein Sozialismus, der auf diese bohrenden, sinnsuchenden Fragen keine Antwort hat, wird für die industriellen Metropolen wertlos. – Für eine gewisse Übergangszeit kann die Beantwortung dieser Fragen freilich durch den Hinweis auf die *Dritte Welt* und die *moralische Pflicht* an ihr wiedergutzumachen, was die koloniale Durchdringung ihr angetan hat, hinausgeschoben werden. Aber angesichts der Widersprüche und Probleme, die die industrialisierten kapitalistischen und staatssozialistischen Länder heraufbeschworen haben, wird es kaum genügen, wenn wir der Dritten Welt zur beschleunigten Entwicklung in Richtung auf dieses – nicht nachahmenswerte Ziel – verhelfen. Zugleich müssen wir uns darum bemühen, aus unserem eignen Dilemma einen Ausweg zu finden, denn nur so können wir einer verhängnisvollen Ausbreitung der europäisch-amerikanischen Selbstmord-Zivilisation steuern. Solange wir selbst keinen andern Weg gehen, können wir kaum überzeugend den Politikern der Dritten Welt von der Imitation des europäischen, amerikanischen, japanischen »Vorbilds« abraten. Es ist also keineswegs ein Ausdruck der Gleichgültigkeit gegenüber dem Schicksal der hungernden Massen der Entwicklungsländer, wenn kritische Sozialisten in den Industrieländern nach einer *Alternativkultur* auf der Suche sind. Es kann übrigens sogar sein, daß einzelne der sogenannten Entwicklungsländer ihnen hierbei behilflich sein werden, wie Robert Jungk unlängst gezeigt hat.

Erst jetzt, nachdem der Fortschrittsglaube aufzuhören beginnt, einen Ersatz für den Lebenssinn zu vermitteln, wird die Frage nach dem *Sinn des Lebens* für die einzelnen wie für die Kollektive erneut *brennend* und *bedrückend*. Es stellt sich nämlich heraus, daß die Begeisterung für den Fortschritt – in kapitalistischer wie in sozialistischer Gestalt – auch ein Ausweichen vor der Frage nach dem Lebenssinn war. Es gilt Hunger, Not und Ausbeutung zu beseitigen, der technische Fortschritt und die sozialistische Organisation der Wirtschaft werden dazu beitragen. Das schien als Antwort auf die Frage nach dem Lebenssinn zu genügen. Jeder Revolutionär konnte sich als Mitarbeiter am welthistorischen Befreiungsprozeß begreifen. In seiner Tat lag sein Lebenssinn beschlossen. Aber *was* wird sein Lebenssinn sein, *wenn einmal wirklich diese Gesellschaftsordnung geschaffen ist*? Und was ist mit denen, die gar keine Revolution gemacht haben, denen die Resultate der Revolution in einem Lande einfach »geschenkt« oder »aufoktroyiert« wurden? Wenn allen zu einem würdigen und von Not und Ausbeutung freien Leben verholfen worden ist, was wird dann der Sinn des Lebens sein? Freilich, da das Ziel noch in weiter Ferne liegt, könnten diese Fragen müßig erscheinen. Aber einmal behaupten ja einige Regierungen, sie seien dem Ziel schon nahe und zum andren müssen wir ja doch schließlich wissen, *was* der Lebenssinn sein soll, für dessen Ermöglichung wir uns jetzt sinnvoll einsetzen sollen.

Bertolt Brecht, dessen Nachdenklichkeiten über den Sozialismus längst nicht genau genug studiert worden sind, spricht gern von der »*großen Produktion*« und meint damit etwas ganz anderes als Stalin unter der »Befreiung der Produktivkräfte« – namentlich der Schwerindustrie – verstand. Er meint die Befreiung der unterschiedlichen individuellen Fähigkeiten zu kreativer Tätigkeit. »*Praxis*« nennen es Marxisten in Prag und Budapest, Zagreb und Belgrad – nämlich *humanes Tun*, das nicht oder doch nicht allein der Befriedigung materieller Bedürfnisse dient, sondern *seinen Sinn und Wert in sich selber hat*. Künstlerische Betätigungen, Freundlichkeit, Hilfsbereitschaft, Lächeln, Liebe, alles das nennt Brecht in diesem Sinne »produktiv« und Karel Kosik oder die Praxis-Philosophen in Jugoslawien reden von »Praxis«. Aber wenn auch diese Tätigkeiten in sich selbst Befriedigung verschaffen – Karl Marx nannte Kunst eine Freude, die der Mensch sich selber schafft –, so sind sie doch deshalb nicht minder auf Mitmenschen bezogen. Kreativität dient zugleich den Mitmenschen, regt sie selbst zu schöpferischer Tätigkeit an: Ohne große Kunstwerke gäbe es keine kreative Aneignung derselben, ohne Kompositionen könnte kein Musiker sein Talent entfalten, ohne Dichtung der Sinn für Sprache nicht entwickelt werden. – Man sieht schon nach der Errichtung einer neuen Gesellschaftsordnung würde und müßte sich der *Sinn der Daseinserfüllung aus der Sphäre der Produktion der notwendigen Bedarfsgüter in eine Welt der freien, kreativen Tätigkeit verlagern*, die als »Selbstzweck« angesehen werden kann. Das war auch schon die Überzeugung von Karl Marx, der dieses Reich der Freiheit »jenseits des Reichs der Notwendigkeit«, jenseits der rationell und optimal geregelten Arbeit zur Beschaffung der materiellen Grundlagen des Lebens ansiedelte.

Von den vielen kreativen Anlagen der Menschen werden in einer auf Mangel, Konkurrenz und Ausbeutung beruhenden Gesellschaftsordnung notwendig die meisten verkümmern. Es ist einfach den meisten Gesellschaftsmitgliedern – bei Strafe des Untergangs – verboten, Güte, Freundlichkeit, Liebe zu praktizieren. Andere Eigenschaften werden der Spezialisierung wegen, zu der der Leistungswettbewerb und die Arbeitsteilung zwingen, unterdrückt und verkümmern nach und nach. Wir alle sind als Kinder einmal künstlerisch kreativ gewesen und die sekundäre Sozialisation in Schule und Arbeitswelt hat dazu beigetragen, uns diese Kreativität auszutreiben. Schüchtern und verkümmert melden sich bei manchen im günstigsten Falle unterdrückte Talente als Hobbies wieder an.

Jene Tätigkeiten, deren allseitige Entfaltung und Befreiung die künftige Gesellschaftsordnung charakterisieren sollten, eine Gesellschaftsordnung, die sich sowohl von der kapitalistischen wie von der staatsbürokratischen Industriegesellschaft unterscheiden würde, sind nämlich »*fortschrittslos*«. Es handelt sich nicht um die Fähigkeit zu wachsender Beherrschung der Natur, allenfalls um die wachsende Fähigkeit zu ihrem wissenschaftlichen Verständnis. Vor allem aber geht es um künstlerische Kreativität aller Art, die gewiß das Leben aller bereichern und verschönern würde. In den »Grundrissen« hat Karl Marx noch gemeint, daß der Unterschied zwischen Arbeitszeit und Freizeit in der künftigen Gesellschaftsordnung mehr und mehr dahinfallen werde, weil die durch ihre freie intellektuelle, emotionale und energische Betätigung in der Freizeit veränderten Individuen diese neuerworbenen Fähigkeiten natürlich auch in die Arbeitswelt selbst einbringen werden, wobei man annehmen könne, daß – bei allem Ernst und aller Selbstdisziplin, die ja auch künstlerische Tätigkeit verlangt – die notwendige produktive Arbeit allmählich aufhören würde, als Last empfunden zu werden, um sich gleichfalls in eine freie Tätigkeit zu verwandeln. Im »Kapital« scheint Marx diese weitgehende Prognose zurückzunehmen, wenn er betont, daß die Erzeugung der materiellen Voraussetzungen des Lebens stets »ein Reich der Notwendigkeit« bleiben werde. Jetzt begnügt er sich damit, die Grenzen dieses Reichs zu verlegen, um immer mehr Raum für das Reich der Freiheit zu schaffen, in dem die menschliche Tätigkeit sich als Selbstzweck erfahren kann. – Auf alle Fälle aber soll allen Menschen die Möglichkeit zur allseitigen Entfaltung ihrer kreativen Anlagen verschafft werden. In dieser *allseitigen Befreiung* und der damit ermöglichten *allseitigen gegenseitigen Förderung der Individuen* erblickte offenbar auch Marx einen letzten, unüberbietbaren Lebenssinn. Er greift damit auf ein Ideal des Menschen zurück, das in der Renaissance entstanden und zunächst nur auf eine kleine Elite beschränkt blieb.

Weder der »Materialismus« noch die Verherrlichung der »Massen« sind für Marx und den kritischen Marxismus ein letztes. Beide stellen nur bestimmte Aspekte der Theorie auf dem Wege zu dem politisch angestrebten Ziele dar. Der historische Materialismus ist die Theorie der geschichtlichen Entwicklung bis zu dem Augenblick, da die sozialistische Revolution der »Vorgeschichte« der Menschheit ein Ende bereitet. Die dann folgende »eigentliche Geschichte« ist aber keine Geschichte in dem uns geläufigen Sinne mehr und für sie gilt daher auch nicht mehr der historische Materialismus.

In der bisherigen Geschichte gingen die Ereignisse stets noch über die Köpfe der Menschen – selbst der mächtigsten – hinweg. Niemand konnte sich selbst mit Recht als »Subjekt der Geschichte« bezeichnen. Was geschah, war das Resultat einer Vielzahl einander widersprechender Kräfte, Tendenzen, Bestrebungen. Als Leitfaden zum Verständnis dieser scheinbar chaotischen Bewegungen diente Marx die Analyse der jeweiligen Produktionsweise. Im Bewußtsein der aktiven historischen Gestalten waren es aber nicht die Produktionsweisen, sondern bestimmte politische Ziele oder ideologische Vorstellungen, die ihr Handeln bestimmten. Marx sucht nun nachzuweisen, daß jene politischen Ziele und ideologischen Vorstellungen ihrerseits nur Reflexe der sozioökonomischen Lebensbedingungen der Gesellschaft waren oder jedenfalls nur insoweit wirksam werden konnten, wie sie mit den sozioökonomischen Tendenzen einer Epoche übereinstimmten. Es waren also keineswegs die »Ideen«, die den Gang der Geschichte bestimmten, sondern die »Produktionsweisen des materiellen Lebens«. Diese Einsicht kann man »materialistische Geschichtsauffassung« nennen. Sie schildert einen Mißstand, weil – für die emanzipatorische Auffassung der Neuzeit wie für Karl Marx – eigentlich ja doch die Menschheit Autor ihrer Geschichte sein sollte. Die *erlittene* Geschichte ist etwas, was durch die Revolution und die Stiftung einer (weltweiten) Assoziation von Produzenten überwunden werden soll. Die Abhängigkeit von objektiven Gesetzmäßigkeiten der Wirtschaft, wie sie im »Kapital« beschrieben werden, ist keineswegs ein für alle Zeiten geltender Zustand, sondern im Gegenteil ebenfalls etwas, das durch eine planmäßig betriebene Wirtschaft überwunden werden soll. Die weltweite Assoziation der Produzenten, die ihren »Stoffwechsel mit der Natur«, d.h. die Produktion, planmäßig regelt, wird weder von den Gesetzmäßigkeiten des historischen Materialismus noch von denen der kapitalistischen Ökonomie abhängen. Der historische Materialismus und die Kritik der politische Ökonomie sind also theoretische Mittel, die der Überwindung des »Materialismus« im Sinne einer Abhängigkeit von materiellen Gesetzmäßigkeiten dienen. Das heißt natürlich *nicht*, daß damit die Abhängigkeit der Menschen von der Natur wegfallen würde. Aber diese Abhängigkeit ist nurmehr die des *bewußt* die Naturkräfte berechnenden Wissenschaftlers und Technikers, der seine Pläne so gestaltet, daß sie verwirklicht werden können. Die Natur gehorcht daher seinen Plänen, nachdem er zuvor den Gesetzen der Natur gehorcht hat. Gerade auf diese Weise aber hört er auf, ein Sklave der Natur zu sein.

Ganz ähnlich verhält es sich mit den »Massen«. Freilich sind zur Überwindung der fremd über die Köpfe der Individuen abrollenden Geschichte große, disziplinierte Kollektive nötig, aber diese sind doch nur die unentbehrlichen Mittel, nicht der letzte Zweck. Ziel und Zweck sind vielmehr Verhältnisse, in denen sich alle frei und allseitig entwickeln können. Die »Gleichheit«, die es zu realisieren gilt, ist also das Gegenteil von einer Gleichmacherei. Sie schafft erst die ermöglichende Bedingung für die Entfaltung der unerhörten Vielfalt von Individualitäten, die *heute* von einer homogenisierenden kapitalistischen Industriezivilisation unterdrückt werden. Heute bilden Gesellschaften stets nur ungefähr so viele Musiker, Dichter, Wissenschaftler, Maler, Bildhauer aus, wie kommerziell verwertet werden können. Am Rande kümmert freilich die Laienmusik, die Laienmalerei usw. dahin, aber in einer Gesellschaftsordnung, die allen so viel Muße zur Verfügung stellen kann, daß sie sich entsprechend ihren Fähigkeiten und Neigungen – ohne Rücksicht auf den gesellschaftlichen Bedarf – ausbilden können, wird es eine weit größere Zahl von Künstlern geben, als wir uns heute auch nur vorstellen können. Zugleich aber wird niemand dazu verurteilt sein, sein Leben lang auf dem gleichen Gebiet tätig zu bleiben. Die Aktion der Massen ist also nötig, damit die Individuen wirklich befreit werden. Individuen freilich, die aufhören ihre Mitmenschen als potentielle Ausbeuter oder Auszubeutende, Konkurrenten und Feinde anzusehen. Die materiellen Bedürfnisse werden aufhören, die zentrale Bedeutung zu haben, die sie hatten, solange Not, Elend und Mangel herrschten. Das bedeutet nicht, daß in der künftigen Gesellschaftsordnung die Freuden der Tafel unbekannt sein werden,

Brecht hat nachdrücklich und verdienstvoll auf den hedonistischen Charakter des Sozialismus verwiesen. Wenn aber Sättigung etwas Selbstverständliches geworden ist, wird niemand mehr von dem Gedanken an Essen beherrscht werden. Auch in dieser Hinsicht bedeutet also Sozialismus Befreiung vom Materialismus – nicht seine Verewigung. Wer Lust hat seine (kreativen) Gedanken ans Essen zu wenden, dem wird das niemand verwehren und seine Gäste werden es ihm danken, aber niemand ist dazu verurteilt, ständig ans Essen denken zu müssen, weil er nicht weiß, wovon er sich am anderen Tage ernähren soll.

Es war notwendig, so weit in die Zukunft vorauszueilen, um bis an *den* Punkt zu gelangen, wo die Sinnfrage für den Sozialismus brennend wird. Für die prärevolutionäre Zeit gibt es eigentlich kaum ein Problem. Die Überzeugung von der Notwendigkeit der Revolution fällt mit der Gewißheit des welthistorischen Fortschritts zusammen. Der Sinn des eignen Lebens wird durch Teilhabe an diesem Fortschritt verbürgt. Erschütterungen treten nur dann ein, wo an diesem Fortschritt gezweifelt werden kann. Aber die Überwindung dieses Zweifels ist durch eine Kritik an den bestehenden sozialistischen oder vielmehr staatssozialistischen Gesellschaften möglich. Die Verwirklichung des welthistorischen Fortschritts steht dann einfach noch aus. Der Kampf geht weiter. Zurück bleibt die Trauer über diejenigen, die für den falschen, degenerierten oder pervertierten Sozialismus ihr Leben gelassen haben. Ihrem Tod einen Sinn zu geben, wird keiner sozialistischen Theorie gelingen. Sie muß mit der Unaufhebbarkeit des Leides fertig werden. Jeder Versuch der Legitimation wäre ein Frevel. Und doch ist die Verzweiflung über den unsinnigen Tod ehemaliger Revolutionäre noch eher zu ertragen als die Frage nach dem Sinn des Lebens am »Ende« der Geschichte, die zur weltweiten sozialistischen Gesellschaft führt. Mit einem Male sind dann die großen begeisternden Perspektiven geschwunden, keine roten Helden wird es mehr geben, keine welthistorischen Kämpfe um eine bessere Welt. Die Sphäre der Öffentlichkeit schrumpft auf die Versammlung zur Bestimmung der Produktionspläne und zur Verteilung der Arbeiten ein. Den breitesten Raum okkupiert das individuelle Daseinsglück. »Wir haben das Glück erfunden, sagten die letzten Menschen und blinzelten« (Nietzsche). Ist das die definitive Antwort? Alexandre Kojève – ein marxistischer Hegelianer, der den Mut zu unpopulären

Schlußfolgerungen hatte – meinte, die Menschen der klassen- und herrschaftslosen Weltgesellschaft würden ihr Leben im *Spiel* verbringen. Langeweile würde das Hauptproblem. Das Bild dürfte allzu düster sein. Aber in der Tat müßten alle Tätigkeiten eine Art Spielcharakter annehmen, da ja der »blutige Ernst« mit den Kriegen und Klassenkämpfen aus der Welt verschwunden wäre. Wettkämpfe würden aufhören, eine Sache nationalen Prestiges zu sein, es gäbe nur noch »Freundschaftsspiele«, und dem Wettbewerb der Künstler um die Gunst des Publikums wäre der Stachel genommen, wenn der Unterliegende davon keine materiellen Nachteile mehr hat. Aber vielleicht würde das Bedürfnis nach Anerkennung ausreichen, um Kräfte zu mobilisieren. Die Themen von Literatur und Kunst würden wohl zum größten Teil aus der »finsteren Vergangenheit« stammen. Und eigentlich könnten es nur Lustspiele sein. Vom Standpunkt der aufgelösten Verwicklungen aus erscheinen ja selbst tragische Konflikte als komisch. Jedenfalls hätte die historische Tragik ihren Stachel verloren. Mit einer wirklich allumfassenden Befreiung wären auch die Auseinandersetzungen der Geschlechter beendet, und die vergangene Hölle der bürgerlichen Ehe würde ebenso Anlaß zu heiterem Spott werden wie die finsteren Kämpfe der kriegerischen Heere. Liegt es am Mangel unserer Einbildungskraft, wenn wir noch immer mit dieser künftigen, befriedeten Welt uns nicht ganz abzufinden vermögen? Freilich wenn wir die gegenseitige nukleare Bedrohung der Supermächte, den Neokolonialismus, die ungleiche und ungerechte Verteilung von Eigentum und Einkommen in unserer Zeit betrachten, dann können wir nicht umhin, dieser künftigen Welt den Vorzug zu geben und jeden Einwand gegen sie als verächtlichen Versuch einer Rechtfertigung des Status quo zurückzuweisen. Ist es wirklich berechtigt, wenn wir uns darüber beklagen, daß am »Ende der Geschichte« nichts anderes stehen soll als eine zufriedene und befriedete Menschheit, die ohne tragische Spannung ihr Glück genießt – und sich vielleicht – langweilt? Mir scheint hinter unserer Enttäuschung steckt ein geschichtsmetaphysischer Aberglaube. Irgendwie meinen wir noch immer, das Resultat von soviel Leiden, Zerstörungen, Gewalttaten, wie sie die Weltgeschichte bietet, müsse großartiger, eindrucksvoller, tiefer und bedeutender sein. Ich erinnere mich an eine Diskussion, die kurz nach dem Zweiten Weltkrieg in einer deutschen Universitätsstadt stattfand. Die Frage des Redners lautete, was kann der Sinn dieses gewaltigen Krieges und der deutschen Niederlage für uns sein? Ich antwortete damals, für mich läge der Sinn darin, daß wir einsehen, daß niemals wieder ein Krieg von deutschem Boden ausgehen darf und daß der Nationalismus ein für alle Mal begraben werden muß. Den meisten Anwesenden schien das damals nicht genug. Sie verlangten noch irgendeinen »höheren«, »geheimnisvollen«, »tieferen« Sinn, den es aber nicht gibt. Vielleicht ist es mit dem Sozialismus und der Sinnfrage ähnlich. Aber da wir noch so weit von dem Ziel entfernt sind, mag es müßig scheinen, sich darüber den Kopf zu zerbrechen. Vielleicht gibt es wirklich noch einen weiteren, höheren Sinn, wie ihn manche der *religiösen Sozialisten* angedeutet haben? Wenn es keinerlei denkbare Motive für religiöse Illusionen und ideologische Selbsttäuschungen mehr gibt, weil das Dasein der Menschen optimal und vernünftig gestaltet wäre, dann könnte Religion – wenn sie noch immer in Erscheinung treten sollte – endlich in ihrer reinen Gestalt sich zeigen. Ein letzter Sinn des Wegs zur befriedeten Gesellschaft wäre dann in der »Reinigung« der Religion von allen ideologischen Verunreinigungen zu erblicken. Aber von diesem Sinn dürfte erst dann gesprochen werden, wenn Elend, Not und Ausbeutung wirklich und definitiv verschwunden sind.

Inhalt jener Religion aber könnte das trauernde Angedenken an jene sein, die in den jahrtausendelangen Kämpfen der Völker und Klassen und durch Elend, Ausbeutung und Not um das mögliche Glück gebracht wurden, das in einem befriedeten, befreiten und friedlichen sozialen Dasein liegt. Weder Auferstehung noch Überwindung der Definität von Leid und Tod wären damit gewährleistet, wohl aber würde das trauernde Angedenken die befreite Menschheit davor bewahren, auf die Stufe bewußtlos dahindämmernder Nutznießer der Vergangenheit herabzusinken. Das trauernde Angedenken und das Bewußtsein des eignen, unverdienten Glücks würde sie vielleicht davor retten, zu jenen zynischen und selbstzufriedenen Spießern zu degenerieren, als die Nietzsche die «letzten Menschen» geschildert hat. Das Eingedenken wäre die letzte, säkularisierte Form einer Transzendenz, ohne die wir uns heute humane Existenz nicht gut vorstellen können.

Leszek Kołakowski
Das Jagen nach dem Sinn

Wenn wir fragen »Wo liegt der locus naturalis des Sinnes?«, bemerken wir, daß die Geschichte des modernen Denkens hindurch dieser locus Schritt für Schritt, konsequenterweise, verengt wurde, bis zum Punkt des Verschwindens; man darf glauben, daß er den Null-Umfang erreicht hat.

Sinnvoll zu sein ist dasselbe wie verständlich zu sein; wo kein Sinn bleibt, bleibt auch nichts zu verstehen in hergebrachter Bedeutung.

Der erste Bereich, woraus der Sinn verbannt wurde, war die ganze Welt der natürlichen Phänomena.

Wir verstehen sie eigentlich nicht. Denken wir an eine einfache Naturtatsache, zum Beispiel, daß der Mond etwa 380000 Kilometer von der Erde entfernt ist. Dürfen wir eigentlich sagen, daß wir diese Tasache verstehen? Daß es in Ordnung ist, zu sagen ›ich verstehe, daß der Mond‹ usw.? Nein. Was wir verstehen, ist der Satz, der uns über die Entfernung der Erde vom Mond informiert. Die Tatsache selbst verstehen wir nicht, und zwar nicht deshalb, weil etwas Mysteriöses darin ist, sondern, weil es überhaupt nicht zu verstehen ist. Wir verstehen die Sätze und das heißt: wir verstehen, was der Autor des Satzes sagen wollte, wir beziehen den Gehalt der Aussage auf die Intention des Verfassers. Wir verstehen auch menschliches Verhalten in dem Sinne, daß wir imstande sind, das beobachtete oder beobachtbare Verhalten mit der Absicht oder mit den Gefühlen einer Person in Beziehung zu bringen. Alle natürlichen, intentionslosen Ereignisse oder Tatsachen sind nicht verständlich; was außer dem Bereich der bewußten Absicht geschieht, ist unverständlich und sinnlos; nicht widersinnig, sondern sinnlos, das heißt der Zweckmäßigkeit beraubt.

Vom streng empirischen Standpunkt aus, das heißt vom Standpunkt, der nur das in unserem Wissen als gültige, ja als mögliche Frage zuläßt, was mit den in den Naturwissenschaften brauchbaren Methoden gerechtfertigt werden kann, sind offensichtlich alle Naturereignisse sinnlos und unverständlich; jeder Versuch und jeder Anspruch, auf dem Gebiet der Natur etwas zu verstehen, muß nicht nur leer und vergeblich, sondern auch pretentiös erscheinen; er muß als ein Überbleibsel der primitiven ›animistischen‹ Mythologie gelten.

Dürfen wir aber vom demselben Standpunkt aus hoffen, daß das, was in der menschlichen Geschichte vorkommt, verständlich sein oder einen Sinn haben wird? Auch nicht. Die Handlungen einzelner mögen zweckmäßig, also verständlich sein, der geschichtliche Prozeß aber, der letzten Endes aus diesen Handlungen besteht, ist ihre nicht geplante und nicht beabsichtigte Resultante. Alle Ausdrücke, die einen Sinn, ein Ziel, einen Rhythmus oder Gesetze in diesem Prozesse aufzufassen versuchen, sind so viele Selbst-betrüge unserer ›animistischen‹ Mentalität, erklärbar vielleicht, dadurch aber nicht besser gerechtfertigt. Alle wertbeladenen Worte wie ›Fortschritt‹ oder ›Rückschritt‹, alle vermeintlichen Gesetze, alle geschichtsphilosophischen Konstruktionen – Augustinischer, Hegelscher, Marxscher oder Husserlscher Herkunft – die sich anstrengen, eine in der Geschichte spürbare, von oben aufgedrängte oder sogar immanente Zweckmäßigkeit zu entdecken, sind ein Müllhaufen der menschlichen intellektuellen Tätigkeit. Gewiß, wir dürfen feststellen, daß in der bisherigen Geschichte einige lineare Veränderungen eintraten, daß wir ständige Anhäufung oder Abnahme gewisser quantitativ berechenbarer Anzeigen beobachten: zum Beispiel, daß sich alle mittlere Lebensdauer der Menschen seit dem Neolithikum verlängerte oder daß die Menge der von der menschlichen Gattung gebrauchten und verarbeiteten Energie, im allgemeinen genommen, anwuchs. Das sind aber Tatsachen, keine Gesetze, geschweige Sinn-ausgestattete Prozesse; es ist einfach so, daß unsere Gattung bis jetzt mehr und mehr Gewandtheit zeigte, sich an die Umgebung anzupassen und die Naturkräfte auszubeuten; diese Tatsache weist auf keine sinnvolle Richtung der Geschichte hin, sie enthüllt keine Notwendigkeit, offenbart keine Potenzen der Gattung, die sich in der Zeit entfalten oder aktualisieren. Sonst sind diese Anpassungsprozesse im Rahmen der allgemeinen Auslesetheorie zu deuten und die Auslesetheorie setzt selbstverständlich keine Zweckmäßigkeit voraus, ja sie schließt sie aus.

Falls Jacques Monod in seinem vielgelesenen Buch ›Zufall und Notwendigkeit‹ recht hat, ist die Zufälligkeit der Evolutionsprozesse so vollkommen, daß die Wahrscheinlichkeit des Entstehens der menschlichen Gattung phantastisch gering war; wir dürfen vermuten, so scheint es, daß unsere eigene Existenz so sehr unwahrscheinlich ist, daß, unter der Annahme der Anfangsbedingungen des Lebens auf der Erde, wir sie für alle theoretischen und praktischen Zwecke für unmöglich halten sollen.

Dasselbe gilt, so dünkt es, für die menschliche Geschichte. Sie schreitet (zu sagen, daß sie »vorwärts« oder »rückwärts« schreitet, wäre schon ein Mißbrauch, es hieße, wertbezogene Ausdrücke hineinzuschmuggeln; »schreitet« ist nur ein zulässiger Anthropomorphismus) durch die Unzahl einzelner menschlicher Natur-tatsachen, deren Kombination in jedem Moment und deren Gesamtergebnis in jedem nächsten Moment höchst unwahrscheinlich sind. Einen Sinn in dieser Aufeinanderfolge zu suchen ist so etwas wie der Versuch, in den fließenden Wolken am Himmel die mit Vorbedacht ausgeschnittenen Formen zu unterscheiden: ein pläsiervolles Kinderspiel, sonst aber nichts. Warum aber glaubt niemand im Ernst, daß die Sukzession der beweglichen Wolken einem rationalen Plan, einer Absicht entspricht, oder, was auf das gleiche hinausläuft, einen Sinn hat, während mehrere glauben, imaginäre Sinngestaltungen in der zufälligen Reihe der historischen Ereignisse zu entdecken, sei durch die langsame Entwicklung unseres Gehirns zu erklären. Nach der wissenschaftlichen Weltauffassung wachsen wir – immer derselben Argumentation gemäß – nur allmählich, nur stufenweise heran. Es hatte nämlich mehrerer historischer Epochen bedurft, bevor die Menschheit – und noch nicht vollkommen – fähig wurde, die ›animistische‹ Deutung der Naturereignisse aufzugeben und im Regen, im Sonnenschein oder im Erdbeben nicht Gefälligkeit, Böswilligkeit oder Zorn bewußt wirkender Kräfte aufzuspüren. Es bedurfte weniger Zeit, war aber vielleicht nicht weniger schwer, dieselbe Einstellung auf dem Gebiet der belebten Natur loszuwerden; die Gewohnheit, die Zweckmäßigkeit unserer eigenen Handlungen auf die Natur hinauszuprojizieren, war in diesem Bereich tiefer im menschlichen Geist eingewurzelt. Auch hier aber sind endlich, wenn auch noch nicht restlos, alte Aberglauben ausgerottet worden und hat die wissenschaftliche Orientierung gesiegt. Der Glaube an die Zweckmäßigkeit der menschlichen, also von uns selber geschöpften oder mitgeschöpften Geschichte, ist auch auf dem Wege zum Verschwinden, wie streng auch unsere Vorurteile sein mögen; empirisch betrachtet sind historische Vorgänge ein Chaos der zufälligen Kombinationen einzelner Ereignisse, so gewiß allgemeine physische und biologische Gesetze wirken, wo sich aber kein sinnvoller Hintergrund enthüllt.

Auch läßt sich, nach demselben Räsonieren, keine Frage stellen, ob das einzelne Leben eines Individuums einen Sinn hat oder verständlich ist. Es ist überhaupt ganz dunkel, was so eine Frage bedeutet. Ein Leben als ganzes ist nie ein im voraus geplantes Ereignis, kann es nicht sein, da es immer durch die Unmenge der außer dem einzelnen stehenden und seiner Kontrolle nicht unterliegenden Umstände mitbestimmt ist. Einzelne Handlungen mögen gewiß bewußt unternommen, einzelne Lebenszwecke bewußt angestrebt werden, aber ein menschliches Leben als ganzes macht einen winzigen Teil der Menschheitsgeschichte, also der Weltgeschichte aus und wird als solcher durch keine bewußt wirkenden Kräfte geformt. Mein Leben oder dein Leben ist auf nichts sinnvoll, das heißt zweckmäßig bezogen.

Dann aber, nach solcher Ausmerzung der Sinnbeziehungen aus der Welt, erhebt sich die letzte Frage: Ist die Voraussetzung, die wir am Anfang angenommen haben, überhaupt haltbar, nämlich die, die besagt, daß sich der Sinn in der Beziehung von menschlichen Handlungen (verbalen oder nicht-verbalen) auf die Absicht der handelnden einzelnen erhellt? Stimmt es mindestens, daß, wenn wir überhaupt etwas verstehen, wir gerade das verstehen: den zweckmäßigen Zusammenhang zwischen dem, was Leute beabsichtigen, und dem, was sie tun oder was sie als Erzeugnisse ihres Tuns lassen (Kulturprodukte, Bücher, Bilder, technische Werkzeuge, Häuser)? Falls ja, dann wäre eigentlich nur dieser Zusammenhang sinnvoll oder verständlich, während ein Glied dieses Zusammenhangs, zum Beispiel die bereits erwähnten Kulturprodukte, nur sekundär oder figurativ. Das stimmt aber auch nicht und es scheint, daß wir auch auf diese letzte Enklave des Sinnvollen verzichten müssen, daß sie sich auch als Schein oder als Selbsttäuschung oder Aberglaube entlarvt. Seit etwa sechzig Jahren haben uns, in der Tat, die Behavioristen unterrichtet, daß, empirisch gefaßt, die Begriffe des Bewußtseins und seiner Derivate wie Gefühle, Absichten, Erlebnisse, Wünsche und so weiter keine begreifbare Bedeutung haben, wenn sie auf etwas anderes als die mit ihnen vermeintlich verbundenen oder sie ausdrückenden Verhaltensweisen bezogen werden. Die sogenannten inneren Zustände oder Bewußtseinsinhalte sind unmittelbar unzugänglich und zu sagen, daß sie doch indirekt, durch die Vermittlung des Verhaltens untersucht werden können, ist wissenschaftlich nutzlos, da es im Prinzip unmöglich ist, diese angeblichen Ursachen zu beobachten, also auch ihre Beziehung zum Verhalten zu erforschen. Aus dem empirischen Suchen können und sollen diese, auf die unbeobachtbare Welt des Inneren bezogenen Begriffe genauso weggeworfen werden, wie es mit den vor-wissenschaftlichen Begriffen der Alchemie und der Aristotelischen Physik geschehen ist – mit den okkulten Qualitäten und Naturen, die eine scheinbare Erklärung der Phänomene uns lieferten, wenn sie nur leere Worte darstellten, um unsere Ignoranz zu bedecken, und obscurum per obscurius deuteten. Was im Feld der empirisch gebauten Psychologie bleibt, sind die beobachtbaren und meßbaren Verhältnisse zwischen den Reizen der Umgebung und den Reaktionen des Organismus (wozu natürlich auch verbale Reaktionen gehören), und indem wir, die Gesetze dieser Verhältnisse erforschend, hinzufügen, daß es dazwischen einen ›subjektiven‹ Zustand, etwas Empfundenes oder Erlebtes gibt, fügen wir nichts hinzu, was die untersuchten Ereignisse besser erklärt oder unseren Ergebnissen eine zuverlässigere Voraussehenskraft gibt. Vom Standpunkt der Aufgaben, die sich alle empirischen Wissenschaften stellen, ist der Glaube an die Gegenwart dieses ›subjektiven‹ Gliedes gleichgültig, ja sogar schädlich, wenn wir bedenken, wieviel intellektuelle Energie in den fruchtlosen Spekulationen über diese gespensterhaften Wesen verschleudert worden ist.

›Das subjektive Innere‹ des menschlichen Organismus ist uns ebensowenig zugänglich wie das eines Hundes und dieses letzte – wie das eines Regenwurms und endlich eines Krautes oder eines Steines.

Und so, nach der Physik, der Biologie und der Geschichtswissenschaft, schmiß endlich auch die Psychologie ihre ›anthropomorphischen‹ Relikte und damit auch alle pretentiösen Fragen nach dem Sinn weg – was mehr ist als selbst Auguste Comte verlangte. Bleibt aber vielleicht die kleinste, die letzte Enklave, wo uns noch die Zweckmäßigkeit zu suchen erlaubt ist, das Feld des unmittelbar Erlebten für jeden einzelnen, der das gerade erlebt? Auch nicht. Wenn wir Skinners Argumente lesen, überzeugen wir uns, daß es in dieser Hinsicht keinen Unterschied gibt, ob ich von anderen Menschen (Organismen) oder von mir selbst (diesem meinem Organismus) spreche. Wiederholt hebt Skinner hervor, daß unsere tägliche Redeweise auf dem vor-wissenschaftlichen Niveau steht, indem sie voraussetzt, daß unser Verhalten durch unsere inneren Zustände verursacht wird und als deren Nebenprodukt behandelt werden darf. Immer noch reden wir von Einstellungen, von dem Willen und Stolz, von den Gefühlen, vom Glauben und der Hoffnung. Tatsächlich aber dürfen und sollen diese angeblichen mentalen Vermittlungen völlig außer acht bleiben. Weder von anderen Leuten noch von mir selbst weiß ich etwas mehr, indem ich diese unsichtbare Vermittlung in die Beschreibung der Dinge hineinsetze.

Das behavioristische Programm hat eine unangenehme Seite, daß nämlich sogar seine Bekenner nicht wagen zu leugnen, daß wir etwas empfinden oder fühlen; sie sagen einfach, daß diese Tatsache irrelevant ist, da nur Reize und Reaktionen es sind, die beobachtet werden und da Freud sagte, daß wir uns in denselben Umständen genauso verhalten, ob wir nun etwas ›subjektiv‹ fühlen oder nicht.

Daß das letzte der Fall ist, wissen wir aber nicht und können es nie wissen. Der von Skinner erhobene Anspruch, daß mit dem Fortschritt der Analyse die Leistungen, für die eine Person verantwortlich gehalten werden soll, dem Null-punkt nahetreten, ist eine phantastische Prahlerei. Daß in mehreren Fällen die Reaktionen der Menschen auf gewisse Umstände zu einem gewissen Grade – und nur zu einem gewissen Grade – voraussehbar sind, wußten alle seit immer und auf dieses Wissen stützt sich der ganze zwischenmenschliche Verkehr; diesem gemeinverständlichen Wissen fügen psychologische Analysen nicht viel hinzu, von den Worten abgesehen, die diese Prozesse beschreiben. Es ist gar nicht bewiesen, daß ein gut geübter Psychologe irgendeine bessere Fähigkeit hat, menschliche Reaktionen in den natürlichen (nicht den künstlich für das Experiment produzierten) Situationen vorauszusehen (und nur in bezug auf natürliche Reaktionen darf man von ›Leistungen‹ reden).

Das ist aber weniger wichtig. Es ist wohlbekannt, daß die Versicherungen über eigene ›Wissenschaftlichkeit‹ unaufhörlich von den Vertretern dieser Gebiete und dieser Doktrinen betont werden, deren wissenschaftlicher Status am meisten verdächtig und zweifelhaft ist, also von Psychologen, Politikwissenschaftlern, Marxisten und Phänomenologen – gar nicht von Chemikern, Mathematikern oder Archäologen; der Minderwertigkeitskomplex, der dahinter steht, ist zu offenbar, um sich darüber ausführlich zu verbreiten.

Was aber für diese Diskussion wichtiger ist, ist die gerade erwähnte, von den Behavioristen ständig wiederholte Behauptung, die Gegenwart des ›subjektiven Zwischengliedes‹, das angeblich die Reize mit den Reaktionen bindet, sei irrelevant. In bezug worauf irrelevant? In bezug auf die Aufgaben der Wissenschaft – ist die Antwort. Was sind aber – dürfen wir fragen – die Aufgaben der Wissenschaft und wer stellt sie fest? ›Aufgabe‹ ist ein zweckbezogener Begriff; um ihn zu bilden, müssen wir Werte voraussetzen, die wir erlangen wollen; mit anderen Worten, um zu bestimmen, was Wissenschaft ist, welchen Regeln sie gehorchen und nach welchen Zwecken sie streben soll, müssen vorher Wertentscheidungen vorgenommen werden, also genau das, was die wissenschaftliche Einstellung – nach der bereits zitierten Argumentation – zu beseitigen hatte.

Die Wissenschaft als Ganzes wird bestimmt und konstituiert durch die Regeln der breit aufgefaßten Logik. In der Tat aber ist ihr Inhalt sowohl ›Jenseits von Gut und Böse‹ wie auch ›Jenseits von Freiheit und Würde‹ – um den Titel des wohlbekannten Buches von Skinner zu benutzen. Plausibel ist, daß die Wissenschaft überhaupt unfähig ist, den Sinn oder das Verstehen zu erzeugen, daß der Begriff des Verstehens von wissenschaftlichem Standpunkt aus gar unberechtigt oder mindestens irreführend ist, falls ›verstehen‹ etwas anderes als ›beobachten und messen‹ heißt. Wenn etwas zu verstehen oder den Sinn von etwas zu begreifen, soviel heißt, eine Sache als Zeichen zu betrachten und auf eine Absicht zu beziehen, und wenn Absichten weder direkt noch mittelbar wahrnehmbar sind, dann ist, strenggenommen, nichts verständlich und nichts sinnvoll. Wir verstehen eigentlich die Aussagen anderer Personen nicht, so wie es uns normalerweise scheint; die Aussage oder das verbale Verhalten sei eine Reaktion, die uns mit gewisser Wahrscheinlichkeit eine andere Art von Verhalten erwarten läßt.

Und so hat uns unser Kampf gegen das abergläubische Bild einer sinnbegabten oder zweckmäßig gebildeten Welt in die schiere Absurdität geführt. Es hat sich herausgestellt, daß mit den sogenannten ›Anthropomorphismen‹ in der Weltdeutung auch Anthropos selber, also der Mensch, völlig verschwunden ist. Mehr noch, sind die Ergebnisse dieser Kritik im Namen der wissenschaftlichen Einstellung in dem Sinne selbst-zerstörend, daß, wie erwähnt, dann diese wissenschaftliche Einstellung genauso grundlos bleibt wie jede andere; sie war doch in bezug auf Zwecke des Wissens bestimmt und Zwecke sind wissenschaftlich unbestimmbar. Auch müssen die Vertreter dieser Einstellung sich selber widerlegen, indem sie darauf hinweisen, daß das gesellschaftliche Leben viel besser geordnet wäre, und mehrere Konflikte und Leiden geheilt würden, wenn wir jede soziale Planung auf dem wissenschaftlichen Wissen von den Gesetzen des menschlichen Verhaltens stützten, dabei die ›subjektive‹ Seite völlig außer acht lassend.

Dann erhebt sich ja die Frage, warum wir überhaupt nach guter sozialer Ordnung streben oder die Milderung menschlichen Leidens suchen sollten? Um Leute glücklich zu machen? Aber glücklich zu sein oder Schmerz zu leiden sind gerade subjektive, also der Definition gemäß unzugängliche und irrelevante Umstände, die wir ebensowenig als Gegebenheiten der Wissenschaft wie Elemente unserer Ziele annehmen dürfen. Und wenn es uns auf rein ›objektive‹ Ziele ankäme, würde nach wie vor die Wissenschaft außerstande sein, solche Ziele hervorzubringen, da sie allen Zielen prinzipiell gleichgültig bleibt. Wir dürfen gewiß – wie es mehrere Empiristen zu tun pflegten – die Wissenschaft als eine Verlängerung der Anpassungswerkzeuge der menschlichen Gattung und ihre logischen Regeln als kodifizierte Verhaltensweisen des Organismus betrachten. Dann aber, um konsequent zu sein, müssen wir auch auf jene Erwägungen über die Werte und Zwecke verzichten. Kein Sinn, kein Wert, keine Zweckmäßigkeit, kein Verstehen und kein Erlebnis sind im Rahmen der Wissenschaft zulässig und solange wir innerhalb der wissenschaftlichen Haltung bleiben, verdrängen wir, so scheint es, aus unserer Welt alles, was uns nicht nur menschlich fühlen, sondern auch die Wissenschaft selber betreiben läßt.

Wir wissen aber alle, daß es wahrhaftig nicht der Fall ist und daß von uns die Wissenschaft gar nicht diese absurden Schlußfolgerungen erzwingt. Versuchen wir aber, zum Anfang zurückzukehren, dann bemerken wir, daß der verhängnisvolle Irrtum der Argumentation in den Prämissen, nicht im Räsonieren steckte. Es ist wirklich so, daß empirische Wissenschaften keine Zwecke und keine Werte produzieren; es ist wirklich so, daß die Regeln des Empirismus uns nicht nur keine Zwecke zu bestimmen ermöglichen, sondern uns hindern, über subjektive Umstände, also über die erlebte Zweckmäßigkeit, also über den Sinn, auszusagen. Es stimmt, daß die Regeln der empirischen Wissenschaft so konstruiert sind, um ihr eine größtmögliche Voraussichtsbefähigung zu geben und alles, was keine Voraussichtskraft hat, auszuschalten.

Aber es stimmt auch, daß diese Regeln keine Ansprüche auf transzendentale Gültigkeit erheben dürfen, daß wir sie im Resultate der Entscheidung über die Ziele, denen die Wissenschaft dienen wird, annehmen. Sie anzunehmen heißt, die Grenzen der gültigen empirischen Wissenschaft zu bestimmen, heißt aber gar nicht und setzt gar nicht voraus, daß alles Erkennen durch den Gehorsam gegenüber diesen Regeln definiert werden muß oder daß alles, was durch sie nicht legitimiert ist, dadurch des Erkenneswertes beraubt wird. Die empirische Wissenschaft konstituierte sich durch die Bearbeitung ihres logischen Kodex, der stufenweise den Bereich der Wissenschaft von allem dem reinigte, was zu keiner Vorausschau führte, der also alle metaphysischen, zweck-bezogenen und subjektiv-bestimmten Wesen wegräumte.

Der Hauptirrtum besteht also in der Vermischung der Wissenschaft mit dem Rationalismus. Rationalismus ist eine ideologische Einstellung, deren Tendenz gerade darin besteht, den Namen des Erkennens und die Gültigkeit allem zu verweigern, was die Aufforderung der Wissenschaft nicht erfüllt. Normalerweise ist die rationalistische Idee mit dem verwandten, wenn auch logisch nicht darin vorausgesetzten Glauben verbunden, daß die Welt dann die Vollkommenheit erreichen würde, wenn sich alle Leute die rationalistische Philosophie aneigneten und auch mit der Hoffnung, daß es wirklich eines Tages dazu kommen wird. Wenn die Hauptthese des Rationalismus eine bloße arbiträre Entscheidung ist, sind der gerade erwähnte Glaube und die damit verbundene Hoffnung leere Hirngespinster. Der Rationalismus versäumt sowohl den Geist als auch den Körper, indem er unfähig scheint anzunehmen, daß es vielleicht in den biologischen und historischen Umständen, die von Menschen unabhängig sind, etwas gibt, was die Träume über die rationalistisch gesteuerte Menschheit vergeblich macht. Er glaubt an die Allmacht eines normativen Abstraktums.

Der Rationalismus ist eine Ideologie wie jede andere, er ist weder durch die Wissenschaft logisch hervorgebracht noch für deren Übung erforderlich. Er ist ein Versuch, die Normen, die die Arbeit eines äußerst wichtigen Organs der Gesellschaft, wie es die Wissenschaft ist, in die universelle Gesetzgebung des menschlichen Denkens, Fühlens und Verhaltens umzuschmieden: eine ebenso hoffnungslose wie grundlose Verallgemeinerung.

Es ist wohl wahr, daß der Rationalismus eine höchst nützliche Rolle in der Geistesgeschichte gespielt hat, ja noch spielt, und zwar in dem Sinne, daß er den Einbrüchen der Ideologien auf die wissenschaftlich regulierten Gebiete entgegenwirkte und sich dem gefräßigen Expansionismus der Ideologien mit all-umfassenden Prätentionen widersetzte. Er trug dazu bei, eine Demarkationslinie zwischen dem, was rational entscheidbar ist und dem Bereich des Sinnes aufzuzeichnen. Er versuchte, mit einem bedeutenden, wenn auch weit nicht vollen Erfolg, unserem Denken strenge obligatorische Richtschnüre aufzudrängen, die aus allen Gebieten der empirischen Forschung die Willkür und die ideologischen Einmischungen beseitigen. Es ist aber eine Sache, die Kriterien des rationalen Denkens festzustellen und ihre Gültigkeit überall, wo sie anwendbar sind, zu verteidigen, und es ist eine andere, alle Gebiete des Denkens, wo die Fragen auf dieselbe Weise nicht entschieden werden können, irrelevant, nicht-existierend oder abergläubisch zu nennen.

Da der ganze Raum des Sinnes sich außerhalb der Grenzen der Wissenschaft erstreckt, ist der Rationalismus nur dann konsequent, wenn er diesen Raum pauschal als kognitiv leer brandmarkt. Und deshalb lege ich Nachdruck auf die Doktrin des Behaviorismus, da dieser die rationalistische Tendenz in der Kreuzfrage bis zu Endfolgen bringt; man soll doch die empirische Psychologie mit der behavioristischen Philosophie nicht vermischen – in der Tat ist solche Vermischung ein besonderer Fall der gerade erwähnten Konfusion von Wissenschaft mit der rationalistischen Ideologie.

Die Regeln der streng empirisch orientierten Psychologie sollten das Feld der experimentellen, also wiederholbaren Bedingungen begrenzen und damit die Fragen bestimmen, auf die es eine empirische Antwort gibt oder geben kann. Sie schließen aber nicht ein, daß es überhaupt verboten ist, die Fragen über Gefühle Wünsche oder Hoffnungen zu stellen. Das Letzte ist ein philosophischer Zusatz des Behaviorismus.

Was uns überhaupt erlaubt oder nicht erlaubt ist zu fragen, vermögen wir aus den Normen der experimentellen Psychologie nicht zu entnehmen. Diese Normen sind technisch, nicht epistemologisch. Ihnen die Macht der Entscheidung über den Erkenntniswert zu geben, ist kein wissenschaftlicher, sondern ein ideologischer Akt.

Da der Sinn notwendigerweise auf Zweckmäßigkeit bezogen ist und die letzte die Sphäre der Subjektivität voraussetzt, ist die Ausschaltung der Subjektivität aus dem Bereich des gültigen Erkennens wirklich die Verleugnung des Sinnes. Und es ist ebenso wahr, daß die Subjektivität des anderen absolut und prinzipiell – nicht vorübergehend, nicht infolge des ungenügenden Fortschrittes der Wissenschaft – unzugänglich bleibt, wie es wahr ist, daß die eigene Subjektivität absolut zugänglich und absolut offen ist. Mit anderen Worten, es ist prinzipiell unmöglich, die Subjektivität in ein Objekt zu verwandeln und diese Schwierigkeit hängt gar nicht davon ab, wieviel wir von den Mechanismen des Nervensystems und von der Biochemie des Gehirns wissen oder je wissen werden.

Daraus folgt: jede Kenntnis, in der der Gegenstand als sinnbegabt gilt, hängt unbedingt von dem Anerkennen einer Sphäre ab, die den wissenschaftlichen Mitteln absolut unzugänglich bleibt, anders gesagt: im Rahmen der empirisch-wissenschaftlichen Kriterien ist das Verstehen des menschlichen Handelns und auch der Kulturerzeugnisse unmöglich; ja sogar die Aussagen anderer Leute verstehen wir nicht; die Aussagen mögen nur entweder als Reaktionen auf bestimmte Reize oder als mögliche Ankündigungen anderer Reaktionen aufgefaßt werden. Nichts ist verständlich, nichts sinnvoll, nichts zweckmäßig und nichts subjektiv.

Da aber, auf der anderen Seite, seine eigene Subjektivität, Zweckbezogenheit und damit die Sinnfälligkeit jedem absolut zugänglich sind, und da das Anerkennen der Subjektivität und der Zweckmäßigkeit des Verhaltens anderer Leute eine notwendige Bedingung der zwischenmenschlichen Kommunikation ist, sind wir gezwungen, auf folgenden unangenehmen Schluß einzugehen: die Gegenwärtigkeit dessen, was unser Leben als menschliche Wesen bildet, ja es überhaupt möglich macht, ist im wissenschaftlichen Sinne des Wortes ›Beweis‹ völlig unbeweisbar. Diese zwei Gebiete – des Sinnes und des wissenschaftlichen Denkens – sind so getrennt, daß es keine Sprache gibt, die sie beide gleichzeitig ausdrücken könnte; keine Philosophie, die sie zu einer synthetischen Ordnung einzubringen vermöchte.

Vielleicht aber zu sagen, daß mir meine eigene Subjektivität zugänglich ist, ist auch ungehörig; das ist nicht ›meine‹ Subjektivität, ein Besitzgegenstand, sondern ich selbst; ich nehme meine subjektiven Zustände nicht wahr, ich bin sie; sie sind kein Wahrnehmungsobjekt, sogar für mich sind sie es nicht.

Niemand braucht zu suchen oder zu forschen, um festzustellen, daß seine eigene Handlung sinnvoll ist; daß die Handlungen anderer genauso sinn-versorgt sind, nehmen wir spontan und unüberlegt alle an. Beides ist aber unbeweisbar. Noch ist a fortiori beweisbar, daß wir irgendeinen Sinn der menschlichen Geschichte oder dem Universum als Ganzen zuschreiben dürfen. Aus der Bejahung des sinnvollen Charakters seines eigenen Seins folgt logisch die Bejahung des Sinnes auf dem Gebiet der Geschichte und des Weltalls nicht. Am öftesten aber sind die Argumente, die zur Verneinung der sinnvollen Welt dienen, logisch genügend, um die Subjektivität überhaupt und den Sinn des individuellen Verhaltens zu verneinen. Mit anderen Worten, im Rahmen der empirischen Kriterien, die in der Wissenschaft pflichtmäßig sind, ist es ebensowenig legitim, die Sinnbegabtheit seiner eigenen Handlung, wie den Sinn des Weltgeschehens anzunehmen.

Es ist aber wohl kohärent (obgleich unlegitim), und viele tun es, die Sphäre der Sinn-erzeugenden individuellen Handlungen anzuerkennen und sonst, im Gang der Geschichte und in der universellen Entwicklung, jeden Sinn zu leugnen.

Daß die einzelnen sinnvoll handeln, macht diesen Gesamtgang der menschlichen Sachen nicht sinnvoll; das letzte setzt den Geist, der kein menschlicher Geist ist, voraus. Der Versuch, das Geistige, also das Sinnschöpfende, am Steuerrad der Welt zu ahnen, wurde freilich wiederholt als Versuch, den Menschen von seiner privilegierten Stellung im Kosmos herabzustürzen, seine Selbständigkeit und Selbstgenügsamkeit zu vernichten, abgelegt. Er schien sich gegen den humanistischen Glauben an menschliche Würde zu empören, den Menschen zum Status eines Dinges, das den von oben aufgedrängten Plänen unterworfen ist, zu erniedrigen, ja ihn in den Sklaven Gottes zu verwandeln. Daß dies der Fall ist, ist aber keineswegs offenbar oder notwendig, und es gibt Gründe, das Umgekehrte zu vermuten. Falls unsere Würde nur darin eingeankert ist, daß ein jeder separat seinen Handlungen einen freigewählten Sinn gibt, daß er also ein unbegrenzter

Schöpfer aller Werte ist, wird der zwischenmenschliche Verkehr immer sinnlos; dann bin ich in der Lage eines »einzigen« von Max Stirner, einer selbstgeschlossenen Monade, für die die ganze übrige Welt, andere Menschen eingeschlossen, nur auf ihren persönlichen Nutzen bezogen ist; irgend etwas mag insofern wertvoll sein, inwiefern es meinen Begierden, meinen Launen, meinen Interessen dient; meine private Sache wird zum Rang der einzig wirklichen Sache erhoben und sie ist in der Tat ›auf Nichts gestellt‹. Und dann wird meine Würde in ihren Gegensatz umgewandelt, da sie mit meiner Macht identifiziert wird. Ich habe alle Rechte auf die Welt, aber auch die Welt hat alle Rechte auf mich, und sie ist immer und notwendig stärker; und in meiner unvermeidlichen Niederlage werden nicht nur meine Aspirationen, sondern wird auch meine Würde zerstört. Ich künde an, daß ich niemandes Eigentum bin, aber dadurch werde ich jemandes Beute; doch eine rechtmäßige Beute irgend jemandes zu sein heißt, sein potentielles Eigentum zu sein, also endlich bin ich jemandes Eigentum.

Wenn ich also den Sinn und die menschliche Würde nur im unübertragbaren Subjektiven setzte, zermalme ich beide.

Gewiß, man darf den Sinn und die menschliche Würde nicht in der auf sich selbst gestützten Subjektivität, sondern in dem grandiosen Gefechtsmarsch der Geschichte suchen, einen Sinn oder eine innere Rationalität oder die Weisheit des anonymen Weltgeistes in allen ihren Monstrositäten finden. Ob dadurch aber die menschliche Würde hergestellt ist, ist mehr als zweifelhaft. Der immanente Geist der Geschichte ist definitionsgemäß unpersönlich. Wenn er der einzige Schöpfer und Geber des Sinnes ist, wird die Schlußfolgerung völlig gerechtfertigt, daß ein menschliches Individuum, also jeder von uns, das Eigentum der Gesellschaft ist, was gerade und genau das Prinzip des Totalitarismus bildet. Falls, wie es die Hegelsche Metaphysik verkündet, nur der faktische Lauf der Geschichte werterzeugend ist, dann werden aller Sinn und alle Würde auf ihn übertragen. Wir bleiben Sklaven, ich und du. Der persönliche Geist der Religion nimmt uns gewiß einen Teil unserer Selbständigkeit ab, aber es ist überhaupt keine Weise, uns der totalen Selbständigkeit zu versichern, ohne sie in demselben Akt total niederzuschlagen (es scheint, daß auch Fichte endlich zu diesem Schluß kam); wo es aber der persönliche Geist ist, der den Sinn des Universums schöpft, bleibt die Möglichkeit einer persönlichen Beziehung offen, und diese Beziehung schließt gerade die Sklaverei aus (Möglichkeit, aber nicht Garantie, muß man sagen, da auch persönliche Götter mehrmals als Despoten in den Mythologien erschienen sind).

Aber Gottes Spuren in der Welt mit wissenschaftlichen Mitteln zu suchen ist umsonst, die letzteren sind ganz anderen Aufgaben angepaßt. Die Wissenschaft kann uns nur wahrscheinliche, logische, historische oder psychologische Folgen verschiedener Optionen zeigen, nicht aber unter ihnen entscheiden.

Logisch und empirisch sind alle Optionen für irgendeinen Sinn, oder auch gegen jeden Sinn, gleichberechtigt, die Wissenschaft zwingt uns auf diesem Gebiet zu nichts – weder zur Anerkennung des Heiligen noch zur rationalistischen Versagung des Sinnes. Erst nachdem eine Option genommen ist, wird der Sinn, oder der Mangel an Sinn, sichtbar; das läuft wohl einfach auf das Anselmsche ›credo ut intelligam‹ hinaus und mag banal erscheinen. Was weniger banal ist, ist der Punkt, der wieder betont werden soll, nämlich, daß auch die Abwesenheit des Sinnes eine Option ist und daß sie nicht weniger arbiträr als die gegensätzliche bleibt. Die Wissenschaft trifft diese Wahl nicht, sie ist dieser Frage gegenüber gleichgültig und sie schließt jeden Sinn als irrelevant für ihre Zwecke, nicht als unmöglich aus. So ein Ding wie ›wissenschaftliche Weltauffassung‹ gibt es überhaupt nicht; jede Weltauffassung ist außer Wissenschaft, nicht aber notwendig außer Wissen. Das Erkennen mit der Anwendung der wissenschaftlichen Kriterien gleichzusetzen ist eine arbiträre Entscheidung, die gar nicht dem hergebrachten Sinne des Wortes entspricht.

Den Sinn überhaupt zu leugnen, widersetzt sich der übermächtigen und allgemein anerkannten, wenn auch unbeweisbaren Erfahrung. Den Sinn anzunehmen und auf den Bereich des Subjektiven zu begrenzen ist normal ein unbeliebtes Zugeständnis, das die rationalistische Ideologie dem gesunden Verstand macht, wobei sie schon eine Bresche an ihre Kohärenz legt. Dadurch gesteht sie zu, daß der rigoristische Rationalismus unhaltbar ist.

Leonhard Reinisch
Der Tod als Ende und Anfang

Über den Tod zu reden ist so unerschöpflich wie über das Leben. Meine Gedanken laufen in drei Richtungen:

1. der Tod war ein Tabu, er ist es nicht mehr; an zwei Beispielen, an zwei Schicksalen soll es gezeigt werden: Jean Améry und Günter Steffens,
2. mit dem Tod leben: Alle klugen Menschen von Sokrates bis zum jüngst verstorbenen Malraux haben die ars moriendi geübt und nicht an den Tod als absolutes Ende geglaubt,
3. Wanderschaft und Tod: Es soll ein praktisches Beispiel in der zeitgemäßen Einübung vom Leben mit dem Tod sein.

I. Der Tod war ein Tabu

Der Tod war bislang ein Tabu. Vielleicht das einzige Tabu der modernen, aufgeklärten, wissenschaftlich denkenden, postchristlichen Gesellschaft. Ihre liebsten Errungenschaften – Psychologie und Soziologie – hatten sie erfolgreich von den Tabus vor allem des Geschlechtlichen befreit: Aus dem Mysterium der Geburt wurde der gynäkologisch-technische Vorgang des Gebärens, aus dem Liebesakt die lustaktive Begattung beziehungsweise noch wichtiger die Verhütung der Empfängnis. »Birth and copulation and death – that's all the facts when you come to brass tacks« – Geburt und Beischlaf und Tod sind eigentlich alles, wenn man's genau nimmt, sagte T.S. Eliot um 1930, an der Tabu-Wende, denn bis dahin waren die beiden ersten »facts« tabuisiert, nicht aber der Tod, an den zu denken die Kinder nicht nur im Abendgebet erzogen wurden. Seitdem war es umgekehrt.

Die Gesellschaft tat damit, was ihr wohltat. »Tod in Hollywood«, »Tod in Amerika« – diese Bücher wurden als Satiren gelesen, im übrigen praktizierte man den »verbotenen Tod«, das Non memento mori. Wenn dieses Leben das einzige ist, das wir haben, und ein gutes, langes, glückliches Leben das beste, was wir haben können, dann ist der Tod als das totale Ende der größte Störenfried dieses Glücks und damit vernünftigerweise und aus psychohygienischen Gründen auszusparen, solange es für den je einzelnen möglich ist. Es ist naheliegend, daß in den USA als dem reichsten Land der Welt dieses Tabu als Wohlstands- ja als Luxusgegenstand zuerst und am sorgfältigsten entwickelt werden konnte.

Als vor zwanzig Jahren der englische Soziologe Geoffry Gorer in der Zeitschrift »Der Monat« einen Essay mit dem Titel »Die Pornographie des Todes« veröffentlichte und darin dieses für uns damals gerade erst angelernte Tabu in Frage stellte, entschuldigte sich der Herausgeber Melvin Lasky in einer Vorbemerkung: »Seine (Gorers) Folgerungen seien hier als Stoff zum Nachdenken dargeboten, wenngleich sie manchem unserer Leser sicherlich sehr gewagt erscheinen werden.«

Zwanzig Jahre danach bricht die Flut der Todesliteratur über uns herein, wird jener Geoffry Gorer wie ein Pionier der Thanatologie, der »Wissenschaft vom Tode«, gefeiert, denn wissenschaftlich soll es auch bei der Enttabuisierung des Todes zugehen. Ich kann und will nicht die Werke aufzählen, die allein bei der letzten Buchmesse zum wiederentdeckten Tod erschienen sind. Ein paar nur seien genannt: der dritte Band der klugen, diskreten amerikanischen Interviewerin von Sterbenden Elisabeth Kübler-Ross, Paul Sporkens »Umgang mit Sterbenden«, Stella Baums »Der verborgene Tod«, auch dies Interviews, diesmal mit Personen sozusagen des Sterbe-Dienstleistungsgewerbes. Es gibt die Anklagebücher gegen das Krankenhaus, am erschütterndsten das von Rudolf Kautzky herausgegebene Herderbändchen »Sterben im Krankenhaus – Aufzeichnungen über einen Tod«; es ist der Aufschrei einer Frau, deren Mann in jene Werkstatt des Todes kommt, ihr für immer entzogen, eine Werkstatt, von der wir alle Kenntnis haben, die wir brauchten und gebrauchten zur Tabuisierung und Verdrängung des Todes, in der die meisten von uns auch einmal sterben werden, – denn wer stirbt noch daheim, dann doch schon eher auf der Straße. Der Werkstattcharakter des Lebensendes und Lebensendens hat auch die neue Euthanasie-Debatte mit ihrer Bücherflut ermöglicht, wo die Grenze zwischen gütigem Helfer und Henker des Nützlichkeitsprinzips oft unscharf wird. Die »Grenzerfahrung Tod« wurde in einem Seminar der Salzburger Hochschulwochen behandelt und liegt ebenfalls als Buch vor. Die herausragenden Beiträge sind von dem Theologen Johannes B. Lotz »Tod als Vollendung«, dem Politologen Iring Fetscher »Der Tod im Lichte des Marxismus« und dem Philosophen Carl Friedrich von Weizsäcker »Der Tod«. Nicht nur der Wohlstandskapitalismus sondern auch der Produktivitäts-Sozialismus kann mit dem Tod nichts anfangen, – er, weil er mit den Toten nichts mehr anfangen kann. Das ist konsequent logisch und pragmatisch, es ist weniger sentimental lustvoll für den einzelnen, um so progressiver für die Gesellschaft. Doch um den Sinn haben sich in beiden geistigen Welten – denn Sozialismus/Kapitalismus ist längst keine Frage der Geographie mehr – nur Künstler nicht herumgedrückt, wie Bertolt Brecht im Badener Lehrstück vom Einverständnis. Und doch ist sogar der Tod, die Sterbeszene, die früher Dichter wie Flaubert, Tolstoi, Dostojewski so inspirierte, in dieser Zeit des tabuierten Todes wie von selbst ausgeblieben. Wir haben sie nicht vermißt, weil wir sie gar nicht wollten.

Ein Stück Antwort auf unser Todesverhalten gibt das Buch des französischen Historikers Philippe Aries: »Studien zur Geschichte des Todes im Abendland«. Der Autor jener berühmt gewordenen »Geschichte der Kindheit« erzählt hier in vier Kapiteln sieben Jahrhunderte europäischen Todeserlebens. Da ist zunächst »Der gezähmte Tod« – hohes Mittelalter, sodann »Der eigene Tod« – Renaissance, danach »Der Tod des anderen« – Romantik, schließlich »Der verbotene Tod« – unsere Zeit. Diese Zeitbestimmungen stammen von mir und sind als Vorstellungshilfen gedacht. Denn zum Beispiel der gezähmte Tod des Mittelalters ist durchaus gegenwärtig. Ihn zu beschreiben zitiert Aries Solschenizyns Roman »Krebsstation«:

»Jefrem . . . erinnerte sich daran, wie diese Alten, ob Russen, Tataren oder Wotjaken, daheim an der Kama gestorben waren. Sie hatten sich nicht aufgebäumt, gewehrt, geprahlt, daß sie niemals sterben würden – sie alle hatten dem Tod ruhig entgegengesehen. Aber nicht nur, daß sie sich nicht wehrten, sie bereiteten sich in aller Stille und beizeiten auf den Tod vor, bestimmten, wer die Stute, wer das Fohlen . . . bekommen sollte. Und gingen dann, solcherart erleichtert, unbeschwert hinüber, als würden sie nur in eine andere Hütte übersiedeln.»

Die Renaissance – also »der eigene Tod« – veränderte den Menschen in bezug jener Demut zum Trotz, brachte das Ich-Wollen und Ich-Scheitern, zugleich die Gewißheit, daß man ein Toter auf Abruf ist. Schade, daß Aries die deutsche Literatur zu wenig kennt, hierher gehört der »Ackermann aus Böhmen« als der Mensch von 1400, der sich aufbäumt gegen die Gewalt des Todes.

Dieser »Ackermann« des Stadtschreibers Johannes von Saaz ist in unserer krebsverpesteten Zeit der sterbenden jungen Mütter von neuer Aktualität. Sein Streitgespräch mit dem Tod ist nicht nur große Dichtung, es ist ein Stück ohnmächtige Revolte gegen Gott und tapfere Bescheidung im unvermeidlichen Scheitern.

Den entscheidenden Umschlag zum Gefühl – es ist ja ein Zeitgefühl, keine neue Erkenntnis – erfahren in der Neuzeit die Menschen des 18. Jahrhunderts durch Aufklärung und Positivismus. Im Verhältnis zum Tod heißt dies: »Der Tod des anderen«. Aus dem Zweifel am Jenseits klammert man sich ans Diesseits, sieht im Tod des anderen den traurigen Vorboten jener sterblichen Einmaligkeit, die man selbst ist. Im Tod des anderen feiert man sich als Überlebender. Aries könnte dies (wenn er die deutsche Kultur nicht überginge) sehr schön an Goethes Gedicht auf Schillers Tod demonstrieren, ohne dessen Größe zu schmälern.

Von hier war es nur ein kleiner Schritt zum heutigen »verbotenen Tod«, auch wenn er von einem Korrespondenzglied dieses Todes nicht spricht: vom Wegwerf-Leben. Die Konsequenz, daß die geglaubte Sinnlosigkeit des Todes eine notwendige (wenn auch meist unbewußte) Sinnlosigkeit des Lebens mit enthält, behandelt Aries nicht. Für ihn ist einsame Trauer, jener Rest angesichts des »verbotenen Todes«, eine Art Masturbation. Vielleicht ist der Vergleich typisch für harte Männer von heute, schön kann ich ihn nicht finden.

Wegwerf-Leben – damit kommen wir zu dem ersten der beiden Schicksale, von denen die Rede zunächst sein soll, zu einem unmenschlichen Buch eines der menschlichsten Autoren unserer Zeit und Sprache: »Hand an sich legen – Diskurs über den Freitod« von Jean Améry.

Ein schmaler Band von 130 Seiten, sprachlich meisterhaft, fast zu schön für dieses Thema, präzis im Ausdruck und bisweilen von sympathischer Verlegenheit. Améry erregte zuerst Aufsehen durch den Essay »Die Folter«, der wegen Inhalt und Form Schullektüre sein müßte. Man kann den neuen Essay durchaus als eine Fortsetzung betrachten, auch wenn der Autor ihn in die Reihe seiner resignierend-revoltierenden Gedanken »Über das Altern« stellt.

Améry ist Philosoph der französischen Schule, dem Denken Sartres verbunden, mit dem Strukturalismus vertraut. Améry ist mehr noch reflektierendes Schicksal dieses Jahrhunderts: der Jude aus Österreich, der unter entsetzlichen Qualen das KZ überstanden hat, ein Rückkehrer aus dem Schattenreich, der sich nun der Feigheit bezichtigt, noch unter uns zu sein. Dieses Buch *ist* sein Autor, und jeder wird es mißdeuten, der vom Schreibenden abstrahiert. Améry renommiert nicht damit, wie ihm dies eine Kritik unterstellte. Dazu ist er zu ernst, zu melancholisch, zu sehr vom Leben und der Welt versehrt. Der Aufschrei eines Verzweifelten klingt anders als der des Schauspielers, der ihn spielt – wer den Sinn der Unterscheidung hat, wird es hören. Améry entblößt sich vor uns, ecce homo, erkennt in mir euch selbst. So richtet er sich mit dieser Schrift an uns, aber auch gegen uns, gegen unser Leben. Wir müssen uns stellen. Ich wurde beim Lesen dieses Bekenntnisbuches eines Atheisten an das Bekenntnisbuch eines Christen erinnert, das uns vor zwanzig Jahren erschüttert hat: Reinhold Schneiders letztes, trauriges, schönes Buch: »Winter in Wien«. Ein Satz davon ist mir ins Gedächtnis gemeißelt geblieben:

»Ich weiß, daß er auferstanden ist, aber meine Lebenskraft ist so sehr gesunken, daß sie über das Grab nicht hinausgreifen, sich über den Tod nicht zu sehnen vermag.«

Das war ein »Hand an sich legen« eines verzweifelten Christen auf sublime Weise.

Freitod statt Selbstmord, Suizidant statt Selbstmörder, Suizidär statt Selbstmordgefährdeter – das ist im Begriff zugleich Programm. Was die Religion und die in sie eingebundene Gesellschaft einst als größten Frevel betrachtet hatten, hier wird es zum äußersten Freiheitsakt des Menschen, der seine Größe durch die Unwiderruflichkeit seiner Tat erfährt. Das wird so ausdrücklich nicht ausgesprochen. Améry verrät damit sein eigenes Schwanken zwischen dem Fortleben im Jammertal und dem Tod im Selbstopfer. Vielleicht deshalb, weil er von einer überholten Voraussetzung ausgeht: als gäbe es heute noch eine religiöse Gesellschaft als urteilende und verurteilende Macht über den Menschen. Sein Plädoyer für den »Hand an sich Legenden« kommt ein Jahrhundert zu spät. Wer regt sich heute über die Tat eines Selbstmörders auf, wer hat sich in den zwanziger Jahren darüber aufgeregt? Vielleicht gläubige Christen (und sie mit Recht, wenn auch nicht mit Verachtung, sondern Bestürzung). Für die säkularisierte Gesellschaft ist Selbstmord Privatsache geworden, und Selbstmörder, die auf moralische Entrüstung ihrer Umwelt über diese Tat rechnen, hoffen darauf vergeblich. Hätte Klaus Mann nicht vor 25 Jahren sondern zu Zeiten eines Zola durch seinen Freitod die europäische Intellektuellen aufgefordert, sich fortzubescheiden aus einer Welt der Kriegstreiber, Geldschieber und Dummköpfe, möchte dies vielleicht Erfolg gehabt haben, so aber hieß es: Privatsache.

Erscheint mir Amérys Plädoyer deshalb so wenig angemessen? Weil heute die Gleichgültigkeit gegenüber dem Selbstmörder schlimmer ist als die gesellschaftliche Ächtung einer Tat, durch die sich mancher einst davon abhalten ließ? Es mag paradox erscheinen, aber einer individualistischen Gesellschaft ist das je »andere« Individuum völlig gleichgültig, soll es mit seinem Leben tun, was es mag. Eine Wohlstandsgesellschaft, in der der Selbstmord gleichsam zum Komfort gehört, irgendwie auch zur Freiheit – braucht sie Jean Amérys Ermutigung, das eigene Leben als Privateigentum zu empfinden und darüber zu verfügen? Oder soll ihre Elite gar nach soviel angelernter Adaption östlicher Weisheit von Yoga bis Buddha auch noch das Harakiri als Luxusende übernehmen?

Ich weiß: mit dieser Frage tue ich Améry unrecht, der west-östliche Moden immer als solche durchschaut hat. Améry schreibt aus Mitleid mit den Verzweifelten als Verzweifelter. Und er schreibt als atheistischer Sozialist, dem die Utopie zerbrochen ist und der die Scherben sich und anderen auf die Augen legen möchte. Und der zugleich noch ein bißchen am Leben hängt und neugierig ist, wie der Wettlauf zwischen der eigenen Hand und der Sense des Sensenmannes ausgeht. Gibt es aber – und dies wird mir Améry zugestehen – in einer Welt, in der der Selbstmord zur Privatsache heruntergekommen ist, nicht dennoch Grenzen? Darf etwa eine über den Tod des Mannes verzweifelte Mutter von unmündigen Kindern Hand an sich legen? Natürlich nicht. Was aber sind Amérys klassische Beispiele? Ein Wiener Küchenmädchen stürzt sich aus Liebe zu einem Radiosänger, der davon nicht einmal etwas weiß, aus dem Fenster zu Tode. Leutnant Gustl, Arthur Schnitzlers Erfindung will sich das Leben nehmen, weil er ohne des Kaisers Rock nicht leben könne. Der Philosoph Otto Weininger erschießt sich, weil er als Jude und Antisemit zugleich mit sich nicht ins reine kommen kann. All das sind Tragödien in einer Welt, in der das eigene Leben das einzig wichtige ist und das eines jeden anderen zur Privatsache degradiert ist.

Jean Améry besteht auf der Unwissenschaftlichkeit seines Essays. Mit Recht. Es gibt Menschen, die auf die Frage, ob sie je an Selbstmord gedacht hätten, reagieren, als würden sie mit einem Verrückten reden. Es gibt andere, denen diese Frage ihr ständiger Begleiter ist. Der Selbstmord oder Freitod ist (die beiden Wörter sind am Ende so gleich wie gleichgültig) das traurige Privileg derer, die dieses von ihnen unerbetene Leben bestenfalls als eine Art Liebe zu ihren Eltern, ihren Erzeugern angenommen, auf sich für eine gewisse Zeit genommen haben.

Je mehr ich über Amérys nacktes Buch nachdenke, um so deutlicher wird mir die keusch verhüllte Moral, in der ich als Kind erzogen worden bin. Selbstmord? Für uns (vor dreißig Jahren) war Judas der schlechthin Unerlöste, und zwar nicht, weil er seinen Herrn verraten hatte, sondern weil er sich ohne Reue und Buße und die damit verbundene Aussöhnung mit IHM selbst gerichtet hatte. Vielleicht hat diese alte Moral heute auch in der katholischen Kirche im Rahmen ihres humanistischen Anpassungsprozesses keine absolute Gültigkeit mehr. (Übrigens haben zu allen Zeiten gerade Christen für die Erlösung des Judas gebetet.) Doch es bleibt auch heute noch die Hemmung, dieses »Du sollst nicht töten« bis hin zu dem »Sich selbst nicht töten dürfen«.

Ich bin versucht, Jean Améry die Frage zu stellen, ob Hitler und Himmler, Göring und Goebbels mit ihrem Selbstmord klüger oder nur feiger gewesen sind als ihre Komplizen, die sich vor dem Nürnberger Gericht im Angesicht des Galgens der Verurteilung gestellt haben. Auch dies gehört zum Thema Freitod, für den Sokrates keine andere Rechtfertigung fand als den Schierlingsbecher, den er leeren *mußte*. Gewiß sind Sokrates und Jesus nicht unsere Zeitgenossen. Unsere Normen sind vorläufig und ohne Prinzip, unsere menschlichen und gesellschaftlichen Sicherungen sind provisorisch, unser Aufenthalt an den Grenzen der Erfahrung und Erkenntnis zwingt uns, den Selbst-Tod als unsereren Bruder, meinetwegen unseren Bruder Kain, zu sehen. Aber fürchten sollten wir uns vor ihm; und wer dem Verzweifelten helfen kann, sollte es tun, und wer noch beten kann, soll damit helfen.

Der Historiker Philippe Aries und der Philosoph Jean Améry

zwingen uns mit ihren Büchern, am Tod das Leben zu überdenken. Doch bleiben es eher kluge Reflexionen verglichen mit dem Buch und Schicksal des Günter Steffens: »Die Annäherung an das Glück«. Steffens gibt uns keine Gebrauchsanweisung, wie wir seinen Titel verstehen sollen. Ist er zynisch gemeint wie jener Untertitel Voltaires zu seinem »Candide«, in dem er sich über Leibniz ein bißchen oberflächlich mokiert: »Die Beste der Welten«. Bitterkeit eher als Zynismus ist in Steffens' Titel enthalten, denn er hat sich in seinem autobiographischen Unglück nur wenig zum Glück hinbewegt. Am Ende des Weges ist er ein Krüppel, physisch und psychisch.

Dieser Weg beginnt beim Krebstod seiner Frau, er führt über einen Selbstmordversuch, weiter über den leicht durchschaubaren Selbstbetrug mit einer Ersatzfrau, über Droge und Alkohol, über Nervenärztin und Nachtasyl, bis hin zu jener Schreibmaschine, an der ihm kein Gott, immerhin ein Rest von Menschsein sagt, daß er noch ist.

Der erste, traurig schöne Teil erinnert an Anne Philipes ergreifende Witwenelegie auf den Krebstod ihres Mannes Gérard Philipe – »Nur einen Seufzer lang«. In Steffens' Buch wird mehr als ein Sterben vorgestellt, wie es der gängige Tod ist – Unfall und Infarkt, Selbstmord und Altersschwäche, hier ist die Pest anwesend mit ihrer Unabwendbarkeit, Absehbarkeit, zeitlichen Ungenauigkeit, die auch noch die Verzögerungen des Weiterlebens zur Qual macht. Noch bist du da, auch diesen Morgen bist du wieder aufgewacht, wie oft noch? Und dann, wenn es geschieht . . . und die Zeit zerrinnt zwischen den beiden, der Sterbenden und dem Mitsterbenden. Günter Steffens' erstes Kapitel, seine Sterbenovelle über den Tod der Frau, sein Mitsterben, ist Dichtung des Leidens und Erleidens. Das ist nicht Flaubert, das ist eher Dostojewski, genauer: das ist die Einmaligkeit des Protokolls von Günter Steffens, eines Mannes, der sich nackt gibt und doch keine Blöße. Aber dieses erste Viertel ist trotz seiner Geschlossenheit der Teil, mit dem wir uns nicht wie bei Anne Philipe entlassen dürfen, wenn wir den Titel dieses ersten Teiles »Der Tod war ein Tabu« ernst nehmen. Das Sterben seiner Frau gewinnt bei aller Qual die Größe des geglückten Todes dank der verbindenden Liebe, sie scheint sogar im Leben dessen, der zurückbleibt, auch ein Stück geglückter Tod zu sein (und wir alle sterben auf Raten). Nur ist sein Lebens*rest* mißglückt. Er muß sein Leben in die Sinnverwirrung der Verzweiflung aufnehmen, er muß es weiterschleppen. Er sucht es zunächst zu zerstören. Denn jeder großen Liebe, die nicht durch den Glauben gehalten ist, bleibt kein anderer Weg. Der Versuch scheitert.

Der Rest ist nicht schön, doch wir kennen ihn, – auch die Sprache wird ordinär bis zur Erkenntlichkeit des erlittenen Elends. Das ist kein Blechtrommler. Sein Weg führt vom mitleidenden Krebstod und der eigenen Todeswunde weit fort: fort von der kleinen Tochter und der giftig bösen Schwiegermutter, fort vom senilen Vater, den der Sohn mit eklig bösem Haß skizziert, fort von den Freunden, die er betrügt, fort von den Frauen, die er benutzt und von denen er benutzt wird, fort von den sogenannten Existenzgrundlagen wie Beruf, Einkommen, Besitz, fort von der Lebensgrundlage Gesundheit, fort von dem, was man »Ruf« nennt, fort von allen bürgerlichen Zwängen und Prinzipien – hin, ja, wohin? Hin zu einer Annäherung an das Glück, das ein Stückchen Freiheit und ein gutes Stück Wahn ist und doch vielleicht ein bißchen näher zu jener Erlösung führt, auf die es jenem Helden des Romans Leo – oder nennen wir ihn lieber wie den Autor: Günter Steffens – geläutert durch das Mitsterben mit seiner Frau mehr ankommt als auf die Glücke dieser Welt.

Annäherung an das Glück – vielleicht bedeutet dies: Loslassen alles Festgehaltenen, Einwilligung in den Tod.

II Mit dem Tod leben

In dem Vorwort zu Stella Baums Buch »Der verborgene Tod« schreibt Peter Härtling:

»Wir sollten, um Menschen zu bleiben, den Tod wieder ins Haus holen. Nicht als Abergläubische, die auf ›Freund Hein‹ warten, sondern als Aufgeklärte, die mit Furcht und Hoffnung gleichermaßen wissend umgehen. Kürzlich habe ich in einer Zeitschrift den Bericht eines amerikanischen Fotografen gelesen, der sich entschloß, seinen Vater zu Hause inmitten einer großen Familie sterben zu lassen. Gewiß eine Zumutung für alle, die Erwachsenen und die Kinder, doch auch eine Erfahrung, die die einfachen Sätze des Mannes nicht fassen konnten. An einen dieser Sätze erinnere ich mich sehr genau, da er mich fast wie eine Botschaft berührte. Der Sohn erzählte, wie sein Vater in seinem Stuhl dahindämmerte und wie die Kinder zu seinen Füßen spielten, ungeniert miteinander stritten, wie die normalen Geräusche aus der Küche zu hören waren, das Klappern der Töpfe, Stimmen, wie alles weiterging, während dieses Leben allmählich endete. Es endete mit dem, was ihm vertraut war, was er selber einmal belebt hatte. Und die Kinder waren nach fast einem Jahr Sterben betroffen, als Großvaters Bett leer war. Er war fort, für immer. Sie hatten den Tod als Lebensgefährten kennengelernt.«

Schopenhauer beginnt das 41. Kapitel seines Hauptwerks »Die Welt als Wille und Vorstellung« – es trägt den Titel »Über den Tod« – so: »Der Tod ist der eigentliche inspirierende Genius oder der Musaget der Philosophie, weshalb Sokrates diese auch als Vorbereitung auf den Tod definiert hat.« Nun mag es kein Zufall sein, daß in einer Zeit, in der die Philosophie ihre führende Rolle an die Naturwissenschaft abgetreten hat, auch der Tod sich im täglichen praktischen Leben auflöste. Wenn uns Jacques Monod in dem vielgelesenen Buch »Zufall und Notwendigkeit« den Gedanken nahelegt, daß unsere Existenz im Evolutionsprozeß ein an Unwahrscheinlichkeit grenzender Zufall sei, fällt es uns schwer, eine wertesetzende Philosophie so unbefangen zu ertragen wie frühere Generationen. Wenn wir das zwanzigste Jahrhundert als das Jahrhundert der Massenvernichtungen und Massenausrottungen, der Gaskammern und des Archipel GULAG, der Massengräber tausendfach erleben, stumpft die Phantasie ab und läßt den je eigenen Tod als nicht nur eine quantité négligeable erscheinen, sondern sogar als eine qualité négligeable. Wenn der Sozialismus mit Ernst Bloch das alte Lied der Bauernkriege als Trost bereithält: Geschlagen ziehen wir nach Haus, unsere Enkel fechtens besser aus, dann ist das Leben des einzelnen ein Körnchen im Sandhaufen, ein winziges Glied in einer endlosen Kette, und es bleibt bestenfalls das Versprechen, daß es irgendeinmal auf dieser Welt besser und rechter zugehen werde. Mit dem Tod zu leben ist in der Tat heute schwierig und wohl nur durch einen religiösen oder philosophischen Glauben möglich.

Wir kennen den Tod des Sokrates, wie ihn uns Plato im Phaidondialog aufgezeichnet hat. Er ist getragen von dem Glauben an die Ewigkeit, der uns aus vielerlei Gründen schwer geworden ist, worin vermutlich die Hauptursache der Todesverdrängung liegt. Auf Kritons Frage, wie sie ihn bestatten sollten, lächelte Sokrates und sagte: Kriton will es mir nicht glauben, daß dieser Sokrates hier, der jetzt mit euch spricht, mein wahres Ich ist. Er glaubt vielmehr, ich sei jener, den er in kurzem als Leichnam sehen wird. ... Es ist nur sein Leib, den sie bestatten, so wie es ihnen lieb ist und es am meisten dem Brauche zu entsprechen scheint. Er selbst ist längst davongeeilt.

Dieser philosophische Glaube an die Ewigkeit des Menschen hat im Christentum seine religiöse Entsprechung, wobei hier der Glaube an die Auferstehung im Leib die größte Schwierigkeit auch für viele Christen bedeutet. Das Gleichnis »Vom reichen Mann und dem armen Lazarus«, das Lukas aufgezeichnet hat und das jeden zutiefst erschüttern muß, die Erscheinung des Moses und Elias auf dem Berge Tabor, die Worte des sterbenden Christus zu einem der Mitgekreuzigten »Heute noch wirst du mit mir im Paradies sein«, schließlich des Paulus Jubel im Korintherbrief: »Der Tod ist verschlungen in den Sieg. Tod, wo ist dein Stachel, Hölle wo ist dein Sieg?« – das alles war zusammen mit der Todesfahrt Christi ein Stück Selbstbewußtsein und Selbstverständnis christlicher Generationen, durchaus nicht nur ein Sonderwissen von Klerikern oder gar nur von Mystikern. Dante hat in seiner »Göttlichen Komödie« dieses Reich jenseits der Schwelle unseres Lebens geschildert, als wäre er dort gewesen. Wir empfinden es heute als Weltliteratur von wunderbarem Sprachklang, ungezügelter Phantasie, moralischer Drohung, aber kaum als ein Stück übergreifender Wirklichkeit. Selbst gläubigen Menschen von heute steht da Meister Eckehart näher mit seiner unendlichen Meditation über das Christuswort des Lukasevangeliums: »Das Himmelreich ist inwendig in euch«, dieser Prozeß des Stirb und Werde zu einem höheren Menschen, wie es fünfhundert Jahre später Goethe in seinem Altersgedicht »Selige Sehnsucht« auf neue und ähnliche Weise gesagt hat.

Wir sprachen bereits kurz vom Sozialismus und seinem gebrochenen Verhältnis zum Tod. Der Sozialismus hat sich im 19. Jahrhundert notwendigerweise als Gegenbewegung gegen einen egoistischen Individualismus verstanden, er hat sich im Kampf gegen die christlichen Kirchen als atheistisch definiert, er hat ehestens noch das harte Wort des Evangeliums akzeptiert: Lasset die Toten ihre Toten begraben. Und doch gibt es den Tod und die Toten auch im Sozialismus. Ich meine damit weder die Todesstrafe und Todesfolter, noch den Totenkult, der mit Lenin oder Mao getrieben wird. Ich meine die Auseinandersetzung mit dem Tod von

Karl Marx und Friedrich Engels bis zu Bertolt Brecht und darüber hinaus. Da gibt es in den frühen Schriften des Karl Marx eine Stelle, die gelernte Marxisten bei ihm wahrscheinlich nicht vermuten. Er setzt sich mit Plutarch auseinander, der festgestellt hatte: Wer Weib und Kinder verliert, wünscht eher, daß sie irgendwo seien, wenn es ihnen auch schlecht geht, als daß sie gänzlich aufgehört haben. Marx wendet dann aber ein: »Wenn es sich bloß um Liebe handelte, so ist das Weib und das Kind des Individuums als solches am tiefsten und reinsten aufbewahrt im Herzen dieses Individuums, ein viel höheres Sein als das der empirischen Existenz.« Das ist Idealismus, das ist »Mit dem Tode leben«. Der Tod des geliebtesten Menschen, das Entbehren seiner leibhaftigen Gegenwart, der unausrottbare Schmerz des »nie wieder« ist ein Stück eignes Sterben, aber er kann (wie Karl Jaspers einmal meditierte) ebenso wie die hohen Augenblicke das Leben verwandeln in das Bewußtsein ewiger Gegenwart.

Es wäre unschicklich, Karl Marx und Karl Jaspers hier auf eine allzu kurzschlüssige Weise in ein Einverständnis zu zwingen, obwohl für beide gerade die leidvolle Erfahrung des Todes geliebter Menschen jenes »höhere Sein als das empirischer Existenz« – so Marx – jenes »Bewußtsein ewiger Gegenwart« – so Jaspers angeregt, ausgelöst hat. Gewiß wäre beiden der Gedanke einer stufenweisen Selbstzerstörung wie die des Günter Steffens ebenso fremd gewesen wie derjenige an Selbstmord, der in sozialistischen Ländern ja als gesellschaftsschädigende Anpassungsunfähigkeit zur zwangsweisen Einweisung in psychiatrische Anstalten führen kann. Allerdings wäre beiden umgekehrt die Lebenswut, das Schreiben gegen den Tod eines Elias Canetti auch eher als eine ungemeisterte Pubertät erschienen und nicht als eine sinnvolle Auseinandersetzung mit sich, der Welt und dem Umgreifenden (unter dem sich die einen Gott, die anderen das absolute Sein vorstellen mögen).

Jaspers zitierte gern den Pythagoräer Alkmäon, der vor zweieinhalbtausend Jahren lebte: Die Menschen gehen deshalb zugrunde, weil sie nicht die Kraft haben, den Anfang an das Ende anzusetzen. Doch hat er, der in vielen langen Gesprächen die Vorbereitung auf den Tod (ganz im Sinne Schopenhauers) als den Anstoß des Philosophierens betrachtet hat, sich nie festlegen mögen zwischen dem Gedanken der ewigen Wiederkehr, diese Seelenwanderungsidee, über die Lessing, Goethe, Nietzsche soviel meditierten, und jenem teleologischen Weg hin zu einem endgültigen Reich jenseits der Grenze, von dem er in seinem Buch »Ursprung und Ziel der Geschichte« – schon der Titel ist ein Programm – geschrieben hat.

Bei Karl Marx hingegen könnte ich mir vorstellen, daß er in ähnlicher Situation ähnlich reagiert hätte wie Anne Philipe, die Frau des Gérard Philipe. In der Novelle über den Krebstod des Mannes »Nur einen Seufzer lang« beschreibt sie, wie sie ihren Kindern zu erklären versucht, daß der Vater tot sei, und was das bedeutet:

»Ich möchte nicht sagen, du seiest im Himmel, denn so dachten wir nicht. Also versuchte ich, dich mit dem Leben in Verbindung zu bringen. Er hat sich verwandelt, erklärte ich, es sind zwei Bäume und Blumen aus ihm geworden; die Bienen sammeln den Honig darin, den Honig essen wir, und so fängt alles von vorne an.«

Wir sagten vorhin, daß vor allem Bertolt Brecht unter den sozialistischen Dichtern der Tod nicht Ruhe ließ, ihn bis zur letzten Stunde beunruhigt hat. Wenn sich Thomas Mann mit einer gewissen Koketterie einen Spätbürger nannte, so war – auch wenn er es nie zugab – Bertolt Brecht der Bourgeois. Das schlechte Gewissen, das er aus dieser Tatsache und ihrem Verschweigen erfuhr, machte ihn zum Künstler und half ihm, seine größten Werke zu schaffen. Die Lebenstragik des Bertolt Brecht erinnert in einem Punkt an die des Leo Tolstoi. Der russische Graf, der in der zweiten Hälfte seines Lebens Staat, Gesellschaft und Menschen verwandeln wollte in eine urchristliche Kommune, konnte sich erst im Sterben von seinem Vermögen trennen, indem er die Angehörigen enterbte (ein Versuch, der ironischerweise mißlang). Auch Brecht verließ die materielle Existenzangst nie. »Herr Puntila und sein Knecht« »Das Verhör des Lukullus«, »Das Badener Lehrstück vom Einverständnis« – sie alle kann man auch als Selbstkritik, als masochistische Wut auf die eigene schäbige Existenz lesen. Das macht die Stücke nicht kleiner, im Gegenteil die Aussagen authentischer. Seine Philippica der bourgeoisen Todesangst, seine Predigt der großen Gelassenheit und des würdevollen Einverständnisses spielen in der Zeit des verdrängten Todes. Das Haben-Wollen, das Festhalten, das Entreißen und damit verbunden das Außer-sich-Sein, Nicht-bei-sich-Sein, Nicht-daheim-Sein – Ausbeutung und Entfremdung heißt es dann im ideologischen Jargon – das sind die Grundvokabeln in Brechts Lehre über den Tod.

»Wer etwas entreißt, der wird etwas festhalten. Und wem etwas entrissen wird, der wird es auch festhalten. Und wer etwas festhält, dem wird etwas entrissen. Welcher von uns stirbt, was gibt der auf? Der gibt doch nicht nur seinen Tisch oder sein Bett auf? Wer von uns stirbt, der weiß auch, ich gebe auf, was da vorhanden ist, mehr als ich habe, schenke ich weg . . .«

Und später heißt es dann: »Wer aber den Wunsch hat, einverstanden zu sein, der hält bei der Armut. An die Dinge hält er sich nicht.«

Das kann man Sozialismus nennen, aber es klingt mehr noch nach Evangelium, es ist das »Stirb und werde« darin, es ist Einübung in das Sterben, ars moriendi, wie es die Alten nannten, die Vor-Bereitschaft zum Tode, da er jede Stunde kommen kann und uns nicht überraschen soll, so als hätten wir noch etwas Wichtiges, Unaufschiebbares zu tun, als wären wir unentbehrlich. Wir können bei Brecht mehr zu unserem Thema erfahren als in frommen Traktaten, weil er Mensch unserer Zeit war, voller Leidenschaft, Zynismus, Habgier, sich an die Dinge, an das Leben klammernd, voller Ängste, auch der Angst vor dem Sterben und dem Tode, – und weil er dem Jenseits mißtraute. Dies freilich ist zugleich die Grenze, die Brecht sich setzte, wohl setzten mußte auf Grund jener marxistischen Weltanschauung, der er vertraute. Dieser Marxismus kennt mit dem ihm darin verwandten kritischen Rationalismus das uralte Problem der Subjekt-Objekt-Spaltung kaum mehr, wie es uns Sokrates im »Phaidon« lehrte, ehe er den Schierlingsbecher leerte.

Der polnische Philosoph Leszek Kołakowski hat in einem Vortrag über »Das Jagen nach dem Sinn« deutlich gemacht, daß eine sich als Wissenschaft verstehende Philosophie, wie es Marxismus und kritischer Rationalismus sein wollen, genau dort endet, wo Philosophieren beginnt. Das Subjekt, das wir sind, jenes Ich des Sokrates, ist etwas prinzipiell anderes als das, was Biologie, Anthropologie, Medizin usw. an uns feststellen können. Das Geheimnis des Menschen bleibt ihm selbst verborgen, was dann, nach jener Stunde, sein wird, wenn dies geschah, wissen wir nicht, und es ist wohl auch besser so.

Mit der Wiederaufnahme des Todes in unser Denken und Bedenken geht das Aufblühen der Parapsychologie Hand in Hand.

Das ist nicht verwunderlich, weil der Wissenschaftsglaube der legitimste Aberglaube unserer Kultur ist. Die Zeichen und Stimmen aus dem Jenseits sind dabei nicht der geringste Teil. Wenn ich ihnen ähnlich mißtraue wie den Berichten über fliegende Untertassen, so liegt dies zuerst an der Qualität der Berichte und Berichter. Mystikern von gestern oder heute, einem Johannes vom Kreuz oder einer Adrienne von Speyr, ihren Visionen und Aufzeichnungen gilt ein anderes Interesse als jenen Boulevardzeitungsmeldungen über extraterrestrische Phänomene.

Es geht dabei um uns als Subjekt und nicht um das der Wissenschaft zugängliche Objekt. Ich nenne es versuchsweise »das Geheimnis in uns«. Die Psychoanalyse als ein sehr unreines Grenzgebiet der Wissenschaft mag eben wegen dieser eher als Kunst denn als Wissenschaft zu bezeichnenden Tätigkeit am ehesten Auskünfte geben. Sigmund Freuds tiefe Einsichten über den Zusammenhang von Liebe und Tod, vor allem aber über den Todestrieb, wurden nicht zufällig von der Wissenschaft am meisten in Frage gestellt, ja bekämpft. Waren es früher die Propheten, die Seher, die Mystiker, so sind es heute unsere »vates«, die Künstler, die Dichter vor allem, die uns die Grenzerfahrungen zwischen Diesseits und Jenseits deuten, wenigstens an-deuten können.

Ich zitierte vorhin eine Zeile von Gottfried Benn. Es ist der Beginn eines Liebesgedichtes, das er nach dem Tod einer Frau schrieb, die ihm sehr nahegestanden war. Es heißt »Aus Fernen, aus Reichen«; man kann es als Ausdruck jenes »höheren Seins« des Karl Marx verstehen oder als jenes »ewige Bewußtsein der Gegenwart« des Karl Jaspers oder als Benns verzweifelten Versuch, die Grenze zu überschreiten:

Was dann nach jener Stunde
sein wird, wenn dies geschah,
weiß niemand, keine Kunde
kam je von da,
von den erstickten Schlünden
von dem gebrochnen Licht
wird es sich neu entzünden
ich meine nicht.

Doch sehe ich ein Zeichen
über das Schattenland

aus Fernen, aus Reichen
eine große, schöne Hand,
die wird mich nicht berühren
das läßt der Raum nicht zu:
doch werde ich sie spüren
und das bist du.

Und du wirst niedergleiten
am Strand, am Meer,
aus Fernen, aus Weiten:
»– erlöst auch er;«
ich kannte deine Blicke
und in des tiefsten Schoß
sammelst du unsere Glücke,
den Traum, das Los.

Ein Tag ist zu Ende,
die Reifen fortgebracht,
dann spielen noch zwei Hände
das Lied der Nacht,
vom Zimmer, wo die Tasten
den dunklen Laut verwehn,
sieht man das Meer und die Masten
hoch nach Norden gehn.

Wenn die Nacht wird weichen,
wenn der Tag begann,
trägst du Zeichen,
die niemand deuten kann,
geheime Male
von fernen Stunden krank
und leerst die Schale,
aus der ich vor dir trank.

III. Wandern und Tod

Die deutsche Lyrik ist Todeslyrik, ist Naturlyrik, ist Wanderlyrik. Gewiß auch Liebeslyrik, doch dadurch würde sie sich nicht von der angelsächsischen, der französischen, spanischen oder italienischen unterscheiden. Ich habe – und damit komme ich im letzten Teil zu einem recht praktischen Gedanken angesichts der Tatsache, daß das Thema »Leben mit dem Tod« keine theoretische, sondern eine höchst praktische Frage ist – in diesem Sommer eine interessante Entdeckung gemacht: Wandern und Tod in unserer Zeit. Meine drei Söhne und ich sind mit dem Rucksack vom Nebelstein im Böhmerwald nach Laibach ins Herz Sloweniens gewandert. Es ist der Teil des europäischen Wanderweges, der von der Ostsee über die Wachau zur Adria führt. Daß diese Wanderbewegung gerade in unserer Zeit entstanden, neu entstanden ist, kann man kaum einen Zufall nennen. Sie schafft ein Ventil für viele unselige Bedrücktheiten, denen uns das Leben aussetzt und die wir bewegungslos hinnehmen. Das Wandern ist – im Unterschied zum Sport – eine körperliche Anstrengung, deren Charakteristik die zeitliche Dimension ist. Täglich zehn oder zwölf Stunden zu wandern und dies vielleicht ein paar Wochen lang, das ist gewiß leichter als ein Marathonlauf, ein Boxkampf oder ein Fußballspiel, ja es hat mit ihnen fast weniger gemein als mit den Exerzitien eines Ignatius von Loyola. Man erfährt, richtiger man ergeht die Welt, die Natur und am Ende sich in einer merkwürdigen Einsamkeit und Eindringlichkeit. Es sind nicht die Schnappschüsse in eine Natur, die man bejauchzt, auch nicht der Ehrgeiz des Bergkletterers oder des Kilometerfressers, der sich und vielleicht auch anderen etwas beweisen will, sondern eher schon ein Allein- oder auch Zuviertsein ohne Langeweile und ohne Lärm, ohne Hast und ohne Trägheit. Und dabei kann sich einem die Welt der deutschen Lyrik auf eine neue Weise aufschließen. Es ist nicht Zufall, sondern konsequent, daß das Gedicht und schon gar das Lernen von Gedichten aus dem Deutschunterricht der Schulen verschwunden ist. Die Argumente gegen solche angebliche formalistischen Dressurakte sind bekannt, wieviel sie und all die Verurteilung der Lern- und Leistungsschule auch taugen mögen. Wir wissen, daß sich auch hier unter dem oberflächlichen und irreführenden Ausdruck »Tendenzwende« ein allmählicher Umschwung abzeichnet. Aber zum Lesen und Aufnehmen eines Gedichtes gehört Zeit und – wie mir scheint – Bewegung. Und Selbstgespräch, ja besser noch Gespräch.

Wir hatten bei unserer Wanderung durch das Waldviertel und die Wachau, über die Berge der Steiermark und Sloweniens das innerhalb von zwanzig Jahren mit mehr als einer Viertelmillion verkaufte Taschenbuch »gedichte«, Untertitel »Das deutsche Gedicht vom Mittelalter bis zum 20. Jahrhundert«, dabei. Edgar Hederer, der sehr jung gestorbene Münchner Literaturwissenschaftler, hat es herausgegeben. In dieser Auswahl – und deshalb spreche ich davon – verknüpfen sich auf unaufknotbare Weise Wandern, Natur, Menschenschicksal, Liebe, Tod. Nun sind Wanderschaft und Pilgerschaft einander eng verwandt, kennen wir die großen Lehrer der Menschheit, ob Buddha oder Laotse, Jesus oder Mohammed und spätere, ewig auf der Flucht oder in der Heimatlosigkeit der Verbannung, es ist mehr als ein Zufall oder ein gefälliges Bild des Erdenwallens, wenn diese Unruhe des Herzens sich im Schicksal des Gelöstseins ausdrücken muß und eben nicht des Habens und Festhaltens und Entreißens. Auch Marx und Brecht und Heine – und sogar der, dem es seinem Herzen gar nicht gemäß war, Thomas Mann – waren Heimatlose.

Deutschen Dichtern eines halben Jahrtausends war dies sehr vertraut. Sie hatten freilich zum Tod ein anderes, gelasseneres Verhältnis als unsere großen Dichter, ob wir an Paul Celan oder Ingeborg Bachmann denken. Nicht daß sie »Freund Hein« oder »Bruder Tod« gesagt hätten – das finden wir nicht einmal bei Angelus Silesius in dessen »Cherubinischem Wandersmann«. Dieser konnte dort gar schreiben: »Ich glaube keinen Tod, sterb ich gleich alle Stunden, so hab ich jedesmal ein besser Leben funden.« Das können wir heute nur schwer nachvollziehen. Andreas Gryphius schreib zur gleichen Zeit jenes »Morgensonett«, das als Wanderlied beginnt und in das Gebet umschlägt: »Gib, daß ich diesen Tag in deinem Dienst allein zubring! und wenn mein End und jener Tag bricht ein, daß ich dich, meine Sonn! mein Licht! mög ewig schauen.« Goethes Wanderleben, das so unruhig war, wie es sich Philister und Moral- oder Bildungsmuffel nicht vorstellen können und sollen, sein »Wanderers Nachtlied«, sein »Über allen Gipfeln ist Ruh...«, seine »Selige Sehnsucht« mit jenem Stirb-und-Werde, das wir erringen müssen, um nicht trübe Erdengäste zu bleiben, sie sind bekannt. Und auch Hölderlins Schicksalslied »... jahrelang ins Ungewisse hinab«. Und Novalis, der todessüchtige Frühgestorbene, und Kleist, der es sich zufügte. Und all die Romantik, diese deutsche Pilgerschaft durch das Leben, als könnte man (so auch Hölderlin) nicht früh genug sterben, weil das, was uns erwartet, um vieles schöner sei.

Vielleicht hat Eichendorff das Schlichteste, Frömmste, aber

auch etwas sehr Schönes geschrieben über Wandern und Tod. Naiv – das ist ein Wort, das oft gegen Eichendorff verwendet wird, aber nicht trifft. Naiv ist schon eher die Haltung der naturwissenschaftlich-technologischen Machenkönner von Leben und Lebensverlängerung, die neuerdings sogar bei Affen und demnächst wohl auch bei Menschen Köpfe und Rümpfe auswechselbar zusammenstücken. Naiv vielleicht sogar ein wenig Bertolt Brechts Gedanke, das Haben, Festhalten, Entreißen auf eine bestimmte Gesellschaftsklasse zu projizieren. Eichendorffs Einfalt drückt sich diesem Haben gegenüber am Ende des Gedichtes »Der Umkehrende« in merkwürdiger Demut aus: »Du bist, der – was wir bauen – mild über uns zerbricht, daß wir den Himmel schauen, darum so klag ich nicht«. Und in jenem Wanderlied, das er »Morgengebet« nennt, ist wieder jene Verbindung von Zeit und Überzeit, Dies- und Jenseits geschaffen:

»O wunderbares, tiefes Schweigen,
wie einsam ists noch auf der Welt!
Die Wälder nur sich leise neigen,
als ging der Herr durchs stille Feld.

Ich fühl mich recht wie neu geschaffen,
wo ist die Sorge nun und Not?
Was mich noch gestern wollt erschlaffen,
ich schäm mich des im Morgenrot.

Die Welt mit ihrem Gram und Glücke
will ich, ein Pilger, frohbereit
betreten nur wie eine Brücke
zu Dir, Herr, übern Strom der Zeit.

Und buhlt mein Lied, auf Weltgunst lauernd,
um schnöden Sold der Eitelkeit:
zerschlag mein Saitenspiel, und schauernd
schweig ich vor dir in Ewigkeit.«

Gewiß waren Barock und Romantik jene Zeiten, in denen Liebe und Tod am engsten und natürlichsten zusammengelebt wurden, doch spricht manches dafür, daß dieses Grundgefühl jener Epochen wiedererwacht – in anderen Formen gewiß, doch in der

Offenheit einer Jugend für die Fragen jenseits der Erkenntnis. Das hat nichts mit Irrationalismus zu tun, wenn auch dessen Gefahren wieder größer werden, als sie in den nüchternen Jahrzehnten waren, die hinter uns liegen. Die Zeit ist, was wir sind, hat Shakespeare einmal gesagt, doch was wir werden, ist nicht allein in unsere Hand gegeben.

André Malraux, der wohl eher ein Klassiker der Moderne ist als ein Romantiker, hat kurz vor seinem Tode in einem Gespräch mit Madeleine Chapsal gesagt:

»Für mich ist das Problem des Todes ungeheuer wichtig. Aber auf eine metaphysische Art, nicht im humanen Sinn. Nicht das Sterben selbst interessiert mich, ich habe keine Angst, getötet zu werden oder zu sterben. Was mich wirklich interessiert, ist das, was Kierkegaard das Ärgernis nannte. Mich interessiert nur die unwiderrufliche Tatsache, nicht das Dekor.«

Und er schloß:

»Im Grunde genommen ist der Tod einer der stärksten Anhaltspunkte, die man über den Sinn des Lebens hat. Über den Tod zu reden, ist eine der vernünftigsten Arten, um über das Leben zu sprechen.«

Carl Friedrich von Weizsäcker, der Naturwissenschaftler und Philosoph, den man schon eher der modernen Romantik zurechnen kann, schloß kürzlich einen Vortrag über den Tod mit dem vieldeutigen Satz:

»Seligkeit ist nicht jenseits des Todes, dort ist Arbeit. Seligkeit ist auf dem Grunde der Wirklichkeit, die auch den Tod geschaffen hat.«

Wenn der dunkle Engel kommt, werden wir in unserem je eigenen Tod uns entschieden haben müssen zwischen der Verzweiflung vor der abgrundtiefen Nacht des Nichts und der Hoffnung auf ein uns hier unvorstellbares Licht.

Über die Autoren

HANS JÜRGEN BADEN, geboren 1911 in Rotenburg/Hann., Studium der Theologie. Tätigkeit als evangelischer Pfarrer, zuletzt in Hannover. Lebt in der Nähe von Celle. V: *Literatur und Selbstmord,* 1965; *Der Aufstand des Einzelnen,* 1973; *Rechtfertigung des Bürgers,* 1977 u. a.

IRING FETSCHER lehrt seit 1963 Politikwissenschaft an der Frankfurter Universität. Er war Gastprofessor in New York, Tel Aviv und Nijmwegen und Research Fellow am Institute for Advanced Studies in Canberra sowie in Wassenaar. V: *Karl Marx und der Marxismus*, 1976; *Rousseaus politische Philosophie*, 1960; *Der Marxismus, seine Geschichte in Dokumenten*, 1976/77; *Herrschaft und Emanzipation*, 1976.

WILLY HOCHKEPPEL, geboren 1927 in Düsseldorf, Studium der Theaterwissenschaft, Philosophie und Psychologie in München. Seit 1956 Wissenschaftsredakteur und ständiger Mitarbeiter des Nachtstudios im Bayerischen Rundfunk. V: *Soziologie zwischen Theorie und Empirie* (Hrsg.), 1970; *Die Rolle der Neuen Linken in der Kulturindustrie* (Hrsg.), 1972; *Mythos Philosophie,* 1976, u. a.

ROBERT JUNGK, geboren 1913 in Berlin, Emigration 1933, Journalismus und Filmarbeit als Lebensunterhalt bis zum Abschluß des Studiums in Zürich 1944. Auslandskorrespondent 1945–1957. Freier Publizist und seit 1970 Honorarprofessor an der TU Berlin. V: *Die Zukunft hat schon begonnen,* 1952; *Heller als tausend Sonnen,* 1956; *Strahlen aus der Asche,* 1959; *Die große Maschine,* 1966; *Der Jahrtausendmensch,* 1973.

LESZEK KOŁAKOWSKI, geboren 1927 in Radom (Polen). Professor der Geschichte und der Philosophie an der Warschauer Universität bis März 1968, aus politischen Gründen entlassen. Seitdem Gastprofessor an der McGill University/Canada, an der University of California/Berkeley, seit 1970 Senior Research Fellow of All Souls College, Oxford. Veröffentlichungen zur Geschichte der Philosophie und Religion, besonders im 17. Jahrhundert, zur Kulturphilosophie und über den Marxismus.

HANS OHLY, geboren 1926 in Berlin, Studium der ev. Theologie und Philosophie, Vikariat in Krefeld und Homberg/Ndrh., 1954–56 Hilfsarbeiter und Pfarrer in der Dyckerhoff-Zementfabrik Mainz-Kastell, anschließend kommissarischer Pfarrer an den Strafanstalten Frankfurt/M. Seit 1961 Journalist in verschiedenen Institutionen der EKD, regelmäßiger freier Mitarbeiter des Bayerischen Rundfunks und anderer Stationen der ARD. Seit 1973 außerdem Religionslehrer am Max-Born-Gymnasium in Germering bei München.

Joseph Ratzinger, geboren 1927, Priesterweihe 1951, Dr. theol. 1953, Habilitation für Fundamentaltheologie 1957 an der Kath.-Theol. Fakultät in München. Seit 1977 Erzbischof von München und Freising, seit dem 27. Juni 1977 Kardinal der röm.-kath. Kirche. V: *Volk und Haus Gottes in Augustins Lehre von der Kirche,* 1954; *Einführung in das Christentum,* 1968; *Glaube und Zukunft,* 1970; *Dogma und Verkündigung,* 1973, u. a.

Leonhard Reinisch, geboren 1924 in Schluckenau/Nordböhmen, studierte Volkswirtschaft und Recht in München. Leiter des Nachtstudios des Bayerischen Rundfunks. Herausgeber u. a. von *Theologie heute*; *Der Sinn der Geschichte*; *Die Zeit ohne Eigenschaften*; *Die Juden und die Kultur. Werden wir richtig informiert?*; *Führer und Verführte*; *Permanente Revolution von Marx bis Marcuse*; *Leben trotz Geschichte* (ein Kołakowski-Lesebuch).

Hans Schaefer, geboren 1906 in Düsseldorf, Dr. med. in Bonn 1930, 1949 o. Professor der Physiologie Gießen, 1950–1974 o. Professor und Direktor des Physiologischen Instituts Heidelberg. Seit 1974 emeritiert. V: *Die Folgen der Zivilisation,* 1974; *Kind–Familie–Gesellschaft,* 1977, u. a.

Rudolf Schrastetter, geboren 1934, Studium der Volkswirtschaft und Philosophie an der FU Berlin. V: *Der Weg des Menschen bei Plato,* Diss. 1966; (Hrsg.), *Platon, Laches,* 1977.

st 385 Hugo Ball, Hermann Hesse. Sein Leben und sein Werk
186 Seiten
»Aus dem Konflikt von Zeit und Kultur gelingt Hugo Ball die Deutung manches großartigen Widerspruchs, den wohl der eine oder andere Leser der Hesseschen Bücher festzustellen meint: ›Wohl kaum hat Hesse ein Erlebnis bis zum Rest erschöpft und gedeutet, so wird ihm gerade dieses Erschöpfen zur Gefahr und wirft ihn in das andere Extrem.‹ Wie diese Deutung durchgeführt wird, das macht die Lektüre dieses eigenwilligen, klugen und lebensnahen Buches zu einem heute seltenen Genuß.« *Hermann Kasack*

st 386 Hermann Hesses weltweite Wirkung.
Internationale Rezeptionsgeschichte
Herausgegeben von Martin Pfeifer
364 Seiten
Zum ersten Mal wird hier die Wirkung des Werkes dieses Autors in ihrem weltweiten Ausmaß untersucht und dargestellt. Es werden Entwicklungen und gegenwärtiger Stand der Hesserezeption unter ihrem verlegerischen und publizistischen Aspekt, die Qualität der Übersetzungen und die wissenschaftliche Auseinandersetzung mit Hesses Werk gezeigt und Antwort zu geben versucht auf die Frage nach den Leserschichten und deren Zusammensetzung, nach der Art des Literaturkonsums und nach den Auswirkungen der Hesselektüre.

st 387 Marie Luise Kaschnitz, Der alte Garten
Ein Märchen
190 Seiten

»Ein Buch, das nie aufhört Märchen zu sein, und das sich doch auch ganz anders lesen läßt. Dem Menschen wird eindringlich klargemacht, daß die Welt, in der er lebt, ihm nicht einfach zur Verfügung stehen kann, daß sie nicht nach seinem Gutdünken manipulierbar ist.«

Stuttgarter Zeitung

st 388 Robert Walser, Poetenleben
122 Seiten
Poetenleben ist eine Sammlung von 25 Kurzgeschichten, entlarvenden, doch mit schalkhafter Arglosigkeit vorgetragenen Episoden aus dem abenteuerlich unzeitgemäßen Alltag eines »Poeten«. Walser selbst hat das Buch als eines seiner geglücktesten und poesiereichsten bezeichnet und es seinem Verleger listig als eine »romantische Geschichte« empfohlen.

st 389 Bertrand Russell, Eroberung des Glücks
Neue Wege zu einer besseren Lebensgestaltung
Autorisierte Übersetzung von Magda Kahn
174 Seiten
Russell versammelt hier seine praktischen Überlegungen zu Glück und Unglück, Konkurrenz und Neid, Familie und Arbeit, u. a. Er wagt »zu hoffen, daß einige von den unzähligen Menschen, die ihr Unglück über sich ergehen lassen, ohne ihm etwas Gutes abgewinnen zu können, in den folgenden Blättern eine Diagnose ihres Zustandes finden werden und zugleich eine Anregung, wie sie ihm entrinnen können«.

st 390 Gore Vidal, Messias. Roman
Deutsch von Helga und Peter von Tramin
Phantastische Bibliothek Band 5
298 Seiten
Der Roman *Messias* schildert ganz unter Verzicht auf futuristische Requisiten eine abstoßende Zukunftswelt, in der die Menschen so manipuliert werden, daß sie einem lebensfeindlichen Glauben, zu dessen Opfern sie auserkoren sind, freiwillig ihre Zustimmung geben. Gemanagt von skrupellosen Werbeleuten, die die Entwicklung der neuen Religion so planen wie eine Werbekampagne für ein Waschmittel, wird der Todeskult zum Fanal, das die Welt verändert.

st 391 H. P. Lovecraft, Der Fall Charles Dexter Ward
Zwei Horrorgeschichten
Deutsch von Rudolf Hermstein
Mit einem Nachwort von Marek Wydmuch
Phantastische Bibliothek Band 8
246 Seiten
Die beiden Horrorgeschichten dieses Bandes gehören zum Geschichtenzyklus des Cthulhu-Mythos und haben Neuengland zum Schauplatz. Beide Geschichten haben einen gemeinsamen Zug, der jeweilige Held ist – ohne es zunächst zu wissen – Nachkomme von Leuten, die sich mit vormenschlichen lebensbedrohenden Mächten eingelassen haben.
»Die vordergründige Erzählung des mit knapper Mühe gebannten absoluten Grauens liest sich zugleich wie eine Allegorie ..., die besagt, daß die Welt vielleicht auf nicht ganz geheuren Fundamenten ruht, daß die Angst, das Böse könnte einmal überhandnehmen, gar nicht so unbegründet ist.« *Jörg Drews*

st 392 Wolfgang Koeppen, Eine unglückliche Liebe
Roman
198 Seiten
»Der Roman eines Schriftstellers, der sich durch die Originalität seiner Sprache, die Konsequenz seiner Psychologie und die großartige dichterische Einseitigkeit seiner Leidenschaft als Werk einer Persönlichkeit über zahllose Neuerscheinungen hinaushebt; das ist Wolfgang Koeppens hinreißendes Buch ›Eine unglückliche Liebe‹.«
Kölnische Zeitung

st 395 Hans Magnus Enzensberger, Der kurze Sommer der Anarchie
Buenaventura Durrutis Leben und Tod. Roman
Mit Abbildungen
336 Seiten
Die zwölf Kapitel des Romans handeln vom Leben und vom Sterben des spanischen Metallarbeiters Durruti, der nach einer militanten und abenteuerlichen Jugend zur Schlüsselfigur der spanischen Revolution 1936 geworden ist. Die Darstellung beruht auf zeitgenössischen Broschüren, Flugblättern und Reportagen, auf Reden und Memoiren und auf Interviews mit Augenzeugen, die Durruti gekannt haben.

st 396 Erich Heller, Die Wiederkehr der Unschuld und andere Essays
280 Seiten
Der titelgebende Essay kreist das Motiv ein, dem Hellers Denken in der Analyse der »drei Verwandlungen Zarathustras« nachgeht: das literarische Motiv der Anmut, der Grazie, der schwerelosen kindlichen Unschuld. Außerdem enthält der Band: »Modernität und Tradition: T. S. Eliot«, »Betrachtungen über ein Gedicht, über Heidegger und Hölderlin«, »Karl Kraus«, »Thomas Mann in Venedig«, »Psychoanalyse und Literatur«, »Vom Menschen, der sich schämt«, u. a.

st 413 Hermann Hesse, Innen und Außen.
Gesammelte Erzählungen. Band 4 1919–1955
Zusammengestellt von Volker Michels
432 Seiten
Der vierte und letzte Band der Erzählungen Hesses setzt ein nach dem ersten Weltkrieg und enthält alle seitdem parallel zu den großen erzählerischen Werken, »Siddhartha«, »Der Steppenwolf«, »Narziß und Goldmund«, »Die Morgenlandfahrt« und »Das Glasperlenspiel« entstandenen kürzeren Erzählungen.

st 415 Hermann Hesse, Die Welt der Bücher
Betrachtungen und Aufsätze zur Literatur
Zusammengestellt von Volker Michels
382 Seiten
Dieser Band versammelt erstmals sämtliche grundsätzlicheren Schriften Hesses zur Literatur, ergänzt um zahlreiche Stücke, die er selbst nicht in die Ausgabe seiner *Gesammelten Schriften* von 1957 aufgenommen hat und die folglich größtenteils auch in der Hesse-Werkausgabe von 1970 fehlen.
»Bücher sind nicht dazu da, lebensunfähigen Menschen ein wohlfeiles Trug- und Ersatzleben zu liefern. Im Gegenteil, Bücher haben nur einen Wert, wenn sie zum Leben führen und dem Leben dienen und nützen, und jede Lesestunde ist vergeudet, aus der nicht ein Funken von Kraft, eine Ahnung von Verjüngung, ein Hauch neuer Frische sich für den Leser ergibt.«

Hermann Hesse

Alphabetisches Gesamtverzeichnis der suhrkamp taschenbücher